新しい企業経営と財務

「生態系主主義（エコクラシィ）」の理念の下に

不動産鑑定士・公認会計士
経済学博士
建部好治 著

清文社

ま　え　が　き

近時において，一方では，CSR（企業の社会的責任）がかなり一般的にいわれ出しているにもかかわらず，残念ながら不祥事件が次から次へと出てきている。他方では，自然環境問題が厳しくなってきているにもかかわらず，京都議定書の履行が危ぶまれる状態にある。

筆者は，2005年10月から宝塚造形芸術大学大学院デザイン経営研究科で社会人を対象として『企業財務論』を担当する機会を得て，多くの文献を参考にこのような諸問題の解決方法を考えながら，授業を進めてきた。しかしながら，類書では，これらの問題と根底において関連の深い資産価格特に土地価格問題についてほとんど重視されていない。

そのようななかでこの著書は，土地価格問題がCSR等及び自然環境の問題と「それらの解決には本質を問い対策を立てること」という観点では繋がっているということができるので，筆者の専門的な観点から次の図書・論文等で追求してきた論点をも取り込みながら，それらの集大成の意味をも込めて，『新しい企業経営と財務』（『新しい企業財務論』を目指したが，新しい「経営哲学＝経営理念」によるCEO（経営者）とCFO（財務担当重役）の目的意識の追加・変革が基本になるからこの題名とした）についての根本的な諸問題を解明する必要性から，公刊するに至ったものである。

1．不動産評価の基礎理論と具体例（著書）清文社（2003.4）
2．上場・非上場株式評価の基礎理論と具体例（同）清文社（2000.8）
3．土地価格形成論（同）清文社（1997.9—博士論文）
4．株式の時価とは？—土地の市場価格・正常な取引価格・正常価格との関連において—（論文等）証券経済学会年報（2005.7）
5．経済学として捉えた土地価格の本質と実証—不動産鑑定評価基準の背後にあるもの—（同）住宅新報社（2004.9～2005.7）
6．土地（不動産）価格の本質と固定資産税評価（同）資産評価政策学

(2003.2)

7．「正常価格」・「正常な取引価格」と公的評価格（同）季刊用地(2002.10，2003.1)

8．不況時代の地価形成と今後の土地政策（同）資産評価政策学（2001.12）

9．「土地価格形成論」と「不動産鑑定評価論」（同）日本不動産学会全国大会梗概集（99.12）

ちなみに，経済学と経営学との関係について述べると，次の通りである。

経済学には，総資本全体の運動過程を捉えるマクロ経済学（個別資本＝企業資本を集計したもの。ただし，中間財等の二重計上分を除く）と，個別資本＝企業資本の運動過程（金融＝資本調達過程（第1段階)→流通＝仕入過程（第2段階)→製造又は生産過程（第3段階)→流通＝販売過程（第4段階)→金融＝資本返済・償還過程（第5段階)）を捉えるミクロ経済学（本文Ⅲ，表Ⅲ－2）がある。

経営学は，これらのうちの後者につき，企業資本の経営システムのなかで，金融過程を財務・経理部門，流通過程を仕入・販売部門に加えて倉庫部門（製品・商品)，製造又は生産過程を製造又は生産部門に加えて倉庫部門（原材料・仕掛品）として，各部門を通じそれぞれ投下資本に相応する利益を追求する経営と財務の諸技術を扱うと同時に，LCA・CSR・LOHAS及びCRをも尊重する経営活動をも行うことを対象とする学問である。

そして，企業財務論は，個別資本＝企業資本の運動過程の第1段階から第5段階のうち，直接的にはカネの面として第1段階・第2段階及び第4段階・第5段階が関係を持つものであるが，第3段階の製造又は生産過程も間接的・直接的に製造費用（原材料費・労務費及び経費）の支払いとして関係を持つものであるといえる。

したがって，この著書では，総資本全体の運動過程を捉えるマクロ経済学のなかで，個別資本＝企業資本を位置づけたうえ，個別資本＝企業資本独自の経営と財務の諸技術について説明を行うことにする。

ところで，当初に述べた不祥事件問題及び自然環境問題が厳しさを増してきている折から，資本等の循環過程，及び個別資本＝企業資本独自の経営と財務の諸技術についての説明（本文Ⅲ以下）に入る前に，「民主主義」（＝Democracy）を超えた持続的共生のための**「生態系主主義」**（＝Ecosystem cracy→**"Eco-cracy"**と略称：生態系の中にその一部としての「民」すなわち「人間」も入る）の理念と，その実現のために目的意識を追加・変革した「人づくり」の必要性について，先ず本文Ⅰ・Ⅱで説明しておくことにする。

この著書により，持続的共生のための「生態系主主義」の理念が一般に普及すること，この著書がたたき台になり，さらにこの理念が広め深められることを切に祈りたい。

したがってこの著書は，大学関係者，財界指導層，個別企業の表Ⅰ－１の新組織を支えるＡ階層（CEO・CFO），Ｂ・Ｃ階層の人達，個別企業の指導的立場にある弁護士・公認会計士・不動産鑑定士・税理士等のほか，地球環境の将来を危惧する人達に是非一読されることを期待している。

この著書を読むことにより，持続的共生のための「生態系主主義」の理念の下における新しい企業経営と財務の理論のほか，経営と財務の技術論だけではなく，資本等の循環過程（本文Ⅲ）及び資本主義と産業資本・商業資本・貸付資本等→信用構造の立体的形成（マクロ）（本文Ⅵ）により，**個別企業の経営と財務の活動を含めた個別資本＝企業資本の運動過程が，総資本全体の運動過程であるマクロ経済において占める位置，**更には土地（宅地）と地価の基礎理論（本文Ⅲ４），株式と株価の基礎理論（本文ⅦⅡ(1)），及び激変した経営諸指標から見たバブル景気時までと同崩壊時以降の各経済主体の行動（本文Ⅸ）により，**バブルにまきこまれない考え方**をもお分かり頂けるものと確信している。

おわりに当たって，第１に，ゼミの故吉田義三教授，近経研究会及び背広ゼミの故川合一郎教授，第２に，拙著『土地価格形成論』の博士論文審査の指揮をして下さった大阪市立大学瀬岡吉彦教授（当時）と審査委員をはじめとする同大学経済学部の先生方，第３に，同書に対して懇切な書評を頂いた京都大学大学院経済学研究科植田和弘教授，及びその後の拙著『上場・非上場株式評価の基礎理論と具体例』に対して懇切な書評を頂いた日本証券経済研究所佐賀卓雄主任研究員と筑波大学品川芳宣教授，第４に，川合研究会の会員諸兄，特に甲南大学の非常勤講師（担当科目土地経済学）の機会を作り，『土地価格形成論』を深め広げる契機を与えて頂いた会員の同大学中島将隆教授，第５に，滋賀大学の集中講義の非常勤講師（担当科目不動産市場論）の機会を作り，その後の研究を進める契機を与えて頂いた前同大学片山貞雄教授，第６に，大阪市立大学大学院創造都市研究科の非常勤講師（担当科目不動産経済論）の機会を作り，さらに研究を進め後継者を育成する契機を与えて頂いた大阪市立大学大学院惣宇利紀男教授，第７に，宝塚造形芸術大学大学院デザイン経営研究科の非常勤講師（担当科目企業財務論）の機会を作り，さらに哲学まで研究を進め後継者を育成する契機を与えて頂いた宝塚造形芸術大学大学院菅原正博教授，第８に，多忙にかかわらずこの著書のほぼ全部にわたり懇切なコメントを頂いた実弟の岡山大学建部和弘名誉教授，第９に，同論文の難解なところを指摘頂いた三重大学非常勤講師の中嶋（旧姓吉田）美樹子さん，第10に，銀行時代も含めてお世話になった諸官庁関係者・取引先・諸先輩同僚・及び同業諸兄に深い感謝の意を捧げるとともに，第11に，研究活動を支えて頂いた当方の事務所員及び家族にも謝意を表することをお許し願いたい。そして最後に，この本の出版にご尽力下さった，株式会社清文社の成松丞一会長・秋田弘専務及び編集部各位のご好意にお礼を申し述べて筆をおくこととしたい。

目　次

Ⅰ．はじめに

企業財務論は，それぞれの時代背景を反映して，これまでに次のような変遷を経てきている[注1]。

① 第２次大戦後の株式会社の資本調達を重視した伝統的な研究。

② 資本の効率的な運用と管理を重視する財務管理論的な研究。

③ 近代経済学の投資理論を企業の財務政策に適用する投資論的財務論の研究。

④ ③の延長線上としての，専ら「株主価値」すなわち株価を高めるための研究。

企業は，バブルの崩壊以後，アメリカの企業を模範として，④で述べたように，短期的な利益増による株価高を目的としてきている。しかしながら，

⑤ 株式の非公開を決めたワールド等に見られるように，今やそのような時代は過去のものとなり，新しい「経営哲学＝経営理念」に基づく企業経営と財務の理論が求められつつある[注2]。

すなわち，企業は，漸く LCA（Life Cycle Assessment＝製品「一生」の環境負荷評価）と CSR（Corporate Social Responsibility＝企業の社会的責任），更には LOHAS（Lifestyles Of Health And Sustainability＝健康と持続可能な生き方）と CR（Corporate Reputation＝企業の評判：これらを CSR 等ともいう）[注3]を自覚しつつある。CSR との関連で SRI（Socially Responsible Investment＝社会的責任投資）[注4]が指向されて，それらは，漸く個人向けの投資信託を中心に普及しつつある。

【CSR 等の履行主体】

これらのことについては，資本主義経済の発展過程においてハードの公共的資本投資が，「街づくり」に大きく貢献してきたように，ソフトの公共的資本投資により目的意識を追加・変革した，「経営哲学＝経営理念」(「経済の目的」における「地球と立体空間での生態系の同時的・異時的な持続的共生の理念」，すなわち持続的共生のための「**生態系主主義**（エコクラシィ）」の理念に基づくもの）を普及すること，そしてその理念に沿った「人づくり」をすることが，企業の CSR 等を履行させる主体を生み出す重要な役割を果たすことになるのである。

ここで「生態系主主義（エコクラシィ）」とは，「民主主義」（＝Democracy）を超えた持続的共生のための新しい理念―これを「生態系主主義（エコクラシィ）」（＝Ecosystem cracy→ “Eco-cracy” と略称：生態系の中にその一部としての「民」すなわち「人間」も入る）の理念という―のことである。

新村出編の『広辞苑』(岩波書店1996. 12刊―初版1955. 5刊）によると，Democracy（民主主義）は，ギリシャ語 demokratia で，demos（人民）と kratia（権力）とを結合したものである。

つまり “Eco-cracy”＝「生態系主主義」とは，過去はともかくとして，現在から将来に向かっての生態系全部の支配的な権利を認めること，すなわち人間が自己の生のために生態系の生を利用させて貰っていることを自覚し，自然の持続可能な物質代謝の法則を最優先して，生態系の一部に過ぎない人間とその他の生態系全部との共生を最重要視することである。

ソフトの公共的資本投資とは，主として公共が学校教育で，民間が入社後の教育を通じて，それぞれそのような「人づくり」のための投資をすることをいう。そこでは「民主主義」と同時並行的に「生態系主主義」をも教えなければならない時代を迎えているのである。

表Ⅰ－1は，このようなソフトの側面を旧組織から新組織へ，「人づくり」を通じて ABC の各階層における新 CEO（Chief Executive Officer）↔各部新執行役員↔新社員の，そして新 CFO（Chief Financial Officer）↔財務担当新執行役員↔財務部新社員の，それぞれの目的意識の追加・変革を実践する過程を描いたものである（矢印が双方向けなのは，新 CEO・新 CFO からという上から働きかける矢印になるのが通常であるが，新社員・財務部新社員からという下から働きかける逆方向の矢印も必要であり，それを上司が受け入れるという組織の柔軟性があってこそ実行される確実性が増すからである）。

旧組織では，企業の目的は主として売上増（シェアー・アップ）と利益増とされるから，法の遵守は，表面的となり，CSR 等を果たすためのルールを一応は尊重するが，売上増・利益増の妨げになる場合には，極端なときは守る必要がないものとされてしまうのである（「資本の本性」と「権力の堕落」(注5)に留意しなければならない）。

例えば古くは，イタイイタイ病・新潟水俣病・四日市公害・熊本水俣病の四大公害事件(注6)，新しくは，牛肉偽装・土壌汚染・リコール隠し・保険料の不当不払い・DFP 性能データの不正操作・金融不祥事件・アスベスト飛散・フェロシルト汚染・粉飾決算・耐震偽装・証券取引法違反・防衛施設庁の官製談合の諸問題(注7)がそうである。更にいえば，例示の事件による雪印食品の倒産で明らかになったように，当該ルールを無視すれば消費者離れを招来して倒産に追い込まれてしまうリスクも大きくなっているのである。

したがって，真に法規制が必要なものには，尻抜けではなく，それなりの重みを持った罰則規定を設けておく必要があるといえる（こうしてこそコンプライアンスが実効を伴うことになる。もっとも，新組織における「人づくり」が罰則規定を設ける必要をなくしてしまうことが望ましいが，残念ながら綺麗事ではすまされないのではないか？）。

それ故新組織では，「人づくり」を通じて，ABC の各階層における新 CEO↔各部新執行役員↔新社員の目的意識の追加・変革，そのうちの財務部門については，新 CFO↔財務担当新執行役員↔財務部新社員の目的意識の追加・変革を基に，法と当該ルール（遵法と尊重）下の限定された目的としての売上増と利益増を目指すことになる。

この場合に効果的な役割を果たせるのは，A 階層の人達，すなわち企業全体としては新 CEO であり，財務部門としては新 CFO である（もしも A 階層の

表Ⅰ－１　旧組織から新組織への目的意識の追加・変革表

<table>
<tr><td>旧組織</td><td rowspan="2">目的</td><td rowspan="2">法</td><td colspan="2" rowspan="2">CSR 等を果たすためのルール</td></tr>
<tr><td>A 階層　B 階層　C 階層</td></tr>
<tr><td>CEO↔　各部執行役員　↔　社員</td><td>売上増</td><td>遵法</td><td>一応尊重</td><td>無視</td></tr>
<tr><td>CFO↔財務担当執行役員↔財務部社員</td><td>利益増</td><td>（表面的）</td><td>（守る必要なし）</td><td>（消費者離れ）</td></tr>
<tr><td colspan="5">「人づくり」（目的意識を追加・変革）　↓</td></tr>
<tr><td>新組織</td><td colspan="4">法と当該ルール（遵法と尊重）下の目的</td></tr>
<tr><td>新 CEO↔　各部新執行役員　↔　新社員
新 CFO↔財務担当新執行役員↔財務部新社員</td><td colspan="4">限定された売上増と利益増</td></tr>
<tr><td>CSR 等に対する方針の具体的宣言</td><td colspan="4">専門機関による CSR 等アセスの点数化と公表</td></tr>
</table>

人達が目的意識の追加・変革に積極的でないならば，BC の各階層の人達がこれらを推進することになるが，法と当該ルールの遵法と尊重はかなり困難になることは明らかである。それ故，このような場合には，BC の各階層の人達による身分保障の下での内部告発の必要性[注8]とメディアへの通報による消費者の不買運動等が必要になる）。

【経営理念の公表の普及促進】

各企業規模の大中小を問わず，先進的な（新しい動きを先取りした）企業資本の新 CEO・新 CFO が，それぞれの CSR 等を含めた経営理念をホームページ等で公表することである。そうすれば，各企業資本の取引先等の利害関係者がそれらを見て，①各企業資本が経営理念を持っているか，②各企業資本の経営理念がここで述べる経営哲学等に根ざしたものであるか，③お題目を掲げるだけではなく，その各企業資本の行動が常にその公表した経営理念に沿っているかをチェックすることが可能になるから，それらの普及を促進する効果を期待できるのではないか？

【CSR 等アセスの点数化】

そのうえで，先進的な（同上）企業資本の新 CEO と新 CFO が，情報公開による，すなわち政権公約（マニフェスト）と同じように，システムとして CSR 等に対する方針を事前に具体的に宣言（数値目標を含む）したうえ，事後に専門機関により CSR 等（実施過程を含めたもの）に対する Assessment（以下 CSR

等アセスという）を点数化してそれをも公表することを，国内だけではなく国際的にも普及・促進することが重要である。

CSR 等アセスを点数化すれば，＋（又は高評価）か－（又は低評価）かが経営の継続性にとって重要な分岐点になる。すなわち，＋（又は高評価）になればその企業のリスクが小さくなるから高株価になって資金調達が容易になるし，逆に－（又は低評価）になればその企業のリスクが大きくなるから低株価になって資金調達が困難になるという側面を通じて，新 CEO と新 CFO 等に対して誘因が働くことになる。

ちなみに CFO は，カネの面から企業経営の全体に関係するという部門であるから，最高執行責任者（COO＝Chief Operating Officer）のなかでも CEO に次いで重要な部門であるといえる。

【CG と持続的共生のための「生態系主主義（エコクラシィ）」の理念】

企業倫理が大きく崩れ去れば，企業が倒産するリスクが大きい時代である。それ故，短期的な利益増による株価高を目的としたコーポレイト・ガバナンス（Corporate Governance）が重要とされてきているが，企業の経営者も社員も，その理念を「企業の目的のため」から「Ⅱ１の「経済の目的」とする持続的共生のための**「生態系主主義」**の理念（個々の企業は経営哲学＝経営理念としてこれを取り入れること）のため」にシステムを変えなければならない時代がきているのである。

【GSR と ISR】

CSR は，企業の社会的責任であるが，膨大なバブルとその崩壊による金融危機を生み出したにもかかわらず，誰も責任をとろうとしない[注9]折から，政府の社会的責任 GSR（Governmental Social Responsibility）及び個人の社会的責任 ISR（Individual Social Responsibility）も重要である。

GSR については，1960年代後半の四大公害事件（イタイイタイ病・新潟水俣病・四日市公害及び熊本水俣病[注6]），薬害エイズ事件，アスベスト事件，及び耐震偽装事件等に見られるように，官僚が政府の社会的責任を常に自覚して速やかに規制措置をとったり，まともに業務を遂行さえしておれば，被害の拡大をかなり防げた筈である。

ISRは，実はCSRとGSRとの原点になる重要なものである。企業も政府も，結局は個々の人間の集まりであるから，何よりも先ず個々の人間が常にここで述べる「経済の目的」の背後にある持続的共生のための**「生態系主主義」**の理念を踏まえて活動と生活をするようになれば，CSRもGSRもそれぞれの役割を果たすことが可能になる筈である。

【本書の内容】

このような考え方に基づき，本書では次の順序で新しい企業経営と財務の理論を展開する。

Ⅰでは，CSR等の履行主体が持続的共生のための「生態系主主義（エコクラシィ）」（＝Ecosystem cracy→"Eco-cracy"）という新しい重要な理念を踏まえること，教育を通じてその理念に沿った「人づくり」をすること，その理念に基づく「経営理念」の公表とその普及促進等について述べる。

Ⅱでは，先ず，経済学等において従来から脱落している「経済の目的」について述べる。自然環境問題が厳しさを増している折から，いつまでも「経済資源の合理的配分」説に止まっていては時代遅れになる。それ故，「地球と立体空間での生態系の同時的・異時的な持続的共生の理念」すなわち，「民主主義」を超えた持続的共生のための「生態系主主義」の理念に基づく「自己利益」と共生等について説明する。

次に，製品「一生」の環境負荷評価（LCA）と企業の社会的責任（CSR）について述べる。特に後者については，経済同友会の「第15回企業白書」等(注10)が詳しく取り上げているので，主としてそれらによりながら説明を行う。

第3に，LOHASすなわち健康と持続可能な経済社会の実現を重視する生き方，及びそれらによって得られるCRすなわち企業の評判についても説明を行う。

Ⅲでは，資本等の循環過程について述べる。資本等の等は，人間生活の循環過程も含めることが重要だからである。末尾の方法論で述べる通り，マクロとしての総資本等の循環過程をも説明するのは，総資本等を形成する個別資本等としての位置づけが重要だからであり，人間生活の循環過程をも説明するのは，総資本の循環過程にとって人間生活の消費と貯蓄が重要だからである。これにより「経済の目的」との関連における個別資本等自らの役割を自覚することが可能になる。

ミクロとしての個別資本＝企業資本等の循環過程を説明するのは，企業財務論が個別資本＝企業資本のカネ・モノ及びヒトの循環過程のうちカネの側面を取り扱うものだからである。具体的には，個別資本，すなわち，①産業（メーカー）資本の循環過程とその諸段階に加えて，産業資本等の循環過程と自然・インフラ・廃棄物との関係についても説明を行い，②サービス（商業・金融等）資本の循環過程，③サービス資本（狭義）の循環過程につき，もっとも重要な企画・決定の段階（事前の計画等），その段階で計画・決定されたことを実施する，第１段階（資本調達過程）・第２段階（投資・仕入過程）・第３段階（生産過程）・第４段階（販売過程）及び第５段階（償還・返済過程）の各説明を行った後，なおざりにされがちな検証の段階（事後の監査等）についての説明をも追加する。

次に，労働用役提供力等の更新過程とその諸段階について述べたうえ，個別資本の循環過程の繰り返しに際して，拡大再生産（全体と各事業部門）・単純再生産（同上）又は縮小再生産（同上）のどれを選択するかが重要であることもつけ加える。

更に，資本の循環過程の第２段階（投資・仕入過程）では，今回の資産バブル問題に関連して，土地の入手過程（購入か賃借か等）における地価が各個別資本＝企業資本に非常に大きい影響を及ぼしたので，ここで土地（宅地）と地価の基礎理論についても付け加えさせていただく。

最後に，期待付加価値は，地価とⅦ２⑴で説明する株価に大きい影響を与える重要なものであるから，企業活動及び人間生活における期待付加価値についても追加説明する。

Ⅳで説明する企業資本における経営・財務技術は，経営学において企業財務論としてこのカネの側面を独自に発展させてきたものである。そこでは，Ⅲの企画・決定，及び実施の段階で重要な企業資本における経営技術につき，①利益計画と資金計画，②長期資金計画と短期資金計画，③設備資金計画，④運転資金計画，及び⑤資金繰り表について説明する。

これらの企業資本における経営・財務技術は直接的には第1段階（資本調達過程）と第5段階（償還・返済過程）に，間接的には第2段階（投資・仕入過程）・第3段階（生産過程）・第4段階（販売過程）のカネの側面に，それぞれ関係するものである。

Ⅴでは，先ず，取引を記録する仕訳について述べる。次に，産業資本の循環過程の各段階における取引が，具体的に記録される仕訳について説明する。第3に，複式簿記，すなわち日々繰り返される取引を仕訳により借方及び貸方に分解・対置して勘定科目に記録することを基礎に，同一勘定科目のものを集計・試算表を作成し，それらを期末に修正・精算表を作成して財務諸表作成にいたる過程につき説明を行う。

第4に，財務諸表は，貸借対照表・損益計算書及びキャッシュ・フロー計算書で，少なくとも年1回作成されるものであること，第5に，財務諸表監査と，財務報告の拡充としての企業報告（財務報告と持続可能性報告とを統合したもの）とを採りあげる。

第6に，自然環境の保全・保護が重要になってきている折りから，環境会計については，主として環境省の『環境会計ガイドライン2005』により，環境会計の定義，環境保全コスト，環境保全効果，環境保全対策に伴う経済効果，環境会計情報の開示，内部管理のための活用，及び環境監査について説明を行う。更に第7に，環境・経済統合勘定についても触れておく。

Ⅵでは，信用制度の立体的構造について述べる。すなわち，各信用をその立体的構造図でそれぞれ位置づけをしたうえ，それらのなかの資本の調達に関係する商業信用・消費者信用・銀行信用・住宅信用・消費信用・「証券信用」・ヘッジ「信用」・保証と物的担保・及び外国為替信用について説明する。

Ⅶでは，資本の調達形態と調達目的について述べる。先ず，資本の調達形態では，株式と株価の基礎理論と，株式（出資）価格について説明する。次に，資本の調達目的では，企画の段階（事前の計画等）で計画等されたことを実施するに際しての所要資金の内訳，すなわち，設備資金・運転資金（長期又は短期）及びその他資金の区別について述べる。

第3に，直接金融による資金の具体的調達形態としての株式・社債・CP及びその他，第4に，間接金融による資金の具体的調達形態としての銀行・公的金融機関・その他の証券化商品利用について説明する。

第5に，直接金融・間接金融の資金コストにつき，実務界と「近代財務論」における概念の相違について説明を行ったうえ，第6に，商業信用（企業間信用）の利用，第7に，消費者信用の利用，及び第8に，外国為替信用の利用についてそれぞれ説明する。

Ⅷでは，資本の運用のコントロール，すなわち，第1段階から第5段階までの資本の運用実施後の経営全体のチェック，同直接的な資金面のチェック，及び同間接的な資金面のチェックをも検証する。

最近話題の内部統制については，財務報告における内部統制の評価として採り上げる。

更に，MM理論とCAPM・ALM等の経営・財務技術論とWACC等の企業評価指標についても説明を行う。

Ⅸでは激変した地価・株価と関連経済諸指標，経営・財務諸比率から，政策の失敗の下で，バブル景気時及び同崩壊時の企業行動が，如何に甘い見通しに基づきその後の「失われた10年」超の大不況を招くに至ったかを実証する。

【方法論】

方法論としては，次の弁証法(注11)（ものの考え方）が重要である。

弁証法は，「自然，人間社会及び思考の普遍的な運動と発展の諸法則についての学にほかならない」とされている。

(a)　人間の活動と生活を自然の下で捉える。

人間の活動と生活は，健全な自然環境の下でしか行うことができない。しかるに，図Ⅱ－1のように，人間は，産業革命以降の約200年の間にその活動と生活を通じて，人工物（二重枠のもの）を増やして行く過程で，自然環境の汚染・破壊を加速度的に増大してきているが，もはや限界に達している。

それ故，人間の活動と生活を持続していくためには，破壊された自然環境を修復のうえそれを保全・保護することにより，もとの自然の物質代謝を持続すること，人工物に対しては，①今後作るものについては，自然の破壊を少なくして，それと調和を保つこと，②既存のものについては，いたずらにスクラップ・アンド・ビルドを行うのではなく，街づくりに当たり歴史的建造物を生かすこと等が重要である。

人間は，健全な自然の下でしか活動も生活もすることができないという自明の法則を忘れてはならないのである。

(b) 自然と社会を全体との関連においてとらえる。

これは，場所（ところ）を点としてではなく，立体的・空間的な広がりの中に位置するものとして捉えることである。

図Ⅱ－1のような立体的・空間的広がりの中で，人間を含めた生態系は，相互に依存し合って生息しているが，その相互依存関係の背後には，自然と社会の法則が存在しているから，それらを捉えることが重要である。

(c) 自然と社会を運動の流れのなかでとらえる。

これは，時間（とき）をその時点の静態的なものとしてではなく，過去から現在を経て未来にかけての時間的流れの中にある動態的なものとして捉えることである。

図Ⅱ－1のような空間は，時間的流れの中における人間の活動と生活により形成されてきたものである。それ故，先ず自然と社会に対する歴史を認識しなければならない。というのは，現在を真に理解するためには，歴史を理解する必要があるからである。

そして，将来を真に洞察するためには，現在を理解する必要がある。先を見る目は，このような法則の認識の下にそれらを理解することにより，始めて養われるものである。

もっとも，(b)(c)について，会合するときは，場所と時間を特定する必要がある。

(d)　自然と社会における量より質への，又その逆の転換等の法則をとらえる。

図Ⅱ－１のような空間における時間的流れの中で，自然と人間による運動の量的拡大は，ついには質的な変化を呼び起こすことになる。たとえば，前者については，①自然では，適量の雨は，生態系を潤してくれるが，大雨は，洪水・土砂崩れ等を引き起こして生態系に大きな災害をもたらすことになるし，②人間では，適量の薬は，病を癒してくれるが，薬を飲み過ぎると，病が治るどころか，逆に病が進み，極端な場合には死に至ることもある。後者については，一方では発明・技術革新等により生み出された質的に優れた製品は，飛躍的な生産・販売数量の増加をもたらすが，他方では膨大な廃棄物が地球の許容量を超過して生態系に危機を及ぼすことになる。

(e)　自然と社会における対立物の浸透の法則を捉える。

図Ⅱ－１のように，空間における時間的流れの中で，産業革命以降人間の活動と生活が，自然に浸透する度合いを加速度的に高めてきている。そして，人間も又一方から他方に浸透する度合いを強めてきている。それらの過程で，(f)の諸矛盾，たとえば，前者では自然環境問題，後者では南北問題・宗派の争い等を引き起こしている。

(f)　自然と社会における矛盾（光と影，作用と反作用の諸問題）をとらえる。

自然と社会は，不断に発展を続けるが，図Ⅱ－１のような空間における時間的流れの中で，自然と人間による運動の過程では，日々必ず諸矛盾（諸問題）が生じてくる(注12)から，それらのうちの諸矛盾を解決するためには，(a)～(e)で述べた諸法則を常に検証し，認識する。そして期待による実践と生じた現象の認識を反復し，認識から得られた法則の正否を検証する（否定の否定の法則）。

「個人の内部であれ，集団の内部であれ，もろもろの抗争が歴史の原動力である」(注11)とされているから，(a)～(e)で述べた諸法則につき(f)で検証されたものを踏まえた諸政策（光を増やし影を減らす政策）を立て，諸矛盾（諸問題）を止揚して，すなわち，できる限り自然との調和の回復を志向しつつ，南北間及び国内における格差の縮小を目指し，社会を全体として量よりも質を重視して，「生態系主主義」の理念の下に持続的発展を目指すことが重要である。

（注１）１．高橋昭三著『現代経営財務』（同文館1980.12刊）参照。

２．経営理論については，ジェームズ・フーブス著有賀裕子訳の『経営理論偽りの系譜』（東洋経済新報社2006.3刊）が，民主主義と経営管理（トップダウン型の権力）との矛盾について，次のような興味深い捉え方をしている。

⑴　科学的管理法

①　ロズウエル・リー大佐は，兵器工場で「軍隊式のマネジメントを導入」し，「職長制度に新機軸を打ち出し，マネジメント慣行のブレークスルーを成し遂げた」とされる。

②　フレデリック・W・テイラーは，マネジメント手法として「指図票，計算尺，時間，動作研究」などを取り入れた。

③　フランク・ギルブレスは，「労働者たちに次々と動作を押しつけたが，その埋め合わせとして，草創期の人間工学をとりいれ，喜ばれた」とされる。

④　ヘンリー・ガントは，「学習曲線」戦略を打ち出し，強い社会的良心を持って，「低価格を武器に市場シェアを奪い製造分野の知識を蓄えてコストを低減させ，さらなる低価格，高シェア，高利益を実現」した。更に情報を迅速に得られるように「ガント・チャート」をも考案した由である。

⑵　人間関係論

①　メアリー・パーカー・フォレットは，「集団は人間と同じように行動する」とし，「調和こそが安定に至るただ一つの道である」というが，「権力を十分に疑わなかった点については責を負うべきだろう」とされている。

②　エルトン・メイヨーは，「労働者の生産性と精神面の健康のあいだには相関関係がある」とし，「トップダウン型の権力に，ボトムアップ型コミュニティという衣を着せようとした」とされる。

③　チェスター・バーナードは，「経営幹部はトップダウン型の上司ではなくモラル・リーダーであるべきだ」とし，「権威は「虚構」であって，パワーはボトムアップで沸き上がってくる」という。

⑶　社会哲学

①　W・エドワーズ・デミングは，「不確定性原理」により「知識は普遍的なものではなく，確率論的な性格を持つのだ」と示唆し，「何事にも絶対の価値などというものは存在しない」という。SQC（品質管理基準）は，「デミング賞」として日本の「優れた品質と結束」の基礎となった。

②　ピーター・ドラッカーは，「企業は社会に責任を負うのではなく，企業こそが社会である」とし，「職場を覆う「心理面での暴虐」から労働者たちを解放するために，「目標による管理（MBO）」を提唱した」。そして，「経営者に向けて，「自身の徳を生かして公共の利益に奉仕せよ。それができて初めてリーダーシップの正当性を主張できる」と訴え続けた」。しかし，彼は「トップダウン型の権力は民主的な社会では決して道義面での正当性を得られない，という事実だけを見落とした」とされている。

３．ロジャー・ローウエンスタインは，1980年代初めに「乗っ取り屋」が登場してから「株主価値」という新しい業界用語が加わったとし，この時期とほかの時期との決定的な違いは，株主価値という信条にある」としている。そして，「90年代にはこの信条がさまざまに姿を変えて社会全体に浸透した。その過程で言葉の意味は歪められ，長い年月をかけて企業価値を向上させることではなく，目先の株価を吊り上げるという，はるかに利那的な事柄を意味するようになった。（エンロン，ワールドコム等の）ほぼすべての犯罪は，この単純な堕落から生まれた」と指摘している（鬼澤　忍訳『何故資本主義は暴走するのか』日本経済新聞社2005.8刊（かっこ内は筆者）参照）。

（注２）１．株式の非公開は，「ステークホルダー資本主義」を重視する等「企業が経営の自由度を確保するための手段」とされており，日本ではワールドのほか，ポッカコーポレーション，すかいらーく等があり，アメリカではサンガード・データ・システムズ，トイザラス，ハーツ等がある（尾崎充孝記事「米国企業で進む「株式非公開化」」エコノミスト2006.8.1号参照）。

２．新しい「経営哲学＝経営理念」について日本経済新聞の脇本祐一編集委員は，「市場のくびきから放たれて人材を集め，長期的な成長を目指す同社の決断は，企業は株主のものとする暗黙の了解に冷水を浴びせた。…企業が社会的存在である以上，その価値というのは多様である。…働くことの究極の目的は…人としての尊厳にある」としている（「株主利益に偏りすぎぬか？」『日本経済新聞』2005.8.10号参照）。

これを更に越えるものとしては，「人道目的の地雷除去支援の会（ジャッズ）」の飯田亮理事長（セコム創業者・取締役最高顧問）の「会社イメージの向上のための社会貢献なんて卑しい発想。寄付をし，時間と汗も提供する意義は大きい。どんなビジネス投資がいいかを死ぬまで考えるのはむなしい」という声がある（「大企業経営者 NPO 活動」『朝日新聞』2005.8.16号参照）。

アメリカでは，カリフォルニア州で登山道具を製造販売するパタゴニアのカリスマ創業者イヴォン・シュイナードが，「根本的にビジネスは（株主でも，顧客でも，あるいは社員でもない）資源に対して責任がある」としている。そして，売上高の１％の「地球税」の支払いを呼びかけ，「最高の品質の製品を環境への悪影響を最小限にしながら生産し，それによって地球環境問題を解決するためのリーダー的存在であること」を目指している（「死んだ地球からはビジネスは生まれない」週間東洋経済2005.10.1号参照）。

更に，岩井克人教授は，ポスト産業資本主義の時代には，「カネの価値が相対的に下がったと言え」る。そしてヒトの「貢献度で分配できるオプションがあることは，能力のあるヒトが活躍するインセンティブにもな」る，とされている（同教授インタビュー記事「会社は単なるモノではない能力と技能の共同体に変わる」『日経ビジネス』特別編集版2005.11.28号参照）。

（注３）CSR については，厚東偉介教授により「20世紀までは機能限定しながらやってきた。ビジネスも経済機能だけを考えてきた。…社会的的責任の考え方は，ビジネスはただ単に経済的な領域だけで考えて良いか，そうではない，…基本的に20世紀の真ん中辺りから，機能限定では社会が進みきれなくなってきている」と捉えられている（経営哲学学会編『経営哲学とは何か』文真堂2003.9.13刊）参照。

しかしながら，そこではまだⅠで述べた経営哲学＝経営理念に匹敵するようなものは，積極的に打ち出されていない。

LOHAS については，Ⅱ（注21）の図書参照。CR については，Ⅱ（注23）参照。なお，中小企業に対しては，百瀬恵夫名誉教授が，CAT（Compliance＝遵法精神，Accountability＝説明責任，Traceability＝履歴追跡：「生産追跡」を広く捉えて「履歴追跡」とした）を守らないと生き残れないと強調されている（同記事「百瀬哲学の実践こそ中小企業の生きる道」『住宅新報』2006.2.14号参照)。

（注４）SRI の残高は，アメリカでは274兆円，イギリスでは22.5兆円もあるのに対して，日本では僅かに0.26兆円に止まっていて，「意志や哲学を持ったお金」がまだまだ少ない状態にある（小池百合子環境大臣に対するに編集長インタビュー記事「環境は「経済の品格」」『日経ビジネス』2006.8.7号参照)。)

（注５）どんな立派な人でも，権力の座が永いと，必ず堕落・腐敗するものである（(注１）の二つ目の図書参照)。

（注６）宮本憲一著『環境経済学』（岩波書店1994.1刊－初版1989.6刊）参照。なお，これらのうち特に有名な熊本水俣病は，1956年にチッソ付属病院から保健所への報告で公式に確認されたものであり，具体的にはチッソの工場からのメチル水銀を含んだ排水が魚介類を汚染し，水俣湾を含む不知火海沿岸の住民や胎児らが水銀中毒を発症したものである。しかし，それから50年たった今，熊本県の水銀調査では，ここ数年は国の定めた安全基準をほぼ下回っており，しかも住民意識の高まりで，水俣市は，90年代に最先端の環境都市にまでなっていることを評価したい（「ニッポンの力」11『日本経済新聞』2006.1.12号参照)。

（注７）１．牛肉偽装問題については，雪印乳業が，2000年６月の食中毒事件を契機として，事件の再発防止と信頼の回復を期して経営改革に着手したにも拘わらず，その後に連結子会社の雪印食品が牛肉偽装を引き起こして「スノーブランド」の信用を大きく失墜させている（村田浩司記事「現在は第二の創業期」『企業倫理確立に向けたわが社の取り組み』経済 Trend 2003.10号参照)。

２．土壌汚染問題については，三菱地所が，1997年９月の総会屋への利益供与事件（大手企業30社が関与）を契機として，「三菱三綱領」（所期奉公・処事光明・立業貿易）に基づき「三菱地所グループ行動憲章」を制定して，「まちづくりを通じての真に価値ある社会の実現」を目指したにも拘わらず，その後に土壌汚染を隠してマンションを販売したということである（同記事「事件の「逆風」を改革の「追い風」に変えた」『同』経済 Trend 2003.10号ほか参照)。

３．リコール隠し問題については，三菱自動車が，2004年５月21日に事業再生計画を発表し，三菱重工業・三菱商事・東京三菱銀行の三者が声明を発したにも拘わらず，2005年に至ってもリコール問題が次々に出てきている（「朝日新聞三菱欠陥車問題特集」『asahi com』，「重工ニュース」ほか参照)。

４．保険料の不当不払い問題については，明治安田生命保険（明治側）が，2005年２月の業務停止処分時に不当な支払い拒否が162件あったとされていたが，その後も新たに多くの不当不払いが発覚し，その数は，過去５年で１千件超に及んでいる（「取締役半数以上の退任へ」『朝日新聞』夕刊2005.11.4号参照)。

５．DFP 性能データの不正操作問題については，三井物産が，「正路の商い」という「三井家の家訓」があるにも拘わらず，DFP（ディーゼル車の排出する黒煙を取り除く粒子状物質減少装置）の性能データを不正に操作していた（前田邦夫記事「総合商社の役割を問う」『論説』2005.1.18参照)。

６．金融不祥事件問題については，バブル景気時に旧住友銀行から伊藤万に派遣された経営陣が，「我営業は，確実を旨とし，時勢の変遷，利財の特質を計り，これを交配し，いやしくも浮利に走り傾心べからず」という「住友家訓」があるにも拘わらず，闇の世界に属する人物を常務に迎え入れてひたすらカネを追いかけたために，創業100周年を迎えた船場の老舗が倒産の憂き目にあっている。

7．アスベスト問題については，国際労働機関（ILO）・世界保健機関（WHO）等で石綿の発ガン性が認められた1972年以前から，粉塵対策が実施され，1975年には特定化学物質等障害予防規則が改正されて，規制が強化されたにも拘わらず，クボタをトップとする大企業でも1989年以降384事業所からこれを扱う届け出が行われており，未だに扱いを止めていない企業も多く存在している（中小企業を含めると更に多くなる）由である（「アスベスト対策政府検討要旨」『朝日新聞』2005.8.27号参照）。

8．リサイクル商品「フェロシルト」問題については，石原産業が1967年に四日市ぜんそく訴訟の被告企業となり，1969年に伊勢湾への廃液垂れ流しの疑いで摘発され，1980年に有罪判決を受けたにも拘わらず，その後に又も廃棄物処理法違反の疑いで三重県警の捜査を受けている（『朝日新聞』2005.11.9記事参照）。

9．粉飾決算問題については，アメリカでエンロンの会計不正により大監査法人のアーサー・アンダーセンが消滅したにも拘わらず，中央青山監査法人（中央側）は，カネボウの粉飾決算を見逃し続けていた（「「粉飾は常識」会計士の闇カネボウ事件で露呈」『asahi com』参照）。

10．耐震偽装問題については，①CSRが叫ばれ，地球資源保護が緊急の重要性を増してきている（それ故，日本の建築物について実際の平均耐用年数が，英国の75年・米国の44年に比べて26年という短すぎる年数で問題になっている）にも拘わらず，市川市の姉歯建築設計事務所が，首都圏，大阪その他の地方主要都市でかなりのマンション・ホテル・ビルの設計に当たり建築基準法の耐震基準を偽造した図面を基に建築したため，それらの建物は，震度5強程度で倒壊するおそれが出ている。

②身障者に優しい建物であるべきなのに，東横インは，儲け優先で身障者設備の設置を偽装して，工事完了検査直後に当該設備を撤去し改造していた。

11．旧証券取引法（改正後は金融商品取引法）違反問題については，①急成長をしたライブドアが，実は粉飾決算のほか，株式分割等の偽計取引により株価をつりあげては売却して儲けていたこと，更に②村上ファンドが，インサイダー取引により膨大な利益を上げていたことが明らかになった。

12．防衛施設庁の官製談合問題については，防衛施設庁審議官が，空調施設工事を巡り施設庁OBの天下り実績を基準に工事配分を決めていた（談合問題は多方面で継続）。

13．日経BP社の調査によると，法令違反が「よくある」「たまにある」は，41.7%で，そのうち5年以内に処分又は勧告を受けているものは，18.8%（コンプライアンス対策あり77.2%）もある。その内訳としては，従業員1000人以上が29.5%（同93.2%），同300人以上1000人未満が10.6%（同84.7%），同50人以上300人未満が14.1%（同58.7%），50人未満が2.6%（同46.2%）である（日経BPコンサルティング太田宏記事「法令遵守に対する社員の意識」『SAFETY JAPAN』2005.9.7公開参照）。

14．牛肉偽装・土壌汚染・リコール隠し・保険料の不当不払い・DFP性能データの不正操作・アスベスト汚染・フェロシルト汚染・粉飾決算・耐震偽造・証券取引法違反・防衛施設庁の官製談合の諸問題，及びこの調査に見られるように，大企業の方がコンプライアンス対策をとっている割合が多いにも拘わらず法令違反が多いのは，①資本主義の本質が利潤原理であること，②それ故，社長の方針が徹底しにくいこと，③業績悪化時にそれを徹底する余裕がなくなること，④トカゲの尻尾切りをし易いこと等に原因があるものと思われるから，大企業ほどその周知徹底と事後のチェックをシステム化しておく必要度が高いものといえる。

（注８）「公益通報者保護法」が，「内部告発者を保護し，解雇などの不当な扱いを禁止する」べく，2006年４月１日から施行されることになった。しかしながら，たとえば，通報先が制限されていることにつき，「告発はマスメディアに行うべきだ。…会社の自浄能力が前提の保護法は甘い」という，和解までに30年以上を費やした先駆者の声があることに留意しなければならない（『日本経済新聞』2006.3.20号参照）。

（注９）建部好治論文「経済学として捉えた土地価格の本質と実証」（住宅新報社『不動産鑑定』2004.9号～2005.7号）参照。

（注10）社団法人経済同友会編『第15回企業白書』（2003.3刊），及び日本総合研究所阿達英一郎講演録「第15回企業白書と『CSR（企業の社会的責任）経営』」参照。

（注11）芳野良男著『弁証法入門』（講談社現代新書1983.4館－初版1969.10刊）参照。

マルクス主義の弁証法的方法は，自然を，①「物や現象が，たがいに有機的に関連し，たがいに依存し，たがいに制約する，連関した統一のある全体と見る」，②「不断の運動と変化，不断の更新と発展の状態と見る」，③その「発展過程を…些細な，かくれた量的変化から明白な変化に，根本的変化に，質的変化に移行するような発展…と見る」，④「自然物と自然現象とには内的矛盾が本来つきものである」としている。そして，「弁証法的方法の諸命題を，社会生活の研究や社会史の研究にまでおしひろげること」の「巨大な意義」にまで触れている（スターリン著石堂清倫訳『弁証法的唯物論と史的唯物論』国民文庫社1955.2.15刊－初版1953.2.28刊参照）。

しかしながら，それは，自然のとらえ方を社会にも適用するというだけのことであり，自然と人間との関係として，人間の活動と生活を自然の下で捉えることまではしていないという欠陥がある（このような欠陥が，人間の活動と生活による旧ソ連の自然環境破壊をかなり押し進めた主要な原因の一つといえるのではないか）。

（注12）毛沢東は，矛盾につき次の通り普遍性と特殊性のあるものとしてとらえている。

矛盾の普遍性については，①矛盾はあらゆる事物の発展過程のなかに存在しており，②いずれの事物の発展過程のなかにも，初めからしまいまで矛盾の運動が存在するとしている。そして矛盾の特殊性については，いろいろな物質の運動形態に見られる矛盾は，みな特殊性をおびているとしている（毛沢東著尾崎庄太郎訳『実践論・矛盾論』国民文庫社1954.11刊－初版1952.10刊参照）。

しかしながら，毛沢東についても「文化大革命」という大失敗に見られるように，すべての権力者に共通することではあるが，「権力の座にある期間が長いと，見る目が曇って真理と現実の両者が見えなくなって必ず没落することになる」という厳しい法則の例外ではなかったのである。

Ⅱ．経済の目的（「生態系主主義（エコクラシイ）」の理念）とLCA（製品「一生」の評価），CSR（企業の社会的責任），LOHAS（健康と持続可能な生き方），及びCR（企業の評判）

ここでは，LCA，CSR，LOHAS及びCR（直接関係のないGSRとISRについては除外）の説明に入る前に，それらを支える真の「経済の目的」を述べて，それを教育により速やかに普及することがきわめて重要であることを最初に強調しておきたい（この理念は，たとえば欧米人の原点にあるキリスト教を超える大事なものである）。

1．経済の目的（「生態系主主義（エコクラシイ）」の理念）

【地球と立体空間での生態系と人工物】

「地球と立体空間での生態系と人工物」の有姿については，図Ⅱ－1の通りである。

この図に見られるように，氷河期から間氷期に移行した今から約1万5千年ないし1万年前に，人間が農耕（東南アジアにおけるバナナ栽培根栽農耕ないし西南アジアの山麓地帯－ナイル下流・パレスチナ・シリア・北イラクを結ぶ「肥沃なる三日月地帯」－における穀物農耕）を始める[注1]以前の大気圏には，地中・地上（河川・湖沼・池等を含む）と海中に動植物（鳥類はこの中に含まれるから括弧をつけてある）が，そして海上に鳥類がそれぞれ生存するだけであった。そして，地球を取り巻く宇宙空間は自然のままであり，地中には鉱物が長年にわたって形成され埋蔵されたままであった。

しかしながら，人間が農耕を始めて以後特に産業革命以降の僅か約200年の間に[注2]，人工の埋立地を含めて，地上と地中には建設物が，海上と海中には船舶が，大気圏には飛行機等が，宇宙空間には人工衛星が，それぞれ人工物

（二重枠のもの）として有害な廃棄物（点線楕円で囲まれたもの：再生可能のものも増えてきているが，回収不能のものは再生対象にならない）を伴い，一部の種を絶滅させながら増大し続けて，それらは生態系に大きいマイナスの影響を与えるに至っている。しかも，地中に埋蔵された鉱物の一部（石油等）は，その量的質的限界にも拘わらず，人類により近い将来に掘り尽くされようとしているという問題が生起している。

【「地球と立体空間での生態系の同時的な持続的共生」】

「地球と立体空間での生態系の同時的な持続的共生（Sustainable Symbiosis)」とは，地球を取り巻く宇宙空間を含めた良好な自然的条件を維持しつつ，①マクロとしては，国内面では，環境適合的な不断の技術革新の下にGDP（国内総生産）を持続的に量的よりも質的に成長させ，その成長とともに上昇する給与・年金等の下で，雇用を維持し，労働時間等の拘束時間を短縮して，余暇時間を多くし，社会的・経済的弱者をも保護すること等であり，国際面では，諸外国（先進諸国及び発展途上国等）と持続的に共生することである。

GDPの持続的な成長の内容は，先進諸国については，当該諸国の社会が地球環境へかけている圧力及び当該諸国の支配している技術及び財源の観点から，環境の保全・保存を持続的な成長と不可分のものと認識することである(注3)。具体的には，低成長の下でフロー（年々の流れ）とストック（蓄え）の量的内容を見直して，それらの質的内容を追求することである。

諸外国との持続的な共生の内容は，特に先進諸国との関係では，労働時間が先進諸国をかなり上回っている下での輸出超過について，フェアーでない面もあるということである。

発展途上国との関係では，ODA（公的開発援助）等を通してそれらの国の生活水準の向上に資することである。この場合，目的通りに末端までその開発援助が届いているかが重要であるから，Ⅲで述べるように，当初の企画における計画樹立から，実施後の事後検証まで必ず行うようにしなければならない。

②ミクロとしては，各個人は，各年齢と能力等に応じた給与・年金等（経済的弱者に対する生活保護給付等）により生活の内容を質的な意味で持続的に成

図Ⅱ－1　地球と立体空間での生態系と人工物

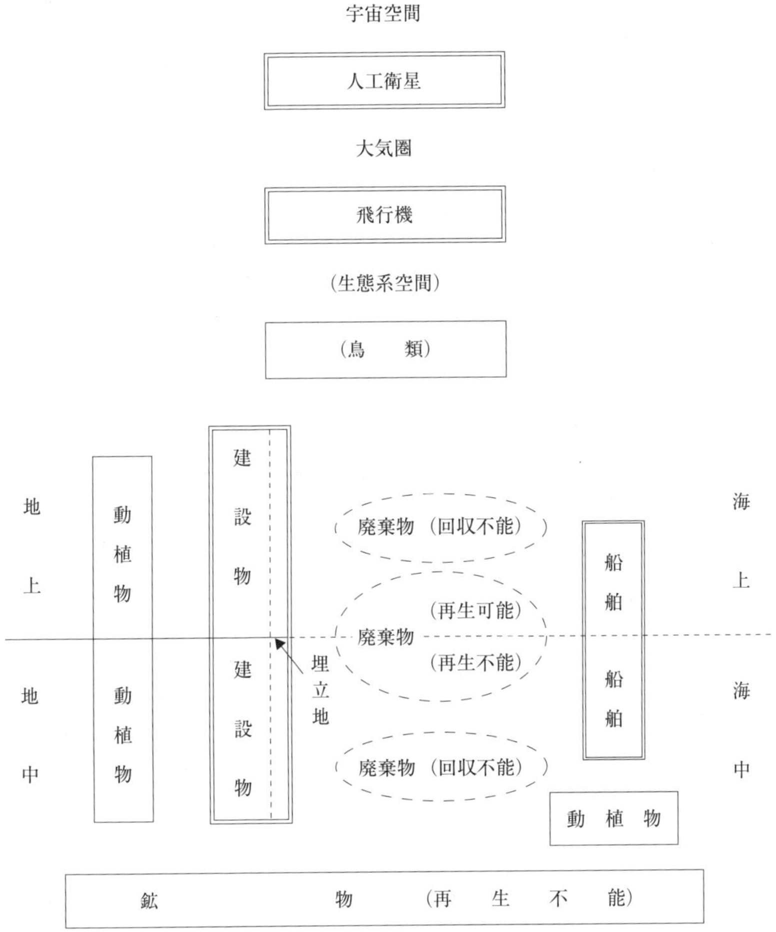

長させるとともに，余暇時間を増加させ，健康を維持してその生活を文化的に向上させることである。

各企業は，この「持続的共生」のための「生態系主主義」の理念に基づく経営哲学＝経営理念の下に，内外のニーズに応える製・商品とサービスの持続的供給により適正利益を確保し続けることである。

そして政策主体は，これらの各個人の生活と各企業の活動を妨げるのではなく，それらを支援するシステムづくりをしなければならない。

【「地球と立体空間での生態系の異時的な持続的共生」】

「地球と立体空間での生態系の異時的な持続的共生」とは，遙か過去の，人間が農耕を始める前と同じようにというわけにはいかないとしても，未来に向けて，地中・地上と海中の動植物が，そして地上と海上に生息する鳥類が，すなわち生態系のほぼ全部が保全・保存され，地球を取り巻く宇宙空間を含めて自然の物質代謝が維持されている良好な自然的条件を，われわれの今後の世代の人々に，永く引継いで行くことである。

【「地球と立体空間での生態系の同時的・異時的な持続的共生の理念」】

これまで人間が宇宙空間を含めて地球のあらゆるものを思いのままに支配してきており，そして人間の中では覇権国とその国の支配者がその他の人達の上に君臨してきているが，今や地球と立体空間における資源の減耗と汚染の度合いが限界に達しており，生態系のうち絶滅した種，又は絶滅に近い種も増えてきている折から，1992年のリオにおける会議以降漸く「持続的開発」の必要性が意識されてきている。

生態系のうち人間以外の動植物は，それらの生命の危機を何らかの形で訴えてもなかなかカネに心を奪われた人間の耳目には届かないし，人間自体においてもこれから生まれてくる人間には，「持続的な再生産が可能で汚染されていない生存環境を残しておいて欲しい」という痛切な訴えをする機会を与えられていない。それ故，「民主主義」を超えた「持続的共生」のための新しい理念，すなわち「**生態系主主義**（エコクラシィ）」の理念を普及する必要がある。

ここで「生態系主主義」とは，生態系のすべての生が持続的でない限り，常にその生の一部を利用する人間自体の持続的な生も困難になるということを意味している。

したがって，この「地球と立体空間での生態系の同時的・異時的な持続的共生の理念」（持続的共生のための「生態系主主義」の理念）は，現在から未来に向けて，従来の人間至上主義，そして人間全体に対する人権の思想（ヒューマニズム(注4)），あるいは各人の価値基準としての，キリスト教・ユダヤ教・イスラム教・ヒンズー教等をも超えた重要なものであるといえよう（仏教は，例外的に生態系のすべての生を肯定している）。

【「自己利益」の解釈の転換】

このように「地球と立体空間」において，「生態系の同時的・異時的な持続的共生」が必要であるのに，資本主義経済は，人間のため「自己利益」だけの「資源の合理的配分」を目的とすることを当然のこととしてきた。

そこでは，「神の見えざる手」による市場機能に全面的に任せば，功利主義のいう「最大多数の最大幸福」が達成されるという思想の下に，資本蓄積と人間生活は，ともに狭義の「自己利益」[注5]を追求してきたが，今やその解釈の転換が緊急に求められているのである。

すなわち，経済の目的は，狭義の「自己利益」の追求にあるのではなく，最終的には，自己利益と，①他者の利益，②後世代の利益，③自然環境の保全・保存の三者との「地球と立体空間での生態系の同時的・異時的な持続的共生の理念」が実現された下における，健康で文化的な人間生活の向上にある[注6]から，「自己利益」の意味を広義に捉えて，このような持続的共生のための「生態系主主義の理念」が実現されることにより，はじめて自己利益も持続的に保証されるものとしなければならないのである。

【「自己利益」と共生】

ここで「自己利益」と共生との関係について述べると，個々の人間にとって最も大事なものは自己の命である[注7]。そして自己の命を大事にしようとすれば，他人の命を大事にしなければならないのである。

この場合の他人は，三人称ではなく，二人称として，すなわち友人として考えるということである。というのは，友人の友人としての広がりを持たせれば，殆どの人達が，二人称のなかに入ってくるからである。このことは，土井健司氏が「キリスト教の基本は，「わたし－あなた」の関係にある」ということと同じ意味合いを持つものといえる[注8]。

このことについて，イスラムでは，他人を「区別」するが，そこには「共存の原理」が働いている。すなわち，「イスラームは元来，非イスラームの存在が内包されてはじめて全体としてのイスラーム世界をつくることになる」とされている(注9)。

このことについて，仏教では，「アンベードカルによれば，仏教の本質（ダンマ）は，人と人との間の正しい関係の確立－慈悲の心を基礎とする道徳の確立－にあるという。仏教では，他の宗教において神が占める位置を道徳性（ダンマ）が占めていると説く」。そして，「ダンマの道徳は人間の人間への愛という直線的不可欠さから生れる。それは神を必要としない。人間が道徳的であらねばならぬということは神を喜ばすためではない。人が人を愛するということは自らのためである」とされている

さらに特筆すべきは，ブッダが，「世の人々に対し，怒り憎むことなく，生きとし生けるすべての生きものに対して，自制（セルフ・コントロール）することは楽しい」として，生態系の全ての生を肯定していることである(注10)。

したがって，ここで自己と友人との間又は人間と人間との間として捉えてきたものを自己又は人間と生態系全体との間として捉え直す必要がある。

そして，ここでの「命」を「利益」に置き換えていえば，自己の利益を大事にするには，他人の利益を大事にすることであるということになる。というのは，他人の利益を大事にすれば，他人も自己の利益を大事にしてくれるからである。これとは逆に，他人の利益を踏みにじれば，他人も自己の利益を踏みにじるようになるからである。それ故，「自己の命」につながる「自己利益」を重視することは，共生の原点である。しかもその関係を長続きさせるのが，持続的共生のための「生態系主主義の理念」であるといえる。

【憲法第29条と土地基本法】(注11)

以上のことを「憲法」第29条と「土地基本法」との関連で捉えると，次の通りである。

「憲法」第29条は，先ず第１項で「財産権は，これを侵してはならない」として，私有財産権の保障を規定し，次に第２項で「財産権の内容は，公共の福祉に適合するやうに，法律でこれを定める」として，私有財産権の保障は絶対不可侵のものではなく，法律により財産権の内容又はその行使につき公共の福

祉を理由とする制約を課することができるものと規定している。

これを受けて，「土地基本法」第２条は，土地が，一般商品と異なり，公共の利害に関係する次の諸特性を持つものとして，土地の所有権につき「憲法」第29条第２項の公共の福祉による財産権の制限を明確化させている。

① 現在及び将来における国民のための限られた貴重な資源であること。

② 国民の諸活動にとって不可欠の基盤であること。

③ その利用が他の土地の利用と密接な関係を有するものであること。

④ その価値が主として人口及び産業の動向，土地利用の動向，社会資本の整備状況その他の社会的経済的条件により変動するものであること等。

【土地基本法と「企業基本法」】

資本主義の下での企業の活動のうちの主たるものは，株式会社の活動である。近年アメリカの企業を模範として，株式会社は，株式を所有する株主のものである(注12)から，株式会社は，ステイクホールダーズに対する配慮ではなく，専ら株主に報いるために，自由市場の下で利益を増やして株価を上げることに努めなければならないという声が喧しい。

しかしながら，次の理由により，株式の所有権についても土地の所有権と同様に，持続的共生のための「生態系主主義の理念」という広義の公共の福祉による財産権の制限を内容とする「企業基本法」を必要とする時代を迎えているのである（基本的人権も公共の福祉により制約を受けるから，当然のことである：「憲法」第12条）。

① 全体としての企業の活動が，資源の浪費により一部の資源の枯渇の虞を招いていること。

② ①の活動の結果として，貧富の差を一層激しくし，テロ活動まで増加させていること。

③ ①の活動の結果として，生態系をかなり破壊し，一部の種を絶滅乃至絶滅の危機に陥れているほか，人類の将来（子や孫達）にも危機を招いていること。

④ 経営理念の背後に持続的共生のための「生態系主主義の理念」がないか

ら，企業不祥事が後を絶たないこと。

ただし，その前提としては，①政治システムが成熟した公民（市民・町民・村民の総称）意識に支えられていること，②法システムが時代に即応して新設・変更・廃止されたうえでそれらが遵守されること（コンプライアンス：企業の規模を問わず違法行為をしてでも利益を稼ぎたいという者が必ず出てくるから，「企業基本法」を具体化する個々の法規定ではその遵守を保証するために厳しい罰則規定も設けなければならない），③法律が作られる度毎に公務員等特に高級官僚が「全体の奉仕者」（「憲法」第15条）になるのとは逆に力を増し，縦割り組織の維持を目指して不必要な規制を増やしてそれを存続させる弊害に対しては，情報公開の徹底とそれらへの持続的な監視システムを設けること等が必要である(注13)。

【市場の合理的配分機能の限界】

市場は，一般的には資源を合理的に配分する機能を持つとされているが，自由市場は，この理念にそった資源の合理的配分をする機能までは持ち合わせていないことを忘れるべきではない（経済の目的の実現のためには，「地球と立体空間での生態系の同時的・異時的な持続的共生」を目指した，国際的なシステムとしての規制と誘導等の下で市場を機能させる必要がある(注14)）。

【経営哲学＝経営理念】

「地球と立体空間での生態系の同時的・異時的な持続的共生」の理念，すなわち持続的共生のための「生態系主主義の理念」を重視しなければ，今や企業資本どころか，多くの生態系が消滅することにより，人類も滅びる虞のある時代を迎えているから，個々の企業は，企業経営に当たっては，このような理念に基づく経営哲学＝経営理念の下に，2で述べるLCA,CSR,LOHAS及びCRに取り組まなければならないのである。

2．LCA，CSR，LOHAS 及び CR

【LCA，CSR，LOHAS 及び CR と経営理念】

ここで述べる，LCA,CSR,LOHAS，及び CR は，何れも 1 で述べた「経済の目的」における「地球と立体空間での生態系の同時的・異時的な持続的共生の理念」を体化した「経営理念」に沿ったものでなければならない。

そして，これらのことを実現するためには，Ⅰで述べたように，ソフトの側面において旧組織から新組織へ，このような「経営理念」に沿った「人づくり」を通じて，表Ⅰ－1の ABC の各階層における新 CEO（Chief Executive Officer）↔各部新執行役員↔新社員の，そして新 CFO（Chief Financial Officer）↔財務担当新執行役員↔財務部新社員の，それぞれの目的意識の追加・変革を持続的に実行したうえ，常にその実現状況をチェックできるシステムを構築する必要があることを強調しておきたい。

【製品「一生」の環境負荷評価（LCA)】

LCA は，原材料から製造，物流，使用，処分まで，製品の「一生」を通じて，環境に排出される大気汚染物質，水質汚濁物質，廃棄物などの環境負荷を測定する手法であり，特定の製品にかかわるすべての当事者の環境負荷を横断的に評価するものである(注14)。

自然の生態・環境の破壊は，実は資本の活動の基盤をもむしばむことであるから，現時点では，資本の側も漸く，製品が環境に与える負荷を総合的に評価する LCA 等をシステム（組織）化するという対策に乗り出してきている。たとえば，EU が1995年 4 月に ISO14000シリーズの「環境管理・監査制度」を施行し，その国際規格が，同96年 9 月から発効したのを受けて，日本の各企業も対応を急ぐようになってきている(注15)。

具体的には，トヨタ自動車のヴィッツ，富士通のパソコン，富士写真フイルムのデジカメ等が実施しているほか，工業製品にはない高いハードルがあるとされる食品のサッポロビールも，特定の生産者の畑で栽培されたものに切り替えることにより，ビール・黒ラベルと発泡酒・北海道生搾りで LCA を実施し始めている[注16]。

しかしながら，廃棄物の無駄とそのマイナスの影響等のほか，究極の自然の生態・環境破壊である戦争・核実験及び演習の停止等まだまだ重要な問題が未解決のままである。

【企業の社会的責任（CSR)】

国際的には，ISO14001が2004年11月に環境マネジメントシステムの有効性・信頼性を高めるために改定されている。それは，コンプライアンスの強化，製品・サービスの環境に及ぼす範囲拡大，品質マネジメント（ISO9000）との連携を特徴としている。そして，国内的には，CSR（経産省の遠山毅論文では，「単なる理念にとどまらず，これを実現するための組織作りを含めた活動の実践，ステークホルダー（利害関係者）とのコミュニケーションであり，効果的なコミュニケーションを支えるのは，適切な情報開示と説明責任である」としている）が漸く一般化しようとし，この視点に基づくSRI（環境・人権への配慮企業の株式に積極的に投資する，すなわちその企業の将来を買うこと）が指向されて，それらは，漸く個人向けの投資信託を中心に普及しつつある[注16]。

【社団法人経済同友会の社会的責任（CSR）への取組】

社団法人経済同友会の「市場の進化と21世紀の企業」研究会は，次の内容(a)(b)を骨子とする『「市場の進化」と社会的責任経営企業の信頼構築と持続的な価値創造に向けて』を発表している[注17]。

日本企業では，先進的取り組みをしているものとして，サントリー，ソニー，滋賀県内の建設業界，佐川急便，及びNPO・NGOに意見を求めている企業（積水化学工業，キャノン，NEC，宝酒造，及び松下電器等），KDDI，損保ジャパン，及びCSRに組織的取り組みをしている企業（リコー，ソニー，ユニ・チャーム，損保ジャパン，富士ゼロックス，日本電気，三菱商事）があるといわれている。

(a)　問題意識

最近の社会的責任を問われる事件は，次の諸企業(かっこ内は違反理由)であり，行き過ぎた「株主資本主義」に対する批判が高まってきている。

エンロン（法令違反），ワールド・コム（同），Kマート（同），アーサーアンダーセン（同），雪印食品（同），日本ハム（同），山城養鶏生産組合（社会的倫理違反），浅田農産（同），及びアイレディース宮殿黒川温泉ホテル（旅館業法違反）等がある。

このような事件により企業に対する社会の要請が時代とともに変化してきている折から，企業と社会とを「双方向けの関係」として捉えることにより，あらためて企業の「社会的責任」を問う。

その責任の負い方としては，強制されるのではなく，それを担おうとする主体同士が，対話と協働を通じて効果を上げていくことである。つまり，社会の要請が株主利益に繋がらないように見えても，それを技術開発，マーケティング，PRなどのイノベーションによってブレークスルーして，短期・長期の両面から利益追求と社会利益を両立させていくことである。

⒝　実践編

CSR，すなわち「企業の社会的責任」を具体化するには，経済社会の持続的発展のために企業と社会の相乗発展に向けた具体的取り組みに着手することである。

CSRの本質は，①企業と社会の持続的な相乗発展に資するもの，②事業の中核に位置づけるべき「投資」，③自主的取り組みをすべきものである。

CSRは，将来の①リスクを低減し，②利益を生むことにより，企業の持続的発展や競争力向上に資するものである。

現実の「市場は進化」しつつある。すなわち，①資本市場では，SRI（社会的責任投資）が急成長しており，②消費者市場では，主導権が需要サイドに移っている。更にCSRが不十分なときは，③サプライチェーン市場では，取引先から排除され，④労働者市場では，優秀な人材を惹きつけられなくなる。

企業がCSRを果たしながら企業価値を持続的に創造していくためには，それを方向づけるための理念の確立と継続的に実践するための仕組み，すなわちコーポレート・ガバナンス（CG）の確立が必要である。

CGは，「企業の社会的な成長・発展をめざして，より効率的で優れた経営が行われるよう，経営方針について，意志決定するとともに，経営者の業務執行を適切に監督・評価し，動機付けを行っていく仕組み」であり，その目的は，「企業の持続的な成長・発展」を担保することにある。

【実践編の内容】

この実践編では，次のⓐ〜ⓓにより，企業の信頼構築と持続的な価値創造に向けて「市場の進化」と21世紀の企業としての実践を促したい。

ⓐ　21世紀の経済社会を考える

【21世紀の経済社会を取り巻く環境変化】

加速するグローバリゼーションや情報技術（IT）を中心とするイノベーションの進展は，社会のあり方や人々の考え方に大きな影響を及ぼしてきている。

更に環境問題への対応や少子高齢化の進行など，企業をめぐる経営環境は大きく変化しているから，あるべき経済社会像を念頭に置いて，21世紀の企業経営のあり方と取り組まなければならない課題を考える必要がある。

【「グローバル資本主義」と「株主資本主義」の陥穽】

2003年２月発表のアンケート調査では，大多数（89％）が，「米国型資本主義」は間違った方向ではないが，行き過ぎや不完全な部分を是正していく必要があるとしている。

【「持続可能性」の追求によって効率と公正の両立を模索する欧州】

欧州連合（EU）は，2000年３月にリスボンで，「より多くのより良い雇用と，より大きな社会的一体性を持ちながら，持続可能な経済成長を可能にし，世界で最も競争的な知識基盤型経済を実現する」という戦略目標を採択している。

これは，社会の公正の側面を，企業の利潤追求動機に基づく「効率」的なメカニズムを活用することにより担保し，企業と社会の相互利益が図られるシステムを構築しようとするものである。

【わが国もめざすべき経済社会像を明確にし，具体的取り組みに着手を】

わが国の現状は，構造改革の歩みが遅く，未だ構築すべき経済社会像の明確なビジョンが見えてこない。

人々の価値観がより高次なものを求めるようになる中で，企業は，次の諸点を念頭に置いて，CSR への具体的な取り組みに着手する必要がある。

① グローバリゼーションの進展の中での多様な価値観の共生
② 技術や知識のイノベーションがもたらす知識基盤型社会への移行
③ 地球の生態系と経済活動の共生をめざす循環型社会の確立
④ 一人ひとりがパブリックマインドを高め，多様な個性を伸ばし，創造性や挑戦心を育むことのできる人づくり
⑤ 急激に進む少子高齢化に適応した経済・社会システムの構築
ⓑ 企業の社会的責任－企業と社会の層状発展を目指す

【企業の社会的責任（CSR）ー古くて新しいテーマ】

いまや企業不祥事の防止よりも，企業と社会の相乗発展のメカニズムを築くことによって，企業競争力の強化とより良い社会の両立を実現しようという積極的な観点が主流になってきている。

しかしながら，日本では，次のように不十分な視点でしか理解されていない。

① CSR とは，社会に継続的価値を提供することである。
② CSR とは，事業で得た利益を社会に還元し，社会に貢献することである。
③ CSR とは，企業不祥事を防ぐための取り組みである。

当研究会は，今日の CSR を特徴づける共通ファクターとしての次の二つに注目する。

① 社会の変化が企業行動に大きな影響を与えている。
② 企業もこの動きを能動的に考えようとしている。

次の内容を持つ CSR は，企業の競争力強化とより良い社会の実現に向けた挑戦である。

① CSR は企業と社会の持続的な相乗発展に資する。
② CSR は，事業の中核に位置づけるべき「投資」である。

③　CSRは，自主的な取り組みである。

今や企業と社会の持続可能性（CSRの中心的なキーワード）－経済・環境・社会面での結果が求められる時代である。

【CSRは企業の持続的発展や競争力向上に資する】

より詳しくは，次の通りである。

① CSRについて，わが国では「払うべきコスト」として認識している経営者が多いが，「将来への投資」（投資能力のある企業は競争他社との差別化を図る）という認識に変えなければならない。

② CSRは，将来のリスクを軽減するというリスク・マネジメントである。

③ CSRは，「ビジネス・ケースに結びついて将来の利益を生む」

【企業を評価する眼は確実に変化している－進化しつつある市場の現実】

現実の社会では，(b)導入部の「市場は進化」の①～④で述べた通り，社会のニーズに変化の兆しが表われており，総合的な企業価値が計られる時代を迎えている。

【企業からのイニシアティブ－CSRを日本再活性化の原動力に】

① 欧米においては，多様な哲学・考え方によりCSRが推進されているが，単なる欧米賛美・追随では意味がない。

② 日本企業では，積極的なイニシアティブにより企業と社会の相乗発展をめざす。

③ 企業に対する社会の厳しい視線を，積極的に企業変革の原動力にする。

ⓒ　コーポレート・ガバナンス－企業価値の持続的創造を担保する

【「企業の社会的責任（CSR）」とコーポレート・ガバナンス】

企業がその社会的責任を果たしながら，企業価値を持続的に創造していくためには，その方向付けのための理念の確立と，その継続的な実践を担保する仕組み，すなわちコーポレート・ガバナンスの確立が必要である。

【CSRを実践し，持続的に成長・発展していくためのガバナンス】

「企業理念」は，企業経営を方向付け，企業文化を築くための根幹であり，コーポレート・役割基点に据えられるべきものである。この理念の下に，トップ経営者は，存分にリーダーシップを発揮して優れた経営を行うことが重要である。

組織としては，優れた資質を持つ人材をトップ経営者に選任し，適切に監督・評価し，場合によっては後退させることができるようなコーポレート・ガバナンスの「仕組み」が必要である（「業務執行」を行う役割と「経営監督」を担う役割の分離が望ましい）。

「コンプライアンス（法令・倫理等遵守）」は，CSRの観点から見て最低限果たすべき義務であり，それを徹底するためのガバナンスを確立しなければならない。

経営者が長期的な株主利益を向上させていくためには，ディスクロージャー及びステークホールダーとのコミュニケーションを強化することが必要である。その意味で企業には，積極的なディスクローズ（情報開示），高いトランスペアレンシー（透明性）及びアカウンタビリティ（説明責任）が求められている。

【「優れた経営」の理念】

CSRを実践していくことが企業の持続的な発展・成長につながるという理念の実践を担保する仕組みが，コーポレート・ガバナンスである。

ⓓ　めざすべき企業像と新しい企業評価基準の提唱

【具体的実践に向けた「企業評価基準」の提唱】

今求められているのは，一刻も早く「議論」の段階から「実践」の段階に踏み出すことである。ここではそのための具体的実践に向けたツールとして，新しい「企業評価基準」を提唱する。

【評価軸Ⅰ：企業の社会的責任（CSR）】

CSRを四つのフィールド，すなわち「市場」「環境」「人間」「社会」に分類する。

【評価軸Ⅱ：コーポレート・ガバナンス（CG）】

CGを四つの面，すなわち「理念とリーダーシップ」「マネジメント体制」「コンプライアンス」「ディスクロージャーとコミュニケーション」から確立していく必要がある。

【新しい「企業評価基準」の特徴と評価ツールとしての活用】

評価基準の特徴は，次の通りである。

① 経営者による自己評価のためのチェックリスト

経営者自身が社会の価値観(企業を評価する視点)の多様性やその変化に気づきながら,自社の取り組みの現状を評価するためのチェックリストである。

② 目標をコミットメントとして示すためのツール

現状評価に加え，「成果」については目標を自主的に設定し，その達成への努力をコミットすることにより，具体的取り組みを促進するためのツールである。

③ ベストプラクティスを発掘・評価するためのツール

多くの第三者評価のように，特定の価値判断に基づいて一方的かつ画一的に評価するものではない。各分野での企業行動に一定の枠をはめるものではなく，むしろ，各企業が多様な取り組みを行う中で，ベストプラクティスを発掘し，より評価していくためのツールである。したがって，各質問項目のウエイト付けや総合点によるランキングは行っていない。

④ 「リスク・マネジメント」と「ビジネス・ケース」に資する観点からの設問項目

設問項目は，二つの観点からつくられている。第1は，リスク・マネジメントである。将来のリスクにつながるおそれのある問題を事前に把握し，迅速にその改善を図るとともに，社会の価値観と社内の価値観の間に重大な乖離が生じていないかを点検するものである。

第2は，ビジネス・ケースである。社会の価値観やニーズの変化をとらえ，それをいち早く価値創造や新しい市場の創造に結びつけていくことによって，企業の競争力強化と持続的発展につなげるものである。

⑤ 「形式」の有無よりも「機能」の有無を問う設問項目

ある目的を達成するために有効な仕組みの「形式」は，各企業の理念や特性に応じて多様であってしかるべきである。したがって，仕組みに関する設

企業の社会的責任（CSR）

1．市場	
（仕組み） ■持続的な価値創造と新市場創造への取り組み（コアコンピタンス経営，マーケティング，知の連携，知的財産戦略，ブランド・マネジメント） ■顧客に対する価値の提供（顧客満足度，顧客対応，事故・トラブル対応，顧客情報保護） ■株主に対する価値の提供（IR 専任部署等，IR のフィードバック，株主総会） ■自由・公正・透明な取引・競争（購買・取引方針，CSR 調達基準，公正取引・競争の徹底）	（成果） ■持続的な価値創造（収益性，生産性，特許取得件数） ■顧客に対する価値の提供（顧客満足度） ■株主に対する価値の提供（一株あたり配当，株式時価総額，業績予想・実績の乖離率） ■信頼の構築（消費者関連法令違反件数，公正取引・競争関連法令違反件数）
2．環境	
（仕組み） ■環境経営を推進するマネジメント体制の確立（経営方針，従業員教育，外部認証の取得，環境会計） ■環境負荷軽減の取り組み（省資源・リサイクル，省エネルギー，製品・サービスのアセスメント，グリーン購入・調達） ■ディスクロージャーとコミュニケーション（環境報告書，同第三者レビュー，環境に関する社会貢献活動）	（成果） ■環境経営を推進するマネジメント（外部認証の取得） ■環境負荷軽減の取り組み（総物質投入量，総エネルギー消費量，水使用量，温室効果ガス排出量，廃棄物等の総排出量，再利用される循環資源の比率，グリーン購入・調達比率，環境物品等生産・販売比率） ■信頼の構築（環境関連法令違反件数）
3．人間	
（仕組み） ■優れた人材の登用と活用（機会均等，社内公募・FA 制度等，能力・実績評価） ■従業員の能力（エンプロイアビリティ）の向上（従業員教育・研修，トップ・マネジメント層育成） ■ファミリー・フレンドリーな職場環境の実現（家庭人としての責任配慮，育児・介護支援） ■働きやすい職場環境の実現（従業員満足度，多様な勤務時間・形態，安全・衛生，人権配慮）	（成果） ■優れた人材の登用と活用（女性役員比率，女性管理職比率，国内の外国人管理職比率，海外の外国人役員比率，障害者雇用率） ■従業員の能力（エンプロイアビリティ）の向上（従業員教育・研修費用） ■ファミリー・フレンドリーな職場環境の実現（年次有給休暇取得率，月次残業時間，育児休暇取得者数，介護休暇取得者数） ■働きやすい職場環境の実現（従業員満足度）
4．社会	
（仕組み） ■社会貢献活動の推進（基本方針，経営資源や得意分野の活用，従業員のボランティア活動支援） ■ディスクロージャーとパートナーシップ（社会報告書，NGO・NPO との対話・協働） ■政治・行政との適切な関係の確立（政治との関係，公務員との関係） ■国際社会との協調（国際的な規範の尊重，現地の法令・文化・慣習等の尊重，世界的諸課題の解決への貢献）	（成果） ■社会貢献活動の推進（支出額，学生インターン受入数，ボランティア休暇・休業制度利用者数，NGO・NPO との協働件数） ■信頼の構築（国内政治家・公務員関連法令違反件数，海外政治家・公務員関連法令違反件数）

問では，ある特定の「形式」の有無（例：社外取締役はいるか）を問うのではなく，その「機能」（例：社外の視点を経営にとり入れる）の有無を問い，それが効果をあげているのであれば，具体的にどのような「形式」があるのかを回答する方法をとっている。

⑥ 常に「進化」していくツール

今後の展開としては，具体的な回答データを収集・分析し，ベストプラクティスの抽出・評価や，業種や規模別の平均像の分析を行うとともに，各方面からの意見や会社ニーズの変化を反映させ，評価項目の見直しや方法論の精緻化を進めていく予定である。評価基準の構成は，図のように，大きく5分野（市場・環境・人間・社会・コーポレート・ガバナンス）にわたる110項目からなっている。

コーポレート・ガバナンス（CG）

1．理念とリーダーシップ	2．マネジメント体制
■経営理念の明確化と浸透（明確化と浸透努力，ステークホルダーの明確化，浸透度合） ■リーダーシップの発揮（社長の直接関与，従業員へのコミュニケーション，従業員からのコミュニケーション）	■取締役会／監査役（会）の実効性（実質的な議論，社外の視点の導入，監査役／監査委員会の意見，監査役のサポート） ■社長の選任・評価（専任，評価・解任，報酬額決定） ■CSRに関するマネジメント体制の確立（CSR担当部署，年金SRI運用）
3．コンプライアンス	4．ディスクロージャーとコミュニケーション
■企業行動規範の策定と周知徹底（策定・公表，周知徹底，グループ各社への適用ないし奨励） ■コンプライアンス体制の確立（専任部署，相談窓口，内部通報窓口，遵守状況チェック，業績評価での考慮）	■ディスクロージャーとコミュニケーションを推進するマネジメント体制の確立（基本方針，開示範囲・内容，フィードバック，ステークホルダーとの対話）

【経済同友会の社会的責任（CSR）への取組に対するコメント】

これらの「社団法人経済同友会の社会的責任（CSR）への取組」については，その姿勢としては，大いに評価できるが，CSRに取り組んでいるにも拘わらず，例えば牛肉偽装・土壌汚染とアスベストの諸問題に見られるように，これを真に実のあるものにするためには，次のコメントを踏まえて，より実行力のあるものに強化されることが必要である。

① 経営理念の背後にⅡ 1で述べたような哲学による支えがない。

② ①の経営理念に基づく企画の段階が決定的に重要であることの指摘がない。

③ 表Ⅲ－2・表Ⅲ－3及び表Ⅲ－4の諸資本の各循環過程における第1段階～第5段階の各段階で，CSRをいかに具体化していくかという視点が欠けている。

④ 事後のチェック体制が重要であることの指摘が希薄である。

⑤ ステイクホールダーズには，将来に生を受けるものを含めての生態系全体にまで広げるという視点が欠けている。

⑥ 下請等の企業及び従業員に対する配慮まではできていない(注18)。

⑦ 次の社団法人日本経済団体連合会が規定するような，自主的なペナルティ規定がない。

【社団法人日本経済団体連合会のCSRへの取組としての『企業行動憲章』】(注19)

社団法人日本経済団体連合会は，2004年5月に次の10原則に基づき『企業行動憲章』を改定している。

① 社会的に有用な製品・サービスを安全性や個人情報・顧客情報の保護に十分配慮して開発，提供し，消費者・顧客の満足と信頼を獲得する。

② 公正，透明，自由な競争ならびに適正な取引を行う。また，政治，行政との健全かつ正常な関係を保つ。

③ 株主はもとより，広く社会とのコミュニケーションを行い，企業情報を積極的かつ公正に開示する。

④ 従業員の多様性，人格，個性を尊重するとともに，安全で働きやすい環境を確保し，ゆとりと豊かさを実現する。

⑤ 環境問題への取り組みは人類共通の課題であり，企業の存在と活動に必須の要件であることを認識し，自主的，積極的に行動する。

⑥ 「良き企業市民」として，積極的に社会貢献活動を行う。

⑦ 市民社会の秩序や安全に脅威を与える反社会的勢力および団体とは断固として対決する。

⑧ 国際的な事業活動においては，国際ルールや現地の法律の遵守はもとよ

り，現地の文化や慣習を尊重し，その発展に貢献する経営を行う。

⑨　経営トップは，本憲章の精神の実現が自らの役割であることを認識し，率先垂範の上，社内に徹底するとともに，グループ企業や取引先に周知させる。また，社内外の声を常時把握し，実効ある社内体制の整備を行うとともに，企業倫理の徹底を図る。

⑩　本憲章に反するような事態が発生したときには，経営トップ自らが問題解決にあたる姿勢を内外に明らかにし，原因究明，再発防止に努める。また，社会への迅速かつ的確な情報の公開と説明責任を遂行し，権限と責任を明確にした上，自らを含めて厳正な処分を行う。

更に，日本経済団体連合会は，2004年6月に①～⑩についての詳細な『企業行動憲章実行の手引き（第4版）』を発表している。

【日本経済団体連合会の不祥事会員への対応と措置】

これらと同時に注目されるのは，次の「不祥事を起した会員に対する日本経団連としての対応および措置」である。

①　日本経団連としての措置は，会員からの申し出をもとに決定するほか，定款13条（日本経団連の定款その他の規則違反，又はその名誉を毀損する行為に該当するとき総会で会員総数の2／3以上の議決により除名できる等）委員会が独自の判断で，日本経団連としての対応および措置を会長に具申し決定する。

②　措置の内容は次表のとおりである。

措置	会員資格	役職	委員会への参加	総会への参加
厳重注意	○	○	○	○
役職の退任	○	×	○	○
会員としての活動自粛	○	○ （自粛期間中は活動停止）	× （自粛期間中）	○
会員資格停止	×	×	×	×
退会	×	×	×	×
除名	×	×	×	×

【日本経団連の『企業行動憲章』に対するコメント】

日本経団連の社会的責任（CSR）への取組としての『企業行動憲章』は，次の三点を骨子として改定されている。

① 日本経団連はCSRの推進に積極的に取り組む。

② CSRは官主導ではなく，民間の自主的取り組みによって進められるべきである。CSRの規格化や法制化に反対する。

③ 企業行動憲章および実行の手引きを見直し，CSR指針とする。

この『企業行動憲章』について，「経済同友会の社会的責任（CSR）への取組」と比較したコメントは，次の通りである。

① その①については，『企業行動憲章』10原則の⑤に自然環境問題についての具体的な既述はあるが，経営理念の背後にⅡ１で述べたような，それを取り入れた哲学による支えがない。

② その②～④についての既述が希薄である。

③ その⑤については，やはり，ステイクホールダーズには，将来に生を受けるものを含めての生態系全体にまで広げるという視点が欠けている。

④ その⑥と⑦については，「経済同友会の社会的責任（CSR）への取組」と異なり，適正な購買取引方針と，自主的なペナルティ規定が設けられていて，その実施が担保されている（しかし，この方針通りに実施されているかが問題である）。

【CSRの実態】(注20)

CSRの各企業の実態については，まだまだ次の声が支配的であるように思われるから，シャープの町田勝彦社長が「新人の頃から何度でも繰り返して教えることが必要」というように，トップ（CEO＝社長）のCSRを取り入れた経営理念に支えられたリーダーシップによる全社をあげての実践が重要である。

「「CSRは経営戦略に結びつく」と本には書いてあるけれど，現状ではやっぱり欧米から輸入された概念にとどまっているのでは…会社全体に浸透するまで，CSR部は“会社のお荷物”という印象は拭えない」というのが，現時点の実情である。

【健康と持続可能な生き方（LOHAS）】(注21)

LOHASは，アメリカ発祥の言葉で，健康と持続可能な経済社会の実現を重視する生き方のことである。持続可能な（経済）社会とは，1987年の「環境と開発に関する世界委員会（WCED）」の定義によると，「将来の世代がそのニーズを満たすための能力を損なうことなく，現世代のニーズを満たす」社会をいう(注22)。

このLOHASは，最近日本でも注目され出したが，その理由は，次の3点にあるとされている。

第1は，その市場規模の大きさにある。アメリカでも日本でも約30%の人達が環境ビジネスに関心を持っていることである。

第2は，CSRと密接にリンクしていることである。

第3は，強力なテーマ性を持つことである。

このLOHASは，㈱イースクエアの木内　孝会長によれば，日本の「もったいない」の発想や江戸時代から引き継がれているエコロジー的な暮らし方にも通じている。

アメリカのインターフェイス社のレイ・アンダーソンCEOによれば，企業利益の追求とエコロジーについて，「人類は利益を上げるために存在しているのではない。自らの存在のために利益を上げようとしているにすぎない。今や地球上のすべての場所が，ハリケーンに破壊されたニューオリンズのようになる可能性を秘めている。自然環境という根本の土台が脅かされていることを認識できない企業は，遠からず淘汰されるだろう」としている。

更にこれにつき福岡伸一教授は，「持続可能性」への対応が重要であるとして，これまでの還元→酸化という一方通行の無自覚な営みを，炭素の貯蓄を殖やす方向に変えること，すなわち陸上でも海洋でも緑を増やすという重要な課題を提示している。

この「健康と持続可能な生き方」についても，各経済主体が，既述の通り，Ⅱ 1で述べた「経済の目的」における「持続的共生」のための生態系主主義の

表Ⅱ－1　LOHAS消費者をつかむ五つのポイント

	LOHASコンシューマーの特徴	マーケティング上の留意点
1	頭とハートで物・サービスを購入する	リレーションを構築する。情熱的な接触も重要
2	気持ちの良いものであれば多くを支払う	使用者本人にとってのベネフィットや世界観をあますことなく伝える
3	世界的な視野でものを見る	作り手の価値観を伝えるとともに，健康・環境配慮点の証拠をつける
4	デザイン，品質にうるさい	デザイン，品質に可能な限り注意を払う
5	ネットワークが広い	可能な限りすべてのストーリー，情報を開示し，安心して人に勧めてもらうようにする

理念に基づく「経営理念」に沿った事業を常に行うことにより，それを継続させることが可能になるのである。

【企業の評判（CR）】(注23)

企業の評判は，「経営者及び従業員による過去の行為の結果をもとに，企業を取り巻くさまざまなステークホルダーから導かれる持続可能な（sustainable）競争優位」のことである。このCRは，企業の組織構造・文化・歴史・ビジョン・戦略・リーダーシップ・職場環境・経営実践がステークホルダーの眼に映った社会的事実の反映であるとされている。

そして，CRを向上させるには，①外向けに，広告やIRを充実させることと，②内向けに，コーポレート・ガバナンスのあり方を再検討するとともに，内部統制システムを完備させることが必要とされ，そのための次の10原則があげられている。

① 事実に頼れ。

② 定評の高い専門家に意見を求めよ。

③ 自分の主張に固執せず考え方を柔軟に。

④ あらゆるコミュニケーション・メディアを最大限に利用せよ。

⑤ 反対意見を無視することなく，その意味を吟味せよ。

⑥ 注意深くあれ。

⑦ 常に誠実さを忘れるな。

⑧ 独善的になるな。

⑨ 歴史から学び取れ。

⑩ 積極的・肯定的で，「確信」をもて。

この企業の評判についても，既述の通り，1で述べた「経済の目的」における「地球と立体空間での生態系の同時的・異時的な持続的共生の理念」すなわち生態系主主義の理念を体化した「経営理念」に沿った事業を常に行うことにより，それを持続的に向上させることが可能になるのである。

（注1）祖父江孝男著『文化人類学入門』（中央公論社1988.7刊），及び村上泰亮著『文明の多系史観』（中公叢書1998.7刊）参照。なお，土地私有制と土地価格については，農耕の開始後徐々に形成されてきたものと考えられる。

大氷河期と間氷期については，奈須紀幸監修『「海底遺跡」超古代文明の謎』（講談社＋α文庫2005.11刊）参照。「四大文明」は，今から約5000年前の時代に出現したものであるが，この図書において，それらの文明は，突然誕生したものではなく，約2万年前の最寒冷期の海面が今よりも約130m も低かった「プレ四大文明」の時期（プレ・インダス文明は，約3万1千年前）に誕生し発展したものであることが，「海底遺跡」により明らかにされている。

（注2）宇宙ができてから137億年，地球ができてから46億年，生物が出現してから35億年，それが陸上に進出してから4.2億年，哺乳類が出現してから1.5億年，霊長類が現れてから7千万年，そして人類に進化してから7百万年，猿人から原人に進化してから百八十万年というタイムスパンからいえば，僅かな期間であるといえる（竹内均・都城秋穂著『地球の歴史』NHKブックス1990.2刊－初版1965.3刊，及び「旧石器研究の到達点」『朝日新聞』1999.10.13・14号他参照）。

ところで，超長期に見れば，現在の地球は，大氷河期の中の間氷期にあたり，地球の温暖化は，メタンハイドレート（「海底に埋もれたプランクトンや海洋動植物の遺骸などの有機物がメタン菌で分解され，高水圧で氷結した可燃性の天然物質」）の崩壊で起こる可能性が高いという研究もある（（注1）記載最後の図書参照）。

（注3）1992年6月の「環境と開発に関するリオ宣言」参照。

（注4）ヒューマニズムに対しては，別の観点から，フランスの構造主義者（レヴィ＝ストロース，ミシェル・フーコー，ルイ・アルチュセール，ジャック・ラカン，ロラン・バルト等）が，「文明においては進歩も後退もない。その意味で西洋的文明などというものは普遍的でもなんでもなく，西欧社会で構造化された価値観によってつくられたものにすぎない」という批判をしている（的場昭弘著『マルクスだったらこう考える』光文社新書2005.3刊－初版2004.12刊参照）。

（注5）ケネス・ラックス著田中秀臣訳『アダム・スミスの失敗』（草思社1996.4刊）参照。ただ

し，ここではセルフ・インタレストを利己心ではなく，自己利益とした。

（注６）スミスは，経済（学）の目的（目標）について，「国民と主権者の双方をともに富ませること」とし，一層具体的には，「消費こそはいっさいの生産にとっての唯一の目標であり，かつ目的なのである」としている。

そしてさらに，規制を排除した自由競争を重視しながらも，この目的との関連で，法律について，場合によっては，「法律は，植民地の木材に広大な市場を与え，それによって，さもなければ全く価値のない物資の価格を引き上げ，土地の改良を促進させ，また，そうでもしないかぎり経費倒れになってしまうものからも，なにがしかの利潤があがるように配慮する」という効果を認めていることにも注目しておきたい（アダム・スミス著大河内一男監訳『国富論Ⅱ』中公文庫1997.4刊－初版1978.5刊参照）。

もっとも，日本では，余りにも不必要な規制が多すぎるから，それらの規制と環境問題・企業活動の行き過ぎ問題等に対する必要な規制とを峻別したうえ，速やかに前者の自由化と後者の規制強化をはかることが重要である。

また，この目的について，宮本憲一教授は「生活の質」の向上とされ，故内田忠夫教授は，「国民の経済福祉の向上」とされている（宮本憲一著のⅠ（注５）の図書，及び鈴木正俊著『経済予測』岩波書店1995.9刊参照）。

山内昶教授は，経済人類学の立場から，人間を物欲的存在としてではなく，精神的・文化的存在として捉え直した見方としての「基本的な人間のニーズ」を重視されている（山内昶著『経済人類学への招待』ちくま新書1995.8刊参照）。

槌田劭教授は，「生存の持続と発展とは本質的に矛盾するもの」とされている（槌田劭他著『現代哲学の潮流』ミネルヴァ書房1996.7刊参照）。

神野直彦教授は，スウェーデンで，「人間には所有欲求と存在欲求とがある」と考えられていることを取り上げておられるが，所有欲求は「自己利益」の欲求につながり，存在欲求は，「①他者の利益，②後世代の利益，③自然環境の保全・保存の三者との「地球と立体空間での生態系の同時的・異時的共生の理念」が実現された下における，健康で文化的な人間生活の向上」の欲求につながるものであるから，小生のように具体的に捉えた方がより分かり易くなるのではないか？（神野直彦論文「「参加型民主主義」が未来を開く」岩波書店『世界』2005.8号参照）。

アメリカにおいても GDP（国内総生産）の拡大から GPI（生活進歩指数－GDP に所得分配の公平度・労働時間・自然資源の消耗度等を加味して数値化した指数）の改善を目指す動きが広がってきている（『日本経済新聞』1995.11.3付参照）。

（注７）１．西田幾多郎は，『善の研究』（岩波文庫1979.10刊－初版1950.1刊）で，「我々が自己の私を棄てて純客観的即ち無私となればなる程愛は大きくなり深くなる。親子夫妻朋友の愛に進み，朋友の愛より人類の愛にすすむ。仏陀の愛は禽獣草木にまでも及んだのである」としているが，その大前提として自己の命を大事にして自己を生かしてこそ無私になれることを強調しておきたい。

２．尾木直樹教授は，子供達の凶悪事件が起きている根本には，「子どもたちの自己肯定信条，自分のことを愛し，肯定できるという感情が形成されていないこと」を指摘されている。2002年の「日本青少年研究所の調査では，「自分は他人に劣らず価値のある人間だと思うか」という高校生への問いに，アメリカでは89%，中国では96%が肯定します。日本は38%しかない」ということである（「これは「教育のクーデター」だ」岩波書店『世界』2006.7参照）。

（注８）土井健司著『キリスト教を問いなおす』（筑摩新書2003.8刊）参照。

（注９）片倉もとこ著『イスラームの日常世界』（岩波新書2005.5刊－初版1991.1刊）参照。

（注10）B.R. アンベードカル著山際素男訳『ブッダとそのダンマ』（光文社新書2004.8刊）及び雲井明善著『万人に語りかけるブッダ』（NHK ライブラリー2003.11刊）参照。後者では，「仏教の教えは個人としての自己開発，自己確立（自利）に始まり，他者への奉仕，還元（利他）にあった…そのことは，「われ人と共に」を目指したゴータマ・ブッダの出発点に帰着するあり方」であるという説明も行われている。

（注11）土地政策研究会編著『逐条解説　土地基本法』（ぎょうせい2000.5刊）参照。

（注12）岩井克人教授は，「「会社は株主のものでしかない」と考えた株主が百貨店に行き，自分が株を持つ会社の商品を勝手に食べたり，捨てたりすれば，それは窃盗罪である。会社が売っている商品や会社の備品は，会社のものではないのだ。…株主とは，…（会社をモノとしてみたときの）株式の持ち主である。…会社が借金をするときは，株主ではなく，ヒトとしての会社の名義で行う」として，会社と株主の関係につき明解に説明されている（「米国流株主主権主義は二十一世紀の主流にはならない」中央公論新社『中央公論』2006.2号参照）。

（注13）「官を開く　第４部改革を続けるために④」（『日本経済新聞』2006.1.31付参照）

（注14）建部好治著『土地価格形成論』及び『不動産評価の基礎理論と具体例』（清文社1997.9刊－博士号授与著書及び2003.4刊）参照。なお，前著については『日本不動産学会誌』2000.9号に京都大学大学院経済学研究科植田和弘教授の書評が掲載されているから併せて参照されたい。

（注15）経済産業省遠山　毅論文「同省「企業の社会的責任（CSR）に関する懇談会中間報告書」について」中央経済社『企業会計』2004.11号，「わが社の環境報告2005春」『日経ビジネス』2005.3.7号，及び壁谷洋和「「企業の社会性に着目した視点」で投資」『日経ビジネス』2005.5.23号参照）。

「ISO14000は，環境管理システムの一般原則とそのガイドラインを定めたもの」で，そのシリーズの具体的な骨格は，次のとおりである。

1．環境マネジメントシステム（ISO14001）
2．環境監査（ISO14010～ISO14015）
3．環境ラベル（ISO14020～ISO14024）
4．環境行動評価（ISO14031）
5．ライフサイクル・アセスメント（ISO14040～14044）

三橋規宏著『ゼロエミッションと日本経済』（岩波新書1997.3刊）参照。

（注16）「環境負荷削減　食品も勝負」（『朝日新聞』2005.8.17号）参照。

（注17）社団法人経済同友会編著「第15回企業白書」（2003.3刊），及び阿達英一郎講演録「第15回企業白書とCSR『（企業の社会的責任）経営』」（csrjapan ホームページ『CSR　Archives』2005.8掲載中）参照。

これについては，次（別表Ⅱ）のGRI ガイドライン（向山敦夫論文「CSRの数量化と測定

別表Ⅱ　2002年版 GRI ガイドラインにおける指標体系と指標の数

	分野	側　　面	必須指標の数	任意指標の数
経済	直接的な経済的影響	顧客	2	0
		供給業者	2	1
		従業員	1	0
		資金提供者（投資家と借入先）	2	0
		公共部門	3	1
		間接的な影響	0	1
環境	環境	原材料	2	0
		エネルギー	2	3
		水	1	3
		生物多様性	2	7
		放出物・排泄物および廃棄物	6	3
		供給業者	0	1
		製品とサービス	2	0
		法の遵守	1	0
		輸送	0	1
		その他全般	0	1
社会	労働慣行および公正な労働条件	雇用	2	1
		労使関係	2	1
		安全衛生	4	2
		教育訓練	1	2
		多様性と機会	2	0
	人権	戦略とマネジメント	3	1
		差別対策	1	0
		組合結成と団体交渉の自由	1	0
		児童労働	1	0
		強制・義務労働	1	0
		懲罰慣行	0	2
		保安慣行	0	1
		先住民の権利	0	3
	社会	地域社会	1	1
		贈収賄と汚職	1	0
		政治献金	1	1
		競争と価格設定	0	2
	製品責任	顧客の安全衛生	1	3
		製品とサービス	1	2
		公告	0	2
		プライバシーの尊重	1	1

方法」中央経済社『企業会計』2005.9号参照）もあるから，両者を比較対照されたい。

なお，経済同友会は，2006年初めに「環境税」の導入をも提言している。その内容は，既存のエネルギー税制を含めた税体系の抜本改革を前提に，炭素含有量に基づいたエネルギー課税を導入すべきものとしている（「「環境税」導入を提言」『日本経済新聞』2006.1.12号参照）。

（注18）「社員が壊れる　最高益に巣食う現代版「モダン・タイムス」」日経BP社『日経ビジネス』2005.10.24号），及び「過労死大国」（毎日新聞社『エコノミスト』2006.7.25号）参照。

（注19）社団法人日本経済団体連合会編の「企業行動憲章の改定について」，「企業行動憲章」何れも2004.5.18，及び『企業行動憲章　実行の手引き（第4版）』2004.6.22発表参照。

（注20）「今のブームはここがおかしい」及び「損得の判断を焦らないのがCSR道」（何れも日経BP社『日経ビジネス』2005.8.22号）参照。

（注21）NPO法人ユナイテッド・フューチャー・プレス森　摂代表他「勃興！LOHAS」（『週間東洋経済』2005.10.1号），及び大和田順子・福岡伸一他論文「LOHASに生きる」（『エコノミスト』2005.10.11号）参照。

このロハスについて，商標登録を行い，商標使用料を取ろうとして反発を受けた結果，商標使用料をとるのを諦めたという，時代逆行も甚だしい会社が2社（トド・プレスと三井物産。特に後者は，「正路の商い」という「三井家の家訓」を持つ会社）もあるというのが，盲目的な利益を優先するこの社会の現実であることを忘れるべきではない（「ロハス　遅すぎた「自由化」朝日新聞2006.6.14号参照）。

（注22）ドネラ・H・メドウズ，デニス・L・メドウズ，ヨルゲン・ランダース著，枝広淳子訳『成長の限界　人類の選択』（ダイヤモンド社2005.3刊）参照。

（注23）櫻井通晴論文「コーポレート・レピュテーションの管理」（税務経理協会『税経通信』2005.3号）参照。

Ⅲ．資本等の循環過程

1．マクロ－総資本等の循環過程

GDPは，表Ⅲ－1の内訳を集計したものである。ただし，中間財が重複して相殺される部分は，差し引かれる。

投　　　資　＝住宅投資＋企業設備投資＋公的投資＋民間在庫投資＋公的在庫投資　❶

消　　　費　＝民間最終消費＋政府最終消費　❷

要素所得は，労働・土地・資本・企業者才能という生産要素が，生産活動に参加することにより，その提供したサービスに対する報酬としての雇用者所得（労働に対する賃金・俸給等）と営業余剰（土地に対する地代，資本に対する利益・配当・利子，企業者才能に対する役員報酬・同賞与等）をいうから，純付加価値そのもののことである。

表Ⅲ－1　名目（GNP）国民総生産・総支出

名目国内総生産 GDP	名目国内総支出 GDE
資本減耗	投　資
雇用者所得	消　費
営業余剰	輸出等
間接税	△　輸入等
△　補助金	
海外からの要素所得	
△　海外への要素所得	
名目国民総生産	名目国民総支出

それは，生産活動により裏付けられた所得である。そして，移転所得（制度部門間の契約，又は反対給与のないもの）とは区別されて，本源的所得と呼ばれることもある。

表Ⅲ－1と表Ⅲ－2との関連について述べると，次の通りである。

表Ⅲ－1のGDPのうちの資本減耗は，表Ⅲ－2❺式の製品コストを構成する費用のうち，前給付費用のなかの減価償却費に該当する（前給付費用のなかのその他のもの，すなわち原材料費・動力費・外注加工費・事務用消耗品費・サービス費等（中間財）は，総資本としては連結と同様に，当企業の仕入・購入等と相手企業の販売・譲渡等とが相殺されて，集計から除外されることになる)。

ここで重要なことは，原材料費・動力費・外注加工費・事務用消耗品費・サービス費等の中間財は，GDPの集計時に確かに相殺されるが，自然環境問題を検討する時には，それらを供給する各独立の企業資本が中間財を生産する各過程においても廃棄物を生じているから，それらのものを相殺してはならないということである。

それどころか，各企業資本内部の取引においても，中間財を生産する各独立の企業資本と同じく，廃棄物を生み出す各過程は別途に計上されなければならないのである。M&Aが増加して一つの企業資本に他の多くの企業資本が吸収されても，廃棄物を生み出す各過程は存続することを忘れてはならないのである。

表Ⅲ－1の雇用者所得は，表Ⅲ－2❺式の製品コストを構成する費用のうちの人件費に該当する。

表Ⅲ－1の営業余剰等に間接税を加え補助金を差し引いたものは，表Ⅲ－2❺式の製品コストを構成する費用のうちの分配前利益（純付加価値から人件費を控除したもの）に該当する。

2．ミクロ－個別資本＝企業資本等の循環過程

⑴　産業（メーカー）資本の循環過程とその諸段階（企画・決定の段階，各実行の第1～第5段階と検証の段階）

【「付加価値の創造」過程】

諸資本の循環過程の基本は，産業資本等の循環過程（表Ⅲ－2❺式）である。

表Ⅲ－2の「付加価値の創造」過程から分かるように，第1に，純付加価値は，❺式の製造される製品のなかに，前段階の産業資本等が産出した価値としての前給付費用(注1)（原材料費・動力費・外注加工費・事務用消耗品費・サービス費等及び減価償却費）とともに含まれており，純付加価値の内容は，人件費・租税公課・支払地代等・同利息等及び経常利益（損失ではなく利益の場合）からなり，経常利益は，さらに法人税等・配当・役員賞与・留保利益（蓄積）からなっている。これらは，既述の労働に分配される人件費と，土地・資本・企業者才能及び国・地方公共団体等に分配される前の利益（分配前利益）からなるものである。

ここでのサービス費等のうちサービス費は，狭義の運輸・通信・電力・ガス・不動産・飲食・宿泊・医療・福祉・学習・各種サービス等及び国・地方公共団体等に，流通及び金融等の各サービスを加えた広義のサービスに対する費用をいい，等は，その他の経費（例えば維持管理費・修繕費・支払手数料等）をいう。

【企画の段階（事前の計画等）】

表Ⅲ－2における「付加価値の創造」過程に入る前の企画の段階では，Ⅱの「経済の目的」を踏まえた持続的共生のための「生態系主主義（エコクラシイ）」の理念の下で，次の第1段階から第5段階までの計画をしっかり立てておくこと，具体的には，第1段階の投資に相応する資本調達内容と第5段階の資本の一部に対する返済・償還計画を基礎づけるものとして，第4段階の的確な需要見通しの下に，第2段階のイニシャルコスト（建設過程における建物・設備等建設費）と

表Ⅲ－2　産業資本等と人間生活の循環過程の明細表

(1) フロー　①「企画」「付加価値の創造」　　$Iv \times a = A$ ❸

$P \times y = R$ ❹

(N・I)(N・I)「投資・仕入」　(N・I)　(N・I)「販売」(N・I)

借入 n・i　n・i　　　　　n・i　　n・i　　n・i 返済

社債 ⟹ 資本 ⟶ 生産諸資源 ｛生産設備等／原材料／動力／サービス等／「雇用」労働用役｝ ┈┈> 製造 ┈┈> 製品 ⟶ 増殖資本 ⟹ 償還❺

株式等 e　e　e　e　e

⇓　1　2　3　4　5

回収

その他運転資金

前給付費用 ｛原材料費／動力費／外注加工費／事務用消耗品費／サービス費等／減価償却費｝

純付加価値 ｛人件費 ⟶ 可処分所得／租税公課／支払地代等／同利息等／法人税等／配当／役員賞与／留保利益『蓄積』｝

分配前利益：営業利益、経常利益(±特別損益＝税引前当期利益)

人・税控除後純付加価値

┈┈> 生産過程(技術)

⟶ 流通過程(現金・信用)

⟹ 金融過程(証券・貸借・為替)

N：自然(土地・水等)

I：インフラ

n：自然の一部(投資認識される部分)

i：インフラの一部(同上)

e：廃棄物(気体・液体・固体－emission)

1～5：第1段階～第5段階

②「被雇用等」　「可処分所得の稼得」　税金・社会保険料控除後)　　$W \times y' = R$ ❻

N・I　　　　　　N・I

n・i　　　　　　n・i

人間生活 ⟶ 給与 年金等 ⟶ 人間生活

｛働く／「消費」e／食・衣・住(地代・家賃)／学ぶ／遊ぶ／育てる／「貯蓄」e｝　　｛働く／「消費」e／食・衣・住(地代・家賃)／学ぶ／遊ぶ／育てる／「貯蓄」e｝

(2) フローの逆算　「収益価格の算出」　$P = \dfrac{R}{y}$ ❼

Iv	：投下資本	a	：付加価値率
A	：付加価値	P	：土地投下資本(フロー)又は土地価格(ストック)
R	：期待地代	y	：期待土地利回り(対土地投下資本)
W	：賃金	y′	：期待土地利回り(対所得)

第２段階・第３段階のランニングコスト（仕入過程・製造過程における建設物の稼働・運営費総額）の両者につき，事前の厳しい計算に基づいて把握しておくことが重要である（表Ⅲ－３・表Ⅲ－４のサービス資本の循環過程についても同じことがいえる。このことは表Ⅲ－４に属する官公庁又はその外郭団体等のいわゆる美術館等のハコモノ造りに対しても同様にいうことができる）。

【決定の段階】

企画の段階で検討された投資計画のうち，これまでは資本にとっての最善のものが当該企業の取締役会で決定され，実行されてきている。しかし，現時点では，資本にとってだけではなく，自然と社会（環境）にとっても最善のものであることが重要である。すなわち，その投資は，Ⅱの「経済の目的」を踏まえた，CSR（企業の社会的責任）との関連におけるSRI（社会的責任投資）でなければならないということである。

この段階で企業の投資意思決定に重要な役割を果たすのは，その企業の最高経営責任者（CEO＝Chief Executive Officer）であるから，CEOは，当然にこのSRIの側面をも常に考慮に入れてその投資を決定しなければならないのである。

【第１段階＝資本調達過程】

これらの各段階について，表Ⅲ－２❺式の「借入・社債・株式等（等は留保利益・減価償却累計額)⇨資本」（第１段階＝資本調達過程）は，①金融市場（狭義の信用市場）での銀行・信託・保険会社等からの借入れ（間接金融による他人資本の調達），②資本市場（広義の信用市場）での証券会社等の仲介・引受けによる株式・社債の発行（前者は一般又は機関投資家からの直接金融又は投資信託からの間接的直接金融による自己資本の調達，後者は一般又は機関投資家からの直接金融又は投資信託からの間接的直接金融による他人資本の調達），及び③留保利益・減価償却累計額からの自己金融による資本（資金＝運用可能な貨幣資本ともいう）の調達を意味している。株式等から下方向への⇩回収の部分は，株式形態の投下資本が借入・社債のように返済・償還の可能性がないにも拘わらず株式市場での売却により回収可能であることを示している。

実際の調達に当たっては，①～③について投資の内容に応じた回収期間と資本コストの組合せが重要である。そして，これらの調達資本は，使用総資本の中で主要な自己資本と他人資本を形成する。

【第２段階＝投資・仕入過程】

❺式の「資本→生産諸資源」（第２段階＝投資・仕入過程）は，①不動産市場で不動産業者等の仲介により，土地を購入又は賃借し，②建設市場で建設会社に土地の造成・建物の建築を請負わせ，③生産設備市場で商社・リース会社等の介在により，生産設備を購入又は賃借し，④原材料市場で商社等の介在により，又は直接系列の下請け先から原材料を購入し，⑤サービス市場から直接運輸・通信サービス等の提供を受け，⑥労働市場から労働者を直接雇用する過程である。

一定の科学技術水準の下で，この段階の建設・設備投資における「生産手段と労働用役」(注2)との結合の仕方は，生産性の差異に基づく投資利益率と回転期間の差異に重要な影響を与えるから，それらを量的質的に区別して捉えなければならない。具体的には，種々の結合についての比較計算を行ったうえ，そのなかで，当該企画に合った最適なものを選択して実行することが重要である。

この段階においてグローバル化した経済の下では，生産手段は国境を越えて相対的に低賃金で質の良い労働用役と結合すること(注3)，しかもその結合は，公害の輸出ではなく，自然環境の保全・保護に適合するものであることが重要になってきている。このことは，次の第３段階についても同様である。

【第３段階＝生産過程】

❺式の「生産諸資源⇢製造⇢製品」（第３段階＝生産過程）は，第２段階（投資・仕入過程）での契約内容に基づき，用意した生産手段（生産設備と原材料）と労働用役とを組合わせて，自企業の内部で製品の生産を行う過程である。

ここでは，①生産設備と労働用役との組合せ方（組織としてのシステム）が，硬直的ではなく，弾力的であること（第３段階内部の諸問題及び第４段階の市場からの諸要請にも即応できること）[注4]が利益稼得力にとって重要であり，②製品だけではなく，原材料の歩留率が，資源節約と環境保護にとっても極めて重要であることを強調しておきたい。

この段階では，生産手段のうちの労働手段（生産設備）の全部又は一部の購入か賃借か，及びそのうちの労働対象（原材料）の「仕入」における現金買か信用買かの組み合わせ方も重要である。

【第４段階＝販売過程】

❺式の「製品→増殖資本」（第４段階＝販売過程）は，再びサービス市場から直接運輸・通信サービス等の提供を受けるほか，広告サービス等の提供を受ける下で，①生産財市場で商社等の介在により，生産財を販売し，②消費財市場で卸売業者・小売業者等の介在により，消費財を販売する過程である。

増殖資本は，当初資本に利益を加えたものであり，この利益の使用総資本に対する割合，すなわち使用総資本利益率が，重要な経営指標の一つを示すものである[注5]。

この段階では，現金売か信用売か（回収可能か，回収期間の長短はどうか，以下同じ），さらには期待価格で販売可能か否か，及び関係する資本調達コストと税制が投下資本の投資利益率とその回収（キャッシュ・フロー）までの回転期間にやはり重要な影響を与えるのである。

ここで４で説明する差額地代，ひいてはそれを資本還元した土地価格との関係では，第２段階の①において入手した宅地の豊度及び熟度並びに位置及び立地の差を反映した個別的な付加価値が，この第４段階で社会的に実現することが重要である（以下同じ）。

【第５段階＝返済・償還過程】

❺式の「増殖資本⇨返済・償還」（第５段階＝資本循環完結過程）は，増殖資本のなかから調達資本を返済・償還して，資本の一循環を完結する過程である。ここで留意して欲しいことは，これらの返済・償還が資本調達の借入・社債・株式・留保等のうちの前二者としか見合っていないということである。つまり後二者のうち株式については配当支払いの負担はあるが，元本返済・償還

の義務がなく（ただし，第１段階で説明したように，株式は株式市場での売却により投下資本の回収が可能である），留保等（留保利益及び減価償却累計額）については配当・利子等の支払いも不要という貴重な資金なのだということである。

【事後検証（事後の監査等）】

第５段階が終わると，資本の一循環が終了して次の循環に入るが，その前に第１段階から第５段階までの経過を，Ⅱの「経済の目的」を踏まえた当初の企画と比較のうえ，それを評価・検証（事後監査を含む）し，問題点を解決して次に進むことが重要である。つまり資本の一循環は第１段階から第５段階まで（Do）であるが，それだけでは不十分であり，当初の企画（Plan）と事後の比較検証（See）も重視しなければならないのである。

【甘い企画下の「財テク」とコーポレート・ガバナンス（企業統治）】

本来，個々の産業資本の経営者は，設備投資資本の回収には長期を要するから，この❺式の，第１段階から第５段階までの資本の一循環の企画において厳しい利益稼得見通しを持たねばならないのに，「自由化」「国際化」等の下で，バブル景気時には，①内外の資本市場から直接にエクィティ・ファイナンスで得た過剰な資金を安易な設備投資に充てたほか，②その余剰資金を産業資本としてではなく，貸付資本として「特定金銭信託」「ファンド・トラスト」等の利用による「財テク」（土地の投機的取得を含む）に励んでいた（商業資本・サービス資本の経営者等についても同様であった）。

産業資本の経営者等のこのような危険な行動に対し，コーポレート・ガバナンス（企業統治）としては，本来政策当局者等が警戒信号を出さねばならないのに，①政府は当時の内外の政治的要請を優先させ，②日銀は政府に従属して公定歩合を長期にわたって低位のままに据え置き，③資金余剰化と直接金融化とによる激しい貸出競争の下で，間接金融の主体であるメイン・バンク等は，意識的に審査部を独立性のある本部から営業部の付随的な地位に置き換えてモニタリング機能を放棄していたのである（商業資本・サービス資本の経営者等の行動についても同様であった。なお，直接金融を扱う証券会社は元々モニタリング機能を持ち合わせていない）[注6]。

⑵　産業資本等の循環過程と自然・インフラ・廃棄物

【産業資本等の循環過程における自然Nとn及びインフラＩとi】

産業資本等の循環過程（❺式）に，①自然（土地・水・大気等）のNと，そのうち投資として認識される一部分としてのn，及び②公的資金の投下により整備されたインフラサービスのＩと，そのうち投資として認識される一部分としてのｉを取り入れると，産業生産は，産業資本を化体した産業生産要素としての産業生産手段と産業労働用役のみならず，①自然的なもの（自然から与えられた土地生産性によるもの）と，②整備されたインフラサービスの力によっていることが明らかになる[注7]。ここでは，①と②の関係では，Nとnの差がＩとｉの差より遥かに大きいということにも留意しておく必要がある。

【Nの差とＩの差，更にｅの差が差額地代の大小に影響する】

そして，①nではなくNの差が，自然的豊度の差と自然的位置の差（４参照）を決定し，②iではなくＩの差が，人為的立地の差（４参照）を決めている。すなわち，①産業生産に役立つNに恵まれるほど自然的豊度と自然的位置が優位になり，②産業生産を支えるＩの整備が行き届くほど人為的立地が優位になって，差額地代が大きくなる。逆に，①産業生産に役立つNに恵まれないほど自然的豊度と自然的位置が劣位になり，②産業生産を支えるＩの整備が不足するほど人為的立地が劣位になって，差額地代が小さくなる。

さらに，③生産・流通・金融の諸過程，すなわち表Ⅲ－２の第１段階から第５段階までの諸過程で生ずる廃棄物等（気体・液体・固体－浸透物を含む）のｅを取り入れると，自然的豊度の持続性が影響を受け，その自然的豊度の差の変動（人為的劣化の差による変動）を通じて，差額地代の変動がもたらされることになる。

【N・Ｉ・ｅのコスト又は純付加価値の一部としての認識を】

したがって，産業資本等の循環過程において，これまで脱漏していた，①自然（土地・水・大気等）のN，②インフラサービスのＩ，及び③廃棄物等（気体・液体・固体－浸透物を含む）のｅを取り入れる（コスト又は純付加価値の一部として認識する）ことが必要となるのである。

このフローとしての産業資本等の循環過程で，第１に，自然（土地・水・大気等）のＮのうち投資として認識される部分は，その一部分のｎ（たとえば地代・水道代等）のみであり，しかも借入等の資金調達・仕入・製造・販売及び返済等の諸過程における廃棄物等（気体・液体・固体－浸透物を含む）のｅによる環境汚染を引き起こしている。すなわち，本来は，汚染されていない土地の上で，汚染されていない真水・大気・太陽光等を利用して，ただし大気・太陽光に対しては何等の投資（コスト負担）もなく生産を行ないながら，生産・流通・金融（貯蓄を含む）及び消費の諸過程において，廃棄物等（気体・液体・固体－浸透物を含む）のｅによりそれらを汚染等し続けていることが問題である(注8)。

生産過程等で純付加価値を生み出すのに貢献した，①水に対しては中間投入額として回収されるが，②大気等に対しては中間投入額としての回収又は配分がないし，③生産過程等で汚染されてもとの自然に還元されない廃棄物（気体・固体・液体）を排出し，④消費過程でも，生産過程等と同様にそれらの廃棄物を排出している，ということである。

【フローの循環を自然の物質代謝機能を維持し回復させる方向に転換を】

現時点では，資本の活動と人間の生活が自然を汚染又は消尽させる度合いを強めて，これらのことが逆に，資本の活動と人間の生活の持続的な成長に対する制約となってきているから，Ｎ・Ｉ・ｅをコスト又は純付加価値の一部と認識して，フローの循環を自然の物質代謝機能を維持し回復させる方向に転換させなければならない。そしてこのことは，当然フローの利益及びストックの価格にも影響を及ぼすことになる。

それらの影響に対しては，産業における土地（自然）生産性の持続性のために，①土壌・地下水汚染等の問題を解決する必要性のほか，②土地（自然）生産性を超えた地代（地価）水準の是正（空洞化は高人件費によるだけではない）も迫られているのである。

【Nがマイナスの影響を与える側面】

Nは，産業資本の循環過程に対して，プラスの影響を及ぼす側面を持つだけではなく，マイナスの影響を与える側面をも持っていることを見逃すべきではない。マイナスの影響を与える側面とは，自然の災害，具体的には噴火・地震・津波・暴風雨・洪水・旱ばつ等である。これらの自然の災害は，直接的に自然的豊度を破壊する虞に加えて，間接的に鉄道・道路・ダム・人工の水路等の産業生産を支えるIを瞬時に破壊する虞があるから，産業における土地（自然）生産性の持続性のためには，これらを防御するI等（産業用建物・構築物・機械等を含む）の充実・補強も不可欠である。

【Iのうち投資として認識されるべき部分とマイナスの側面】

整備されたインフラサービスのIのうち投資として認識される部分は，その一部分のi（たとえば租税・負担金等で支払う部分）のみである。すなわち，本来は，かなりの程度整備されたインフラサービスとしての鉄道・道路・ダム・人工の水路等（ソフトの教育等を含む）を利用しながら，道路・ダム・人工の水路等に対してはコスト負担の一部だけで生産を行っていることも，公的な開発利益の負担の問題として残されている。

しかしながら，インフラサービスについては，Nと異なりすべてのIを投資として認識する必要はないということができる。というのは，Iについては，国等の合理化精神に欠ける官僚等による，かなりの過剰投資・欠陥工事とコスト高の側面がある。たとえば，殆ど不必要な干潟の埋立，ダム・流域下水道の建設等の過剰で割高な公共投資等がそれである[注8]。それらは，公共工事の過程及びその完成後における公的建設物の用役提供の過程で，①生態系を分断し，②廃棄物等（気体・液体・固体－浸透物を含む）により自然（土地・水・大気等）を汚染等し続け，③自然的豊度の持続性に影響を及ぼし，その自然的豊度の差を変動させる結果として，Nを悪化する（自然とその生態系をも破壊する）というマイナスの側面を持つことも重要である。

(3) サービス（商業・金融等）資本の循環過程

【サービス（商業・金融等）資本の循環過程と純付加価値】

サービス（商業・金融等）資本の循環過程は，通常いわれている次のような簡単なものではなく，第2段階の投資・仕入があるから，産業資本等の循環過程に類似していることに留意しなければならない。このことは，サービス（狭義）資本の循環過程についても同様である。

商業資本　資本－商品－資本（第2段階～第3段階～第4段階）

貸付資本　資本－資本（第1段階～第5段階）

表Ⅲ－3は，サービス（商業・金融等）資本の循環過程を描いてある。

サービス（商業・金融等）資本としては，資本の循環過程のうちの流通過程を担う商業資本と，金融過程を担う貸付資本（銀行等）・証券資本（証券会社・投資銀行）等がある。

【サービス資本の本来の循環過程】

サービス（商業・金融等）資本の循環過程については，産業資本（メーカー）の循環過程と同様に，純付加価値は，❽式の販売される商品等のなかに，前段階の産業資本等が産出した価値としての前給付費用（商品代等・動力費・事務用消耗品費・サービス費等及び減価償却費）とともに含まれている。

サービス（商業・金融等）資本の循環過程については，通常，既述のように，第1段階から第5段階までの各段階が必要とされるのである（正確にいうと，それらのほか第1段階の前に企画・決定の段階，第5段階の後に事後検証の段階もある）。

例えば，表Ⅲ－3にみられるように，流通過程を担う商業資本としてのディーラーは，産業資本としてのメーカーと同様に，各種資本を調達し（第1段階），サービス生産設備等を購入又は賃借してそれに労働用役を結びつける準備過程のイニシャル投資を行ったうえで，商品の仕入行為というランニング活動に入り（第2段階），商品の販売行為により資本を増殖し（製造過程等がないから第3段階＝第4段階は商業用役生産＝サービス市場における用役提供＝商品販売過程になる），そのなかから調達資本の種類に応じて返済等をする

表Ⅲ-3　サービス（商業・金融等）資本の循環過程の明細表

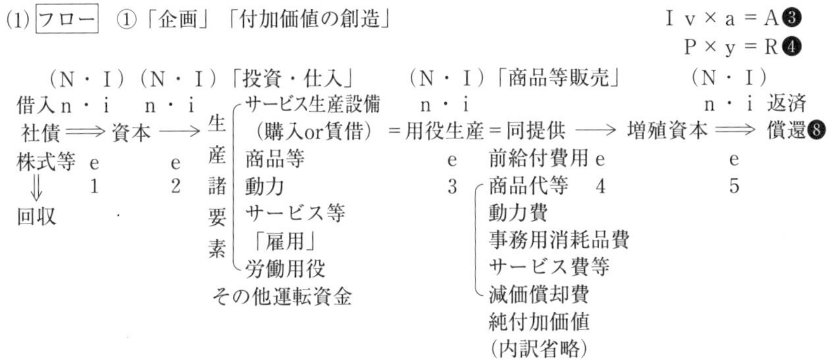

(1) フロー　①「企画」「付加価値の創造」　　　　　　Ⅰv×a＝A❸
　　　　　　　　　　　　　　　　　　　　　　　　　　P×y＝R❹

```
     (N・I) (N・I)「投資・仕入」    (N・I)「商品等販売」   (N・I)
借入 n・i   n・i  ┌サービス生産設備   n・i              n・i 返済
社債 ⇒ 資本 → 生│ （購入or賃借）＝用役生産→同提供 → 増殖資本 ⇒ 償還❽
株式等  e    e 産│  商品等        e     ┌前給付費用 e       e
 ↓     1    2 諸│  動力          3     │商品代等      4     5
回収         　 要│  サービス等          │動力費
              素│ ┌「雇用」            │事務用消耗品費
              　└─労働用役            │サービス費等
                 その他運転資金        └減価償却費
                                       純付加価値
                                       （内訳省略）
```

　　凡例：表Ⅲ-2と同じ。
(1) ②表Ⅲ-2と同じ
(2) 同　上

のである（第5段階）。

　これらのことは，金融過程を担う貸付資本・証券資本等についてもほぼ同様である。ただし，これらの資本の場合には，仕入れて販売するものは商品ではなく，資本（商品等の等＝カネ）そのものになる。

(4) サービス資本（狭義）の循環過程

【サービス（狭義）資本の循環過程と純付加価値】

　表Ⅲ-4は，サービス（狭義）資本の循環過程を描いてある。

　サービス（狭義）資本の循環過程についてもサービス（商業・金融等）資本の循環過程と同じく，第1段階から第5段階までの各段階が必要とされる（正確にいうと，それらのほか第1段階の前に企画・決定の段階，第5段階の後に事後検証の段階もある）。

　表Ⅲ-3・表Ⅲ-4両表の比較から分かるように，サービス（商業・金融等）資本の循環過程では販売用の商品・カネの仕入れがあるが，サービス（狭義）資本の循環過程では仕入れがないので在庫がなく，付加価値はサービス（用役）そのものと一体化されるという特徴がある。

それ故，サービス（狭義）資本の循環過程については，産業資本（メーカー）の循環過程と同様に，純付加価値は，❾式の生産即提供されるサービス（用役）のなかに，前段階の産業資本等が産出した価値としての前給付費用とともに含まれている。

サービス（狭義）資本としては，運輸・通信・電力・ガス・不動産・飲食・宿泊・医療・福祉・学習・各種サービス等及び国・地方公共団体等があり，例えば，運輸資本・不動産賃貸資本及び公的資本については，それぞれ次のことがいえる。

【運輸資本の循環過程】

運輸資本では，表Ⅲ－4の「サービス（狭義）資本の循環過程」の❾式における投資過程が建設過程（第2段階）になり，「サービス市場における用役提供＝増殖資本」（第4段階）については，運輸サービス施設建設投資が完了すると，運輸サービス（用役）生産（第3段階）即サービス市場における用役提供（第4段階）が開始されるが，常にそれらの用役の全部が消費されるわけではないから，用役提供＝増殖資本のように見えるが，実際にはほとんどの場合，≠となることに留意する必要がある。

【不動産賃貸資本の循環過程】

不動産賃貸資本では，表Ⅲ－4の「サービス（狭義）資本の循環過程」の❾式における投資過程が建設過程（第2段階）になり，「サービス市場における用役提供＝増殖資本」（第4段階）については，建設が完了すると，不動産サービス（用役）の生産（第3段階）即サービス市場における不動産用役の提供（第4段階）が開始されるが，やはりサービス（狭義）資本一般と同じく常にそれらの貸ビル及び貸マンションが満室になるわけではない。

産業資本の循環過程の場合には，在庫率の増加又は稼働率の低下による製品の減少に基づく貨幣資本への転化の遅れの問題となるが，ここでは，同様の問題が不動産用役としての貸ビル及び貸マンションの空室率の高低として現れるのである。

表Ⅲ－4　サービス（狭義）資本の循環過程の明細表

(1) フロー　①「企画」「付加価値の創造」　Ｉｖ×ａ＝Ａ❸

Ｐ×ｙ＝Ｒ❹

（Ｎ・Ｉ）（Ｎ・Ｉ）　「投資」　（Ｎ・Ｉ）「サービス販売」（Ｎ・Ｉ）

借入ｎ・ｉ　ｎ・ｉ　生産諸要素 ｛サービス生産設備（購入or賃借）　動力　サービス等　「雇用」労働用役｝ その他運転資金　ｎ・ｉ　ｎ・ｉ 返済

公社債 ⟹ 資本 ⟶ 生産諸要素 ＝用役生産＝同提供＝ 増殖資本 ⟹ 償還❾

株式等　ｅ　ｅ　ｅ　前給付費用 ｛動力費　事務用消耗品費　サービス費等　減価償却費｝ 純付加価値（内訳省略）　ｅ

⇓　１　２　３・４　５

回収

凡例：表Ⅲ－２と同じ。

(1) ②表Ⅲ－２と同じ

(2) 同　上

【甘い企画下の「財テク」と企業統治】

本来，これらの不動産賃貸資本の経営者は，設備投資資本の回収よりさらに超長期を要するから，この公式の，資本から増殖資本までの循環の企画において厳しい利益稼得見通しを持たねばならないのに，産業資本・不動産分譲資本・建設資本の経営者等と同様に，バブル景気時には，貸ビルについては，①「自由化」「国際化」等に伴う過剰なビル需要期待の下で，銀行等の強い勧めによる間接金融に加えてエクィティ・ファイナンスによる直接金融で得た過剰な資金をフルに利用してそれを取得（サブリース物件を含む）するほか，②その余剰資金を賃貸不動産資本としてではなく，貸付資本として「財テク」（土地の投機的取得を含む）に励んでいた。そして貸マンションについては，過大な地価上昇期待に基づき，資産家の相続税対策として，銀行・保険会社等は，強引に間接金融を押し進めていた(注9)。

不動産賃貸資本と銀行・保険会社等のこのような危険な行動に対する政策当局者等のパフォーマンスについては，(1)の最後のところで述べた①～③が，バブル景気時の不動産賃貸資本に対して一層直接に当てはまるものであったということができる。

【公的資本の循環過程】

国・地方公共団体等の公的資本では，公的投資の場合は，表Ⅲ－4の「サービス（狭義）資本の循環過程」の❾式における投資過程が建設過程（第2段階）になり，「サービス市場における用役提供＝増殖資本」（第4段階）については，建設が完了すると，公的サービス（用役）の生産（第3段階）即サービス市場における公的用役の提供（第4段階）が開始されるが，やはり稼働率の低いものが多いために常に問題になっている。

【期待利子・配当・地代・家賃等は，期待純付加価値の分配分】

以上の表Ⅲ－2・表Ⅲ－3及び表Ⅲ－4で述べた通り，純付加価値は，製品・商品又は用役のなかに，前段階の産業資本等が産出した「価値」としての前給付費用（動力費・事務用消耗品費・サービス費等及び減価償却費）とともに含まれている。

したがって，本来的に，期待される利子・配当・地代・家賃等は，期待純付加価値の分配分であることが重要である。すなわち，同表のフローの数式において，❹式の $P \times y = R$(注10)は，❸式の $Iv \times a = A$ に含まれている。それ故，期待純付加価値の成長の範囲内で，期待される利子・配当・地代・家賃等の成長，したがってこれらを資本還元した元本の成長も可能となる。そして，同表の資本の循環過程では，モノの生産過程で生み出される純付加価値が基本になる。さらに土地の購入の場合には，留保利益と減価償却費（減価償却累計額）が購入財源になるから，減価償却費を加えた粗付加価値も重要になる。

【地代・家賃等の財源は人・税控除後純付加価値】

地代・家賃等は，このように純付加価値を財源として支払われるが，さらにいえば，それらは純付加価値から人件費・租税公課を控除したもの（人・税控除後純付加価値という）を財源として支払われるものということができる。それ故，純付加価値のなかで，地代・家賃等は，人件費と租税公課の動向から大きい影響を受けるということもできる。租税公課のうちの主なものは，固定資産税・都市計画税であるから，これらの税の動向は，貸主の地代・家賃等及び自己所有で自己使用企業及び家計主体の自己地代・家賃等にも大きい影響を与えるものである。

【名目 GDP と人・税控除後純付加価値】

この個別企業の粗付加価値（二重計算を避けるために中間投入額（原材料・動力等）を控除したもの）を合計したものは，経済全体の GDP（国内総生産）であるから，長期的に見て土地価格（名目）の伸び率は，名目 GDP の伸び率とほぼ合致するといわれている（個別企業の純付加価値の合計に間接税を加え，補助金を差引いたものは，経済全体の国民所得である）。

しかしながら，ここで述べたように，名目 GDP（又は名目 GNP＝名目 GDP ±要素所得）よりも粗又は純付加価値，さらには人・税控除後純付加価値を採用した方が，一層地価に接近し易くなるのである。

【「被雇用等」の「可処分所得の稼得」過程】

第２に，⑴フロー②「被雇用等」の「可処分所得の稼得」過程から分かるように，人間生活の「消費」の住に関係する地代・家賃は，給与等又は年金を財源として支払われるものということができる。可処分所得は，給与等又は年金から所得税・住民税及び社会保険料を控除したものである。したがってそれは，これらの所得税・住民税及び社会保険料の動向から大きい影響を受けるものである。

第３に，⑵フローの逆算における，❼式の $P=\frac{R}{y}$ は，フローの❹式の $P\times y=R$ から P を求めたものである。具体的にはそれは，土地投下資本が他の生産設備・原材料及び労働用役とともに生産過程等で生み出した，①期待純付加価値の分配分，又は②期待純付加価値の分配分としての可処分所得で賄われる地代もしくは帰属地代 R を，土地期待還元利回り y で資本還元したものである。

⑸　労働用役提供力等の更新過程とその諸段階

【住宅取得の場合】

表Ⅲ－５は，借家ではなく，住宅取得の場合の労働用役提供力等の更新過程を描いたものである。①労働用役提供力の更新過程は，文字通り労働用役を提供する力を養う過程であり，②労働用役提供力等の等は，労働用役の提供による賃金等の稼得は人間生活を支える基礎的な側面を持つものであるが，健康で文化的な生活を向上させる力を養う過程という重要な側面を指すものであり，人間生活には，②がむしろ重要であり，①はその手段であることを忘れるべきではないことをここでつけ加えさせて頂く(注2)。

表Ⅲ－5では，労働用役の更新は，❿式の用役のなかの前給付費用（食費・衣料費・住居費・サービス費及びその他費用）の支出による消費として行われている。

【フローの地価とストックの地価】

表Ⅲ－2❼式の地価 $P=\frac{R}{y}$ は，フローから捉えた地価である。この地価は，本来，資産（ストック）としての土地価格と等しくなるべきものであるが，日本では政策等の影響を受けて，①フローとしての期待地代の変動率がストックとしての地価のそれと著しく異なっていたこと，②土地期待還元利回りが変動することにより，それらの両者が長期にわたり乖離していたのである。

【賃金の資本還元は？】

ところで，表Ⅲ－2❹式の $P\times y=R$ は，❼式の $P=\frac{R}{y}$ に置き換えることができたが，❻式の $W\times y'=R$ は，収入が不労所得でなければならない(注11)から，資本還元をすることができないことに留意する必要がある。

ただし，$W=\frac{R}{y'}$ は，$\frac{1}{y'}=m$（倍率）とすると，$W=Rm$ となるから，Rを期待地代の代りに，住宅ローンの予定年間利息込支払額と見て，給与等Wが当該支払額Rのm倍以上あるかという支払可能性を見るのに，形を変えて利用されている。

【企画の段階】

表Ⅲ－5における「労働用役提供力等の更新」過程に入る前の企画の段階では，生活主体は，Ⅱの「経済の目的」を踏まえて，次の第1段階から第5段階

表Ⅲ-5　労働用役提供力等の更新過程（住宅資金中心）の明細表

```
               「企画」「労働用役提供力等の更新」
         （N・I）（N・I）「住宅等取得」     （N・I）          （N・I）「被雇用」（N・I）
貯蓄 n・i   n・i    生 ┌住宅設備等      n・i              n・i          n・i
借入 ⇒ 資金 →    活 │原材料  ----> 用役更新 ----> 同提供 ----> 可処分所得 ⇒ 返済❿
                    諸 │サービス         e    前 ┌食 費         e              e
       e      e    資 │「雇用」         3    給 │衣料費         4              5
       1      2    源 │労働用役               付 │住居費
                      └その他生活資金       費 │サービス費
                                              └その他費用
```

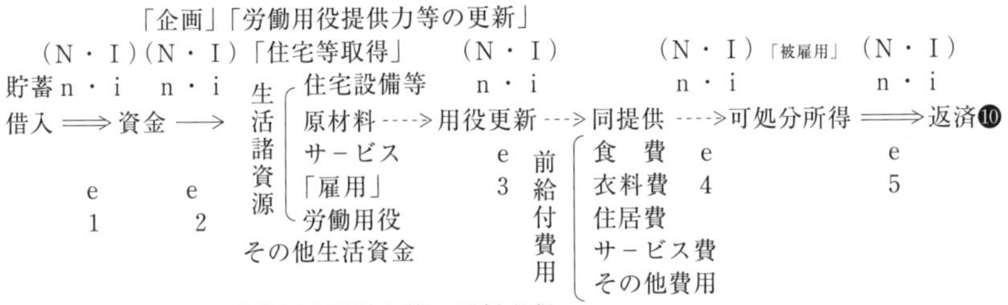

凡例：----> は、労働用役提供力等の更新過程。
　　　その他は、表Ⅲ-2と同じ。

までの計画をしっかり立てておくこと，具体的には，第1段階の住宅等取得に相応する資本調達内容と第5段階の借入に対する返済計画を基礎づけるものとして，第4段階の可処分所得稼得の的確な見通しの下に，第2段階のイニシャルコスト（住宅取得費等）と第3段階のランニングコスト（可処分所得を財源とする住宅ローンの元利金支払を含めた生計費総額）の両者につき，事前の厳しい計算に基づいて把握しておくことが重要である。

【決定の段階】

企画の段階で検討された住宅等取得計画のうち，これまでは家計主体にとっての最善のものが決定され，実行されてきている。しかし，現時点では，家計主体にとってだけではなく，自然と社会（環境）にとっても最善のものであることが重要である。すなわち，その住宅等取得は，自然と社会（環境）との関連におけるSRI（社会的責任投資）でなければならない時代を迎えているということである。

【第1段階＝資金調達過程】

これらの各段階について，表Ⅲ-5❿式の「貯蓄・借入⇒資金」（第1段階＝資金調達過程）は，①頭金等のための可処分所得からの貯蓄（自己資金の調達），②金融市場（狭義の信用市場）での銀行・信託等からの借入（間接金融による他人資金の調達）による住宅資金（ローン）の調達を意味している。

実際の調達に当たっては，①②について返済期間と資金コストの組合せが重要である。

【第 2 段階＝住宅等取得過程】

❿式における「資金➞生活諸資源」（第 2 段階＝住宅等取得過程）については，①住宅等取得における生産手段(注12)と労働用役との結合の仕方（在来工法かプレハブの建築をするか又は建売かマンションの購入をするか等）と，②住宅建設投資完了後の労働用役更新過程における住宅の用役提供の内容（太陽光発電・雨水利用・バリアフリー・非シックハウスか否か，及び住宅・耐久消費財の全部又は一部の購入か賃借かを含む）とは，自然環境と生活の質の差に重要な影響を与えるから，それらをそれぞれ量的質的に区別して捉える必要がある。

【第 3 段階＝労働用役提供力更新過程】

❿式における「生活諸資源⇢用役更新⇢同提供」（第 3 段階＝労働用役提供力更新過程）は，家庭において健康で文化的な生活を向上させるためにより多くの可処分所得を稼得する基礎づくりとしての，人間生活の繰り返しによる労働用役提供力の更新過程である。

【第 4 段階＝可処分所得稼得過程】

この❿式の「被雇用」における「同提供➞可処分所得」（第 4 段階＝可処分所得稼得過程）では，提供する労働用役の充実（熟練度を高めること）による可処分所得の上昇の程度が住宅・家具類・各種電化製品・車等の取得を始めとした生活の量的質的向上に重要な影響を与えるのである。

【第 5 段階＝返済過程】

本来，生活者としての個人は，住宅資金（ローン）の返済（第 5 段階＝返済過程）には産業資本における設備投資資本の返済以上にかなり長期を要するから，この❿式の，資金の調達から可処分所得の稼得まで（第 1 段階～第 4 段階）の住宅ローン中心の労働用役更新の循環の企画において，厳しい住宅ローン元利金支払見通しを持って住宅取得計画を押し進めなければならない。

【甘い計画下の「住宅取得」と銀行等のチェック】

しかるに，全体としての資金過剰の下でバブル景気時には，住宅ローン利用者は，①住宅の一層の値上り期待と，②可処分所得の上昇による返済資源としての所得残余分[注13]の増加期待により，多少の無理をしてでも，過大な住宅ローンに依存して早期の住宅取得に励んでいた。

この場合にも，銀行等は，激しい貸出競争の下で，個人の住宅ローンについてもチェックとしてのモニタリング機能を放棄していたのである。

【借家の場合】

念のためにつけ加えると，借家の場合には表Ⅲ－５において，第１段階＝資金調達過程では，原則として可処分所得から貯蓄部分を控除した残余部分を生計費に充てるから借入は起こらない。第２段階＝住宅等取得過程では，原則として敷金・保証金等に対しては貯蓄部分を充てるからやはり借入は起こらない。第３段階＝労働用役更新過程では，住む家による差はあるが，原則として住宅等取得の場合と同様である。しかし，住宅資金（ローン）の利払いと返済がない（家賃等の方が安い）から，住宅等取得者よりもかえって優位な生活水準を保つことができる可能性もある。第４段階＝可処分所得稼得過程では，原則として住宅等取得の場合と同様である。第５段階＝返済過程では，原則として家賃等の支払だけで住宅資金（ローン）の借入がないから当然のこととして利息込みの元本支払もないことになる。

３．個別資本＝企業資本と住宅資金の循環過程の繰り返し

表Ⅲ－２・表Ⅲ－３・表Ⅲ－４及び表Ⅲ－５の❺式，❽式，❾式，及び❿式のそれぞれにおける，各個別資本＝企業資本と住宅資金の運動は，実は，一度限りの過程ではなく，それぞれが循環しているから，それらは，各式よりも，次の図Ⅲ－１のように円環運動の繰り返しとしてとらえた方が分かり易くなる。

各個別資本＝企業資本と住宅資金は，①成長過程では，拡大再生産として円環運動を大きくして行き，②停滞過程では，単純再生産としてほぼそのままの円環運動を繰り返すことになり，③衰退過程では，縮小再生産として円環運動を小さくして行くことになる。

そして，それらを集計したもの（中間財等の重複分を除く）が，各国の景気

(1) 資本の循環

図Ⅲ－1　資本と人間生活の循環と趨勢図

①産業資本

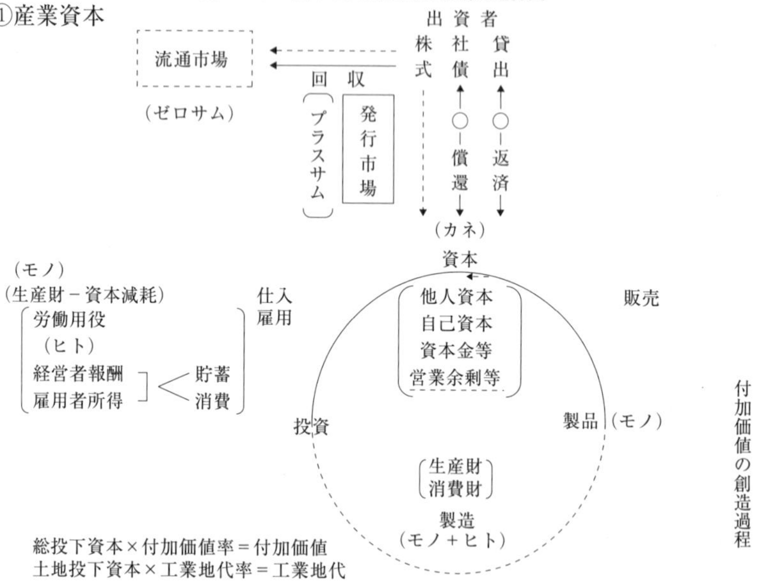

総投下資本×付加価値率＝付加価値
土地投下資本×工業地代率＝工業地代

②サービス（商業・金融等）資本

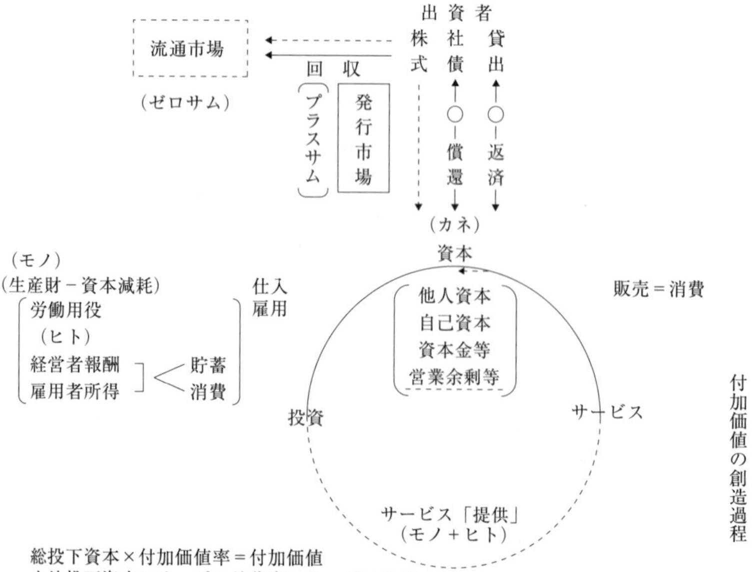

総投下資本×付加価値率＝付加価値
土地投下資本×サービス地代率＝サービス地代

③サービス（狭義）資本

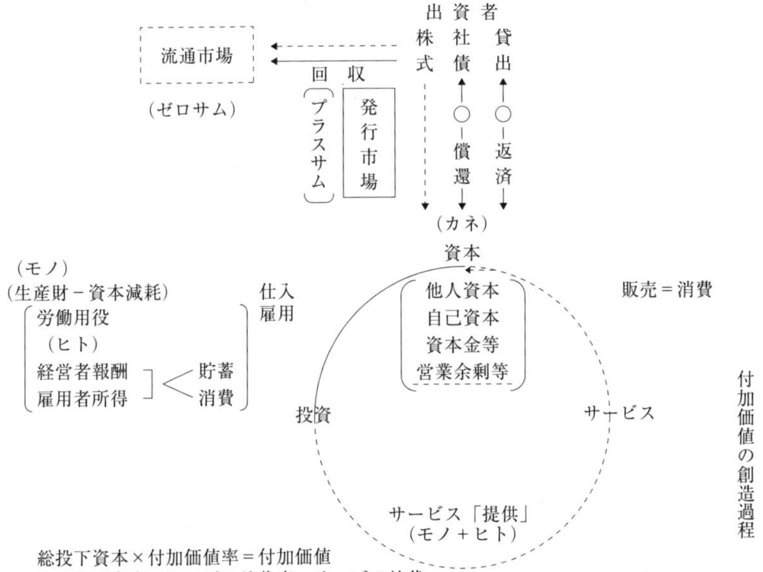

総投下資本×付加価値率＝付加価値
土地投下資本×サービス地代率＝サービス地代

⑵　人間生活の循環

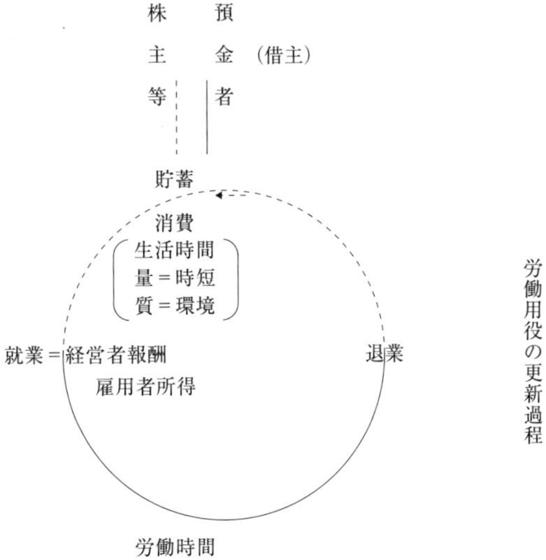

可処分所得×住宅地代率＝住宅地代

状態を表すものである（①が多ければ好況に，③が多ければ不況になる）。

表Ⅲ－２・表Ⅲ－３・表Ⅲ－４及び表Ⅲ－５の❺式，❽式，❾式，及び❿式のそれぞれにおける，各循環過程の最後の「増殖資本⇨返済・償還」「可処分所得⇨返済」については，「製品→増殖資本」「用役提供＝増殖資本」「用役→可処分所得」における資本又は所得への転換が不十分でその度合が大きい場合には，借入の返済・社債の償還等が困難になる。

既述の通り，バブル崩壊後の事態がまさにこのことを示している。

これらの表Ⅲ－２・表Ⅲ－３・表Ⅲ－４及び表Ⅲ－５の❺式，❽式，❾式，及び❿式における循環の輪とこれらの輪が単純な繰返しか，拡大か，又は縮小かについて，よりわかりやすく描くと図Ⅲ－１の通りである。

図Ⅲ－１において，時計回りの反対方向に回る輪の中の破線部分は，モノ・サービスの創造過程又は労働用役の更新過程を示し，輪の上部の過程は，前者では産業資本・サービス資本と出資者との金融（カネ）取引，後者でもやはり就業者の金融（カネ）取引を描いてある。

金融（カネ）取引のなかで，実際にモノ・サービスの創造過程にカネが入るもの（プラスサム）は貸出と株式・社債等の証券のうちの発行市場を通じるものだけであり，証券の流通市場を通じるものはゼロサムゲームにより発行市場におけるカネの調達を容易にしているだけであることに留意する必要がある。

⑶　資本の再生産（循環と成長）

a．個別資本＝企業資本の循環と拡大・単純・縮小再生産

⒜　拡大再生産（全体と各事業部門）

拡大再生産は，再生産の規模を拡大することである。具体的には，ⓐ同一の科学技術水準の下における実物資本投資の拡大によるものと，ⓑより一層進んだ科学技術水準の下における実物資本投資の深化によるものとがある。⑴の①～③において利益をあげる場合には，その企業全体又は企業の各事業部門において，それらの拡大再生産に持ち込むことが可能である。そしてab何れの場合にも，それらの投資が成功すれば，それらの拡大再生産を継続することも可

能になる。

⒝　単純再生産（同上）

単純再生産は，同一規模の再生産を継続することである。⑴の①～③において利益をあげることができない場合，又は利益をあげてもごく僅かの場合には，同一規模の単純再生産を継続することになる。

⒞　縮小再生産（同上）

縮小再生産は，再生産の規模を縮小することである。⑴の①～③においてその企業全体として赤字が継続する場合には，規模を縮小して再生産を行うことになる。一部の事業部門が赤字になる場合には，その事業部門の縮小・廃止をして，可能なときは新規事業部門への進出を図ることになる。

b．総体としての景気循環と成長

上昇・頭打ち・下落・底打ちとそれらを通じての成長

（上昇・頭打ち＝好況　下落・底打ち＝不況）

景気循環には，a．のほかに次の三種がある。

①在庫循環—約３～４年周期のキチンの波

②設備投資循環（成長）—約10年周期のジュグラーの波

③新技術普及循環（成長）—約40～60年周期のコンドラチェフの波

経済は，①②③を通じて，特にそれらのうちの②③を通じて成長する。

4．土地（宅地）と地価の基礎理論(注14)

土地は，企業活動と人間生活にとって不可欠のもの（２(1)(3)(4)及び(5)の各第２段階参照）であるのみならず，生態系の全部にとって必要欠くべからざるものである。その意味で，土地は，自然（土地・水・大気等）を代表する重要なものである。

ところで，土地と資本に所有権が成立すると，①土地を他者が利用するには，その利用の対価として地代を支払わなければならず，②資本を他者が利用するには，その利用の対価として利子を支払わなければならなくなる。そして，後者が繰り返し行われ，資本が証券として流通する市場が成立すると，資本の時価との関係において社会的な利子率としての利回りが形成されるようになる（利子率・利回りは，Ⅵの信用構造の立体的な形成の過程における各信用市場で形成されるものである(注15)）。そのような段階までくると，前者の地代が土地利回りにより資本還元されて土地価格が形成されてくる（それ故，論理的・歴史的に地代は地価よりも先に位置づけられるものである）。

したがって，ここでは先ず，宅地の地代について述べる（地代の支払財源の付加価値については，５で説明し，利回りを形成する信用制度の構造については，Ⅵで述べる）。

(1)　宅地(注16)の差額地代の第Ⅰ形態

【工業地・住宅地・商業地の差額地代の第Ⅰ形態の源泉】

表Ⅲ－６に見られるように，宅地すなわち用途的地域(注17)別にとらえた工業地・住宅地・商業地の差額地代の第Ⅰ形態は，宅地の豊度及び熟度(注18)並びに位置及び立地の差から生じる。

工業地の豊度・熟度の内容には，土壌・地盤・水・大気・気象等という自然的な豊度と，工業用水・道路等の人為的な熟度がある。工業地の位置・立地の内容には，建設資材・原材料・設備等の搬入と製品・廃棄物等の搬出及び労働者等の往復について，入海・水運等の自然的な位置と，道路・橋・鉄道・運河・空港・港湾等のインフラ整備及び開発等による工場等の集合（臨海・内陸工業団地等）という人為的な立地がある。

たとえば，土壌が汚染されているとその除去費用等が大きくなるから，差額地代が小さくなる（それ故，そのコスト増を見越して土地をその分だけ安く買っておく必要がある）。逆に整備された港湾が近いと，舟利用で運賃が安くなるから，その分だけ差額地代が大きくなる。

住宅地の豊度・熟度の内容には，土壌・地盤・地勢・水・大気・気象・眺望等という自然的な豊度と，上下水道・ガス・道路等の人為的な熟度がある。住宅地の位置・立地の内容には，建設資材・生活用具等の搬入と荷物・廃棄物等の搬出及び居住者等の往復について，水運等の自然的な位置と，道路・橋・鉄道・港湾等のほか公共機関の設置等のインフラ整備と商店街等及び開発・区画整理等による住宅集合（住宅団地＝高級住宅街・中級住宅街等）という人為的な立地がある。

たとえば，土壌が汚染されていると，工業地と同じことがいえる。逆に近くに鉄道駅が新設されると，利便性の向上（バス代・車の送迎コスト等が不要）になるから，その分だけ効用が大きく（運賃が安く）なる。

商業地の豊度・熟度の内容には，土壌・地盤・水・大気・気象等という自然的な豊度と，上下水道・ガス・道路等の人為的な熟度がある。商業地の位置・立地の内容には，建設資材・商品等の搬入と商品・廃棄物等の搬出及び顧客等の往復について，水運等の自然的な位置と，道路・橋・鉄道・運河・空港・港湾等のインフラ整備及び開発等による商業施設集合（ビル街・卸売業団地・流通業務団地・小売商店街等）という人為的な立地がある。

たとえば，土壌が汚染されていると，やはり工業地と同じことがいえる。逆に近くに地下道が新設されると，利便性の向上によりサービス生産（売上）額・付加価値額等の増加になるから，その分だけ差額地代が大きくなる。

これらの宅地の豊度・熟度と位置・立地の差は，①自然的なもの（自然から与えられた土地生産性によるもの）と②人為的なもの（直接・間接の資本投下により増進された土地生産性によるもの）のうち後者の②による面，すなわち宅地の熟度と立地の差による面が大きくなる。

【マイナス面の影響】

これらの豊度並びに位置及び立地の差については，当然にプラス面とマイナス面がある。それらのうちのマイナス面では，特に①豊度及び熟度において廃棄物による土壌の汚染，文化財埋蔵物による事業の遅延，地震による脆弱な地盤上の建設物の崩壊，農林地の劣化による土石流災害等があること，熟成し過ぎて過密（東京一極集中を含む）の弊害が大きくなること，②位置及び立地において嫌悪施設等による減価要因がかなりあることにも留意しなければならない。これらの減価要因にはスティグマ（汚名＝悪い風評）等の心理的なものも含まれる。

表Ⅲ－6　用途的地域別地代の源泉表

	差額地代Ⅰ(集中)		差額地代Ⅱ(集積)
	公的・私的改良投資－別々の土地－地域・地域間		私的改良投資－同一の土地
宅地	豊度・熟度	位置・立地	豊度・熟度
工業地地代	自然的・人為的	自然的・人為的	(自然的)・人為的
	(土壌・地盤・水・大気・気象等) (工業用水・道路等)	(入海・水運等) (インフラ整備) (開発) (工場集合)	(地盤の改良) (立体化等) (公的金融) (税制支援)
	m^2当り製品生産額と経費(運賃・償却費等)の差		同製品生産額等の差
住宅地地代	自然的・人為的	自然的・人為的	(自然的)・人為的
	(土壌・地盤・地勢・水・大気・気象・眺望等) (上下水道・ガス・道路等)	(水運等) (インフラ整備) (商店街等) (開発) (住宅集合)	(地盤の改良) (中高層化等) (再開発) (公的金融) (税制支援)
	m^2当りサービス生産額等と経費(同上)の差		同サービス生産額等の差
商業地地代	自然的・人為的	自然的・人為的	(自然的)・人為的
	(土壌・地盤・水・大気・気象等) (上下水道・ガス・道路等)	(水運等) (インフラ整備) (開発) (商業施設集合)	(地盤の改良) (中高層化等) (再開発) (公的金融) (税制支援)
	m^2当りサービス生産額等と経費(同上)の差		同サービス生産額等の差

【資本と労働用役が別々の産業用土地に投下される場合】

人口が増加する下で，同一量の資本と労働用役が別々の産業用土地に投下される場合には，それらが農林業用土地に投下される場合と異なり，一般的な市場生産物価格の平均原理が働いて，平均的な豊度及び熟度並びに平均的な位置及び立地にある生産性の平均的な土地（以下平均土地という）から生み出される**製品の平均的生産価格（具体的には中位の製品生産者の個別的生産価格）が市場調整的生産価格となる**。しかし，この場合においても，相対的に優位な豊度及び熟度並びに優位な位置及び立地にある産業用土地では，m^{2}当り製品生産額が増加し，製品単位当りひいてはm^{2}当り経費（運賃等）が安くなり，付加価値が増加するから，平均的な産業用土地より相対的に優位な産業用土地（建物等）では，より高い第Ⅰ形態の差額地代（又は家賃[注19]）が発生する。

逆に，産業用の優等土地より相対的に劣った豊度及び熟度並びに劣位な位置及び立地にある産業用土地（建物等）で同一製品の生産を可能とするには，m^{2}当り製品生産額が減少し，製品単位当りひいてはm^{2}当り経費（運賃等）が高くなるから，第Ⅰ形態の差額地代（又は家賃）がより安くならざるをえなくなる。

【資本と労働用役が別々の広義のサービス業用[注20]土地に投下される場合】

人口が増加する下で，同一量の資本と労働用役が別々の広義のサービス業用土地に投下される場合には，それらが産業用土地に投下される場合と同じく，一般的な市場サービス価格の平均原理が働いて，平均土地から生み出される**サービスの平均的提供価格（具体的には中位のサービス生産者の個別的生産価格）が市場調整的生産価格となる**。しかし，この場合においても，相対的に優位な豊度及び熟度並びに優位な位置及び立地にある広義のサービス用土地では，m^{2}当りサービス提供額が増加し，サービス単位当りひいてはm^{2}当り経費（運賃等）が安くなり，付加価値が増加するから，平均的な広義のサービス用土地より相対的に優位な広義のサービス業用土地（建物等）では，より高い第Ⅰ形態の差額地代（又は家賃）が発生する。

逆に，広義のサービス業用の優等土地より相対的に劣った豊度及び熟度並びに劣位な位置及び立地にある広義のサービス業用土地（建物等）で同一サービスの提供を可能とするには，m²当りサービス提供が減少し，サービス単位当りひいてはm²当り経費（運賃等）が高くなるから，第Ⅰ形態の差額地代（又は家賃）がより安くならざるをえなくなる。

【残余としての第Ⅰ形態の差額地代】

第Ⅰ形態の差額地代について，相対的に優位な産業用土地又は広義のサービス業用土地では，m²当り製品生産額又はサービス提供額の増加，より厳密には売上高の増加と経費（地代等を除く）のうち運賃等の減少による付加価値（人件費＋租税公課＋支払地代＋支払利息等＋狭義の分配前利益）の増加が生じ，増加した付加価値のなかから人件費・租税公課・支払利息等及び産業用又は広義のサービス業用投下資本に相応する狭義の分配前利益（利益処分等の部分）が控除されて，残余としての第Ⅰ形態の差額地代が支払われる。

【第Ⅰ形態の差額地代の例示】

これらのうち売上高の増加については，例えば容積率の差のある別々の土地についてその容積率がフルに実現可能な場合には，その容積率の差に応じた売上高の差として捉えられることになる。

具体的には，表Ⅲ－７のⅠに見られるように，宅地では，土地の豊度及び熟度が豊かで位置及び立地の利便性が高い場合には，土地期待還元利回りが一定の条件の下では，売上高が大きくて運賃等が小さくなり，その結果として投下資本相応の利益を控除した後の地代が大きくなるから，地価が高くなるし，その逆の場合には，売上高が小さくて運賃等が大きくなり，その結果として投下資本相応の利益を控除した後の地代が小さくなるから，地価が低くなる。特に

表Ⅲ－７　用途的地域別差額地代多寡の要因

算式	売上高－経費（除地代）＝差額地代＋分配前利益				
「宅地」	売上高	運賃等	Ⅰ	Ⅱ	利益
優等土地	大	小	大１	大２	等額
	大	中	中	大１	同
	中	小	小	中	同
平均土地	中	中	0	小	同

そのうちの平均土地では，差額地代の第Ⅰ形態が0になる。

したがって，**工業地**の場合には，工業用の平均土地と比べて，相対的に自然的豊度及び人為的熟度並びに自然的位置及び人為的立地の優位な工業地の付加価値の差は，差額地代の第Ⅰ形態を形成する。この場合の工業地の付加価値の差は，自然的豊度と私的及び公的資本投下による人為的熟度並びに自然的位置とこれらの資本投下による人為的立地の優位性に基づく圏域毎，臨海型・内陸型毎，又は大工場・中小工場等毎のm^2当り工業製品生産額と経費（運賃・減価償却費等）の差から生じる。

住宅地の場合には，住宅用の平均土地と比べて，相対的に自然的豊度及び人為的熟度並びに自然的位置及び人為的立地の優位な住宅地の付加価値の差は，差額地代の第Ⅰ形態を形成する。この場合の住宅地の付加価値の差は，自然的豊度と私的及び公的資本投下による人為的熟度並びに自然的位置とこれらの資本投下による人為的立地の優位性に基づく圏域毎，等級（高級・中級・普通）等毎のm^2当り住宅サービス提供額，すなわち役務（家賃又は帰属家賃）収益又は快適性と経費（運賃・減価償却費等）の差から生じる。

商業地の場合には，商業用の平均土地と比べて，相対的に自然的豊度及び人為的熟度並びに自然的位置及び人為的立地の優位な商業地の付加価値の差は，差額地代の第Ⅰ形態を形成する。この場合の商業地の付加価値の差は，自然的豊度と私的及び公的資本投下による人為的熟度並びに自然的位置とこれらの資本投下による人為的立地の優位性に基づく圏域毎，超高層・高層・中層ビル街毎，低層の繁華街・駅前商店街等毎のm^2当り商業・金融・その他狭義のサービス提供額，すなわち役務（家賃又は帰属家賃）収益と経費（運賃・減価償却費等）の差から生じる。

これらの差額地代は，宅地の場合には，それぞれ工業地代・住宅地代及び商業地代として捉えられる。

【相対的の意味】

ここで，相対的とは，産業用土地については，一国内の都市の人口増加が，その地上で製品が生み出される土地に対する旺盛な需要をもたらすが，それに対して，①都市近郊の農地・林地を宅地に用途転換して供給にあてること，②一国内における科学技術の発展とその他の制度的条件の創設・拡充により生産性が上昇すること，③外国為替相場との関連で，一国内だけではなく，外国からの製品の供給が一国内における当該製品の生産に必要な土地を平均以下の土地まで平面的に拡大（広域化）することを不要にして，当該土地を供給にあてることができることをいう。

そして，広義のサービス業用土地（建物等）については，産業資本の場合と同じく，一国内の都市の人口増加が，その地上で商品又はサービスが生み出される土地に対する旺盛な需要をもたらすが，それに対して，①都市近郊の農地・林地を宅地に用途転換して供給にあてること，②農林生産物・製品・商品と比べて限定的とはいえ，一国内における科学技術の発展とその他の制度的条件の創設・拡充により生産性が上昇すること，③外国為替相場との関連で，一国内だけではなく，外国からの広義のサービスの供給が一国内における当該広義のサービス提供に必要な土地を平均以下の土地まで平面的に拡大（広域化）することを不要にして，当該土地を供給にあてることもできることをいう。

【宅地における公的・私的改良投資】

宅地の人為的熟度と人為的立地は，当該土地のほかに当該土地を含む地域等への公的・私的改良投資の集中の程度により，大きい影響を受けることになる。

表Ⅲ－8は，宅地におけるⓐ～ⓓの改良投資について，地主・借主・周りの借主及び国等の主体別に捉えたものである。同表のⓐ～ⓓから分かるように，宅地については，自然的なものと人為的なもののうちの後者のウエイトが大

表Ⅲ－8　宅地と地域への主体別改良投資表

	地主	借主	周りの借主	国　等
ⓐ　土地への私的改良投資の集積	造成	建築		
ⓑ　地域への私的改良投資の集中	造成		建築	
ⓒ　地域への公的改良投資の集中				造成　インフラ整備
ⓓ　地域間の公的改良投資の集中				造成　インフラ整備

で，ⓐ土地への私的改良投資の集積と，ⓑ地域への私的改良投資の集中による面が大きいが，それらは，ⓒ地域への公的改良投資（上下水道・ガス・電気・産業道路・生活道路・運河等のインフラ整備）の集中，ⓓ地域間の公的改良投資（道路・鉄道等のインフラ整備）の集中等による面が大きいことが重要である。

⑵　宅地の差額地代の第Ⅱ形態

増加する人口の下に経済が成長して，製造業・サービス業についての科学技術水準，特に建設技術水準が向上し，産業用・サービス業用及び生活用のインフラが整ってくると，宅地における差額地代の第Ⅱ形態の成立が容易になる。

【工業地・住宅地・商業地の差額地代の第Ⅱ形態の源泉】

表Ⅲ－６に見られるように，宅地すなわち工業地・住宅地・商業地の差額地代の第Ⅱ形態は，宅地の豊度・熟度の差から生じる。

差額地代の第Ⅱ形態における**工業地**の豊度・熟度の内容には，建設のための地盤改良という自然的な豊度の良化を図るものと，システム等の規制・誘導（行政的要因特に容積率）による立体化・大規模化・工業団地形成による効率化・公的金融及び税制の支援という人為的な豊度・熟度がある。

たとえば，地盤が軟らかいと建築する建物によっては建物基礎工事にかなりコストがかかるから，その分だけ減価償却費が嵩み，差額地代が小さくなる（それ故，そのコスト増を見越して土地をその分だけ安く買っておく必要がある）。逆に公的金融による低利融資及び税制上の優遇措置を受けると，金利と税金が安くなるから，その分だけ残余としての差額地代が大きくなる。

差額地代の第Ⅱ形態における**住宅地**の豊度・熟度の内容には，工業地と同じく建設のための地盤改良という自然的な豊度の良化を図るものと，システム等の規制・誘導（行政的要因特に容積率）による中高層化・大規模マンション化・住宅団地形成による効率化・再開発・公的金融及び税制の支援という人為的な豊度・熟度がある。

たとえば，地盤と公的金融及び税制支援については，工業地について述べたことと同じことがいえるほか，特に個別の住宅地については当該地に対する潜在的な需要との関係で法的容積率をフルに使えるか，更にその割増しがあるか(注21)が差額地代の大きさを左右する極めて重要な事項になる。

差額地代の第Ⅱ形態における**商業地**の豊度・熟度の内容には，工業地・住宅地と同じく建設のための地盤改良という自然的な豊度の良化を図るものと，システム等の規制・誘導（行政的要因特に容積率）による中高層化・大規模化・商業団地形成による効率化・再開発・公的金融及び税制の支援という人為的な豊度・熟度がある。

たとえば，地盤と公的金融及び税制支援については，工業地と住宅地について述べたことと同じことがいえるほか，特に個別の商業地については当該地に対する潜在的な需要との関係で法的容積率をフルに使えるか，更にその割増しがあるか(注21)が差額地代の大きさを左右する極めて重要な事項になる。

これらの宅地の豊度と熟度の差も，すべて人為的なものであり，投下資本の一部（造成・地盤改良等の部分）は土地と合体する（投下資本の残余は建物として当該土地にやはり固定されることになる）。

【資本と労働用役が同一の産業用土地に継続的に投下される場合】

①人口が増加する下で，資本と労働用役が同一の産業用土地に継続的に投下される場合，すなわち同一の当該土地への私的改良投資の集積（造成と建築）が行われる場合，及び②当該土地の所在する地域への私的改良投資の集中（当該土地の周りにおける造成と建築）が行われる場合（表Ⅲ－８）には，それらが農林業用土地に投下される場合と異なり，一般的な市場生産物価格の平均原理が働いて，平均的な豊度及び熟度並びに平均的な位置及び立地にある土地から生み出される**製品の平均的生産価格（具体的には中位の製品生産者の個別的生産価格）が市場調整的生産価格となる**。①②の場合は，併せて不動産の物的・「価値」的集合ということができる(注22)。

この場合においても，相対的に優位な豊度及び熟度を有する産業用土地では，m^2当り生産額・同付加価値が大きくなるから，平均的な産業用土地より相対的に優位な産業用土地では，より高い第Ⅱ形態の差額地代（又は家賃）が発生する。

このことについて相対的に優位な産業用土地では，m^2当り製品生産額の増加，すなわち売上高の増加による付加価値の増加として捉えられ，増加した付加価値のなかから差額地代が支払われる。

【産業用土地における第Ⅱ形態の差額地代の例示】

具体的には表Ⅲ－7のⅡに見られるように，宅地では，差額地代の第Ⅱ形態でいう豊度及び熟度が優る場合には，土地期待還元利回り一定の条件の下では，生産額が大きくなり，その結果として投下資本相応の利益を控除した後の差額地代が大きくなるから，地価が高くなるし，その逆の場合には，生産額が小さくなり，その結果として投下資本相応の利益を控除した後の差額地代が小さくなるから，地価が低くなる。何れにしてもこの場合には，そのうちの平均土地でも，第Ⅱ形態の差額地代が発生する。

しかし，優等な産業用土地より相対的に劣った豊度及び熟度を有する産業用土地（建物等）で同一製品の生産を可能とするには，m^2当り生産額・同付加価値が小さくなるから，第Ⅱ形態の差額地代（又は家賃）がより安くならざるをえなくなる。

【資本と労働用役が同一の広義のサービス業用土地に継続的に投下される場合】

次に，①人口が増加する下で，資本と労働用役が同一の広義のサービス業用土地に継続的に投下される場合，すなわち同一の当該土地への私的改良投資の集積（造成と建築）が行われる場合，及び②当該土地の所在する地域への私的改良投資の集中（当該土地の周りにおける造成と建築）が行われる場合には，それらが産業用土地に投下される場合と同じく，一般的な市場サービス価格の平均原理が働いて，平均的な豊度及び熟度並びに平均的な位置及び立地にある土地から生み出される**サービスの平均的提供価格（具体的には中位のサービス生産者の個別的提供価格）が市場調整的提供価格となる**。①②の場合は，併せて不動産の物的・「価値」的集合ということができるが，広義のサービス業用土地では，産業用土地以上に不動産の物的・「価値」的集合の度合いが顕著になる。

この場合においても，相対的に優位な豊度及び熟度を有する広義のサービス業用土地では，m^2当りサービス提供額・同付加価値が大きくなるから，平均的な広義のサービス業用土地より相対的に優位な広義のサービス業用土地では，より高い第Ⅱ形態の差額地代（又は家賃）が発生する。

【サービス用土地における第Ⅱ形態の差額地代の例示】

これらのうち土地m^2当りサービス提供額が大きくなることについては，例えば容積率の大きい同一の土地についてその容積率がフルに実現可能であるにも拘わらず低層利用している場合に，条件変更によりその容積率をフルに利用しようとするときには，当該サービス提供額の差に応じた承諾料と爾後の増額地代の支払が必要とされることになる。

具体的にはやはり表Ⅲ－７のⅡに見られるように，宅地では，差額地代の第Ⅱ形態でいう豊度及び熟度が優る場合には，土地期待還元利回り一定の条件の下では，サービス生産額等が大きくなり，その結果として投下資本相応の利益を控除した後の差額地代が大きくなるから，地価が高くなるし，その逆の場合には，生産額が小さくなり，その結果として投下資本相応の利益を控除した後の差額地代が小さくなるから，地価が低くなる。何れにしてもこの場合には，そのうちの平均土地でも，第Ⅱ形態の差額地代が発生する。

しかし，優等な広義のサービス業用土地より相対的に劣った豊度及び熟度を有する広義のサービス業用土地（建物等）で同一サービスの提供を可能とするには，m^2当りサービス提供額・同付加価値が小さくなるから，第Ⅱ形態の差額地代（又は家賃）がより安くならざるをえなくなる。

【相対的の意味】

ここで，相対的とは，①一国内の不況により建物等の供給が過多になること，差額地代の第Ⅰ形態の場合と同じく，②一国内における科学技術の発展とその他の制度的条件の創設・拡充により生産性が上昇すること，③外国為替相場との関連で，一国内だけではなく，外国からの商品・サービスの供給が一国内における当該商品の生産・提供に必要な土地を劣等地まで立体的に高層化することを不要にして，当該土地を供給にあてることもできることをいう。

【前提としての公的改良投資】

これらの前提としては，差額地代の第Ⅰ形態の土地の豊度・熟度と位置・立地の差を生み出す基になる，ⓒ当該土地の所在する地域への公的改良投資（上下水道・ガス・電気・産業道路・生活道路等のインフラ整備）の集中，及びⓓ地域間の公的改良投資（道路・鉄道等のインフラ整備）の集中等がある（表Ⅲ－８）。

すなわち，これらのⓒとⓓが上記のⓐとⓑを可能にして，当該土地に建築された建物（及び周りの建物）の売上高の増加→付加価値の増加→その分配分としての差額地代（又は家賃）の増加をもたらすのである。

この期待地代（又は家賃）には，このような内容を持つ差額地代の第Ⅱ形態の他に，その第Ⅰ形態の差としての，自然的豊度（自然的条件）及び人為的熟度（科学・技術的条件）に基づく近隣環境の快適性等（環境条件），並びに人為的立地（科学・技術的条件）に基づく都市中心部への運賃等（交通・接近条件），インフラの一つとしての街路条件と個別の形状等の画地条件の差による期待必要諸経費（経営条件）の差等（容積率等の行政的条件を含めてこれらの諸条件を価格形成要因という）も含まれているのである。

工業地では，商業地よりも人為的熟度に基づく容積率の差が殆どない法規制の下にあるから，比例的ではないがその差を反映して，m^2当り地価の差は小さくなる。

工業地の場合にも期待地代（又は家賃）には，このような内容を持つ差額地代の第Ⅱ形態の他に，その第Ⅰ形態の差としての，自然的豊度と人為的熟度に基づくm^2当り製品生産額，及び人為的立地に基づく取引先への運賃，インフラの一つとしての街路条件と個別の形状等の画地条件の差による期待必要諸経費の差等も含まれているのである。

賃貸用でない自用工業地価格の決定のされ方は，自用住宅地価格の決定のされ方と同様である。

住宅地の場合には，上層階になるほど眺望が良くなるから，それによる快適性の差を反映して，階層別効用比率は上の階ほど高くなり，それ故家賃も高くなる。しかし，超高層になると，共用施設・敷地内緑地等の充実というプラス面がある反面において，①風が強くて窓を開ける頻度が低くなるためにダニの数が増えたり，②老人・子供等が下へ降りて外へ出ることが少なくなって，心理的にも不安を感じたりするというマイナス面にも留意する必要がある[注23]。

賃貸用住宅地市場で期待地代（又は家賃）が契約地代（又は家賃）としてこのように成立すると，自用住宅地価格は，その賃貸用住宅地価格との価格形成要因の比較の下で決定されることになるのである。

商業地では住宅地よりも人為的熟度に基づく容積率の差が大きくなるから，階層別効用比率の差を考慮しても，前者の差と比例的ではないが後者の差を反映して，m^2当り地価の差も大きくなる。

商業地の場合にも期待地代（又は家賃）には，このような内容を持つ差額地代の第Ⅱ形態の他に，その第Ⅰ形態の差としての，自然的豊度と人為的熟度に基づくm^2当り商業サービス提供額，及び人為的立地に基づく取引先への運賃，インフラの一つとしての街路条件と個別の形状等の画地条件の差による期待必要諸経費の差等も含まれているのである。

自用商業地価格の決定のされ方も自用住宅地価格の決定のされ方と同様である。

(3) 用途的地域別地代と工業製品・商品価格及び広義のサービス価格

【宅地の各種地代と工業製品・商品価格及び広義のサービス価格】

差額地代の第Ⅰ形態・第Ⅱ形態，絶対地代及び独占地代のそれぞれと工業製品・商品及び広義のサービス価格との関係を宅地について見ると，図Ⅲ－２のようになる。

この図から分かるように，①別々の宅地について，そのうちの優等土地は，平均土地と比べて，自然的豊度及び人為的熟度並びに自然的位置及び人為的立地の差の大きさが，工業製品・商品及び広義のサービスの単位面積当たりの**平均的生産価格等**（等はサービス価格，以下同じ）Ⅰのコストを小さくして一般的生産価格等との差を生じさせることにより差額地代の第Ⅰ形態を形成し，②

図Ⅲ－2　地代構成図（宅地）

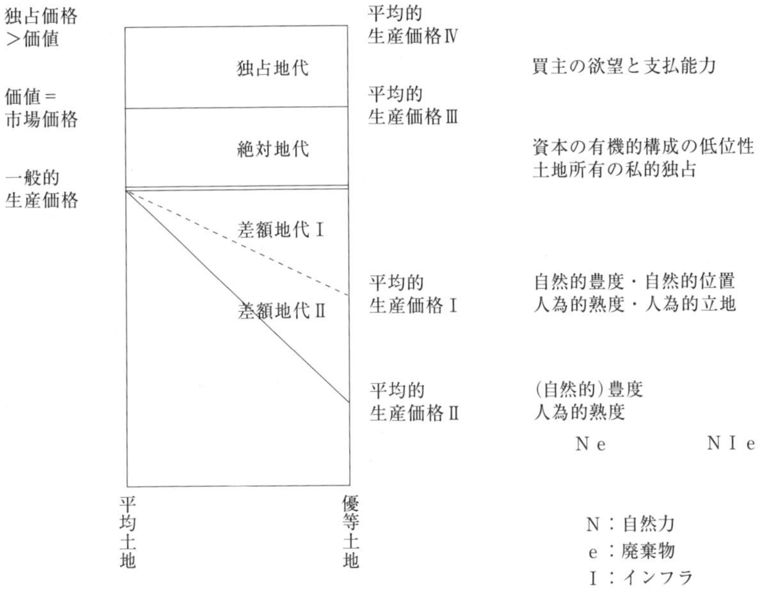

同一の宅地について，(自然的) 豊度・人為的熟度の差の大きさが，工業製品・商品及び広義のサービスの同**平均的生産価格等Ⅱ**のコストを更に小さくして平均的生産価格等Ⅰとの差を生じさせることにより差額地代の第Ⅱ形態を形成している。

これらの単位面積当たりの生産額等と経費の差について，現象的には別々の宅地の間では第Ⅱ形態の差額地代を含んだ合計としての差額地代の差として捉えられるものである(注24)。

そして，それらの上に優等土地・劣等土地の如何を問わず，③資本の有機的構成の低位性と土地所有の私的独占が，工業製品・商品及び広義のサービスの**平均的生産価格等Ⅲ**を一般的生産価格等以上の市場価格に上昇させてその差による絶対地代を形成し，④差額地代・絶対地代の有無を問わず買主の欲望と支払能力が，工業製品・商品及び広義のサービスの**平均的生産価格等Ⅳ**を市場価格以上に価値を超える独占価格にまで上昇させてその差による独占地代を形成する可能性がある（現在は国際化している折から，産業用土地で製造される工業製品・商品及び広義のサービスのうち，国際的な競争にさらされている製品等については，土地所有の私的独占又は買主の欲望と支払い能力があっても，当該価格のうちの絶対地代又は独占地代は消滅せざるを得なくなる）。

⑤Nとeは豊度及び熟度に，NとIは位置及び立地にそれぞれ関係しており，⑥平均的生産価格の破線と実線は，林地と農地よりも傾斜が大きくなり，工業地・住宅地・商業地の別及びそれらのうちの個々の土地について傾斜が異なり，後者ほど傾斜が急になる。

5．企業活動及び人間生活における期待付加価値

【産業資本等と人間生活の循環過程】

期待付加価値を生み出す産業資本（メーカー）の循環過程について，分かりやすく表にすると，表Ⅲ－２の「産業資本等と人間生活の循環過程の明細表」の通りである。

表Ⅲ－２において，産業資本等につき，⑴フローでは，①「企画」から始まる「付加価値の創造」過程と，②「被雇用等」による「可処分所得の稼得」過程を，⑵フローの逆算では，「収益価格の算出」過程の最も単純な公式を表示してある。

【期待付加価値】

期待付加価値とは，生産過程において将来新たに生み出される価値のことである。減価償却費は，資本投下された建物・機械等減価償却資産の耐用年数に応じた回収部分であるから，純付加価値から除かれる。したがって，①生産額から，（マクロで捉えたときの）二重計算を避けるために中間投入額（原材料費・動力費等）を控除したもの（減価償却費控除前のもの）は，期待粗付加価値といい，②粗付加価値からさらに建物・機械等の減価償却費を控除したものは，期待純付加価値という（以下では期待を省略して説明する）。

【純付加価値】

純付加価値は，生産過程で自然（土地(注25)・水・大気等），資本，労働，企業

者才能，国・地方公共団体等のサービス等の生産諸要素の貢献により生み出されたものであるから，これらの生産諸要素（中間投入額及び減価償却費として回収される部分を除いたもの）の働きに応じて，後記のようにそれぞれの生産諸要素に分配されるべき性質のものである（注26）。

損益計算書の算式は，次の⓫式の通り税引後当期損益を求めるものである。

売上高－売上原価（ここまでが売上総損益）－販売費及び一般管理費（ここまでが営業損益）±営業外損益（ここまでが経常損益，＋は経常利益，－は経常損失）±特別損益（ここまでが税引前当期損益）－法人税等＝税引後当期損益（＋は同当期利益，－は同当期損失）　⓫

売上原価の内訳は，産業資本（メーカー）では，製品期首棚卸高に当期製品製造原価を加え，製品期末棚卸高を控除したもの，商業資本（ディーラー）では，商品期首棚卸高に当期商品仕入高を加え，商品期末棚卸高を控除したものである。

純付加価値は，⓫式との関係では，売上高から表Ⅲ－２❺式の製品のうちの前給付費用を控除して得られる（純付加価値の内訳参照）。前給付費用は，⓫式（売上原価の内訳を含む）のうち，主として当期製品製造原価のうちの原材料費又は当期商品仕入高の中に，そして部分的に当期製品製造原価のうちの経費又は販売費及び一般管理費の中に含まれている（それらの残余分，すなわち当期製品製造原価のうちの労務費と販売費及び一般管理費のうちの人件費が，分配前損益とともに純付加価値を形成している）。

【粗付加価値】

粗付加価値は，次の⓬式に減価償却費（その償却対象の帰属に応じて⓫式の売上原価又は販売費及び一般管理費の何れかの費用となる）を加えたものである。

粗付加価値のうち，減価償却費及び税引後当期利益のなかの社外流出分（役員賞与及び配当金）を除いた留保利益は，①設備投資の財源，②投下資本回収の目安，及び③長期借入金・社債の返済資源等として重要なキャッシュ・フロー（内部資金としての自己資金）となるものであり，それ故，投資評価の尺

図Ⅲ－3　純付加価値内訳構成比率推移図

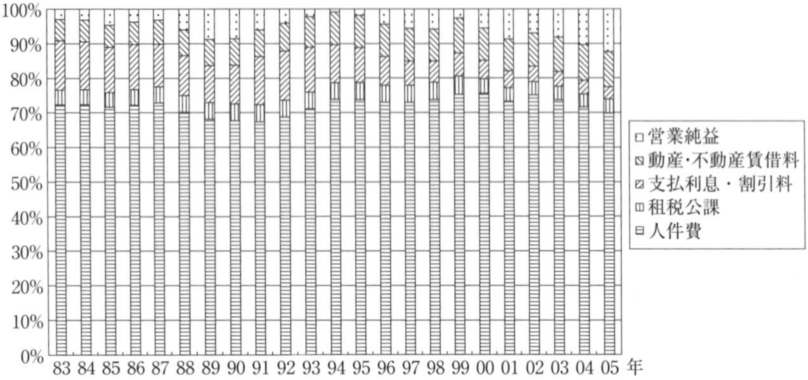

（出所）表Ⅲ－9より。

度及び企業財務の健全性を表す指標の一つと見られている（注27）。

粗付加価値は，簡単には，原則として消費税の課税対象になる部分と考えると分かりやすくなる（消費税法上は，人件費，租税公課と営業純損益が不課税，動産・不動産賃借料が非課税の地代と住宅家賃を除いて課税仕入れ，支払利息・割引料等が非課税とされる）。

【純付加価値の内訳】

純付加価値の内訳は，⓬式として捉えることができる（注28）。

純付加価値＝人件費（役員報酬＋従業員給与＋福利厚生費）＋分配前損益（租税公課＋動産・不動産賃借料＋営業純損益（営業損益－支払利息・割引料）＋支払利息・割引料）　⓬

⓬式で営業純損益以下の額は，支払利息・割引料の相殺により営業損益の額と等しくなる。営業損益は，⓫式のように，それから営業外損益としての支払利息・割引料控除後に経常損益，臨時的・非期間的な特別損益加減後に税引前当期損益，さらに法人税等（法人税・住民税・事業税）控除後に税引後当期損益（利益処分としての利益準備金・配当金・役員賞与及びその他留保利益）に導かれる。

表Ⅲ－9　付加価値額・同内訳の（構成）推移表（全産業）

	83	84	85	86	87	88
人件費	106,317	109,459	116,862	126,040	129,293	136,808
租税公課	6,256	6,532	6,867	7,932	8,280	9,420
支払利息・割引料	21,119	21,052	21,598	22,957	22,095	22,680
動・不動産賃借料	9,007	9,576	10,379	11,327	12,250	14,392
営業純益	4,413	4,769	7,615	6,548	5,718	11,867
付加価値額計	147,112	151,388	163,321	174,804	177,636	195,167
	89	90	91	92	93	94
人件費	149,408	155,719	166,234	182,347	190,365	196,641
租税公課	10,534	11,169	12,154	13,036	13,090	12,913
支払利息・割引料	23,653	26,053	34,601	37,925	34,937	29,573
動・不動産賃借料	16,662	17,523	18,921	21,196	23,571	25,022
営業純益	19,251	19,878	15,061	11,084	6,070	2,456
付加価値額計	219,508	230,342	246,971	265,588	268,033	266,605
	95	96	97	98	99	00
人件費	200,746	202,250	196,581	203,120	203,356	201,962
租税公課	13,536	13,575	13,322	13,946	14,336	11,359
支払利息・割引料	27,776	23,289	19,208	17,015	18,210	14,443
動・不動産賃借料	25,320	25,967	25,408	25,520	27,398	24,956
営業純益	5,099	12,192	15,202	16,060	7,113	14,827
付加価値額計	272,477	277,273	269,721	275,661	270,413	267,547
	01	02	03	04	05	
人件費	202,537	192,861	189,919	184,303	191,517	
租税公課	10,728	9,752	10,042	9,620	10,941	
支払利息・割引料	13,556	11,652	10,912	10,196	9,637	
動・不動産賃借料	25,699	24,718	25,866	26,818	28,166	
営業純益	24,109	17,909	21,130	26,524	33,938	
付加価値額計	276,629	256,892	257,869	257,461	274,200	

	83	84	85	86	87	88
人件費	0.72	0.72	0.72	0.72	0.73	0.70
租税公課	0.04	0.04	0.04	0.05	0.05	0.05
支払利息・割引料	0.14	0.14	0.13	0.13	0.12	0.12
動産・不動産賃借料	0.06	0.06	0.06	0.06	0.07	0.07
営業純益	0.03	0.03	0.05	0.04	0.03	0.06
	89	90	91	92	93	94
人件費	0.68	0.68	0.67	0.69	0.71	0.74
租税公課	0.05	0.05	0.05	0.05	0.05	0.05
支払利息・割引料	0.11	0.11	0.14	0.14	0.13	0.11
動産・不動産賃借料	0.08	0.08	0.08	0.08	0.09	0.09
営業純益	0.09	0.09	0.06	0.04	0.02	0.01
	95	96	97	98	99	00
人件費	0.74	0.73	0.73	0.74	0.75	0.75
租税公課	0.05	0.05	0.05	0.05	0.05	0.04
支払利息・割引料	0.10	0.08	0.07	0.06	0.07	0.05
動産・不動産賃借料	0.09	0.09	0.09	0.09	0.10	0.09
営業純益	0.02	0.04	0.06	0.06	0.03	0.06
	01	02	03	04	05	
人件費	0.73	0.75	0.74	0.72	0.70	
租税公課	0.04	0.04	0.04	0.04	0.04	
支払利息・割引料	0.05	0.05	0.04	0.04	0.04	
動産・不動産賃借料	0.09	0.10	0.10	0.10	0.10	
営業純益	0.09	0.07	0.08	0.10	0.12	

（注）出典は、次による。純付加価値・同内訳は、財務省『財政金融統計月報』の「法人企業統計年報特集」。

表Ⅲ－10　純付加価値内訳項目の損益計算書該当科目対応表

純付加価値内訳	損益計算書該当科目
人件費	人件費
租税公課	租税公課
動産・不動産賃借料	支払地代等（支払家賃・動産賃借料）
支払利息・割引料	支払利息等（割引料）
営業純益	法人税等・配当・役員賞与・留保利益

表Ⅲ－11　製品内訳の付加価値対応表

<table>
<tr><th colspan="3">製品</th><th>製品(詳細内訳)</th><th colspan="2">製品（粗内訳）</th></tr>
<tr><td rowspan="6">前給付費用</td><td rowspan="5"></td><td rowspan="8"></td><td>原材料費</td><td rowspan="6"></td><td rowspan="11">コスト</td></tr>
<tr><td>動力費</td></tr>
<tr><td>外注加工費</td></tr>
<tr><td>事務用消耗品費</td></tr>
<tr><td>サービス費等</td></tr>
<tr><td rowspan="10">粗付加価値</td><td>減価償却費</td></tr>
<tr><td rowspan="9">純付加価値</td><td>人件費</td><td>(可処分所得)</td></tr>
<tr><td>租税公課</td><td rowspan="8">分配前利益</td></tr>
<tr><td rowspan="7">人・税控除後純付加価値</td><td>支払地代等</td></tr>
<tr><td>同利息等</td></tr>
<tr><td>法人税等</td></tr>
<tr><td>配　当</td><td rowspan="4">利益</td></tr>
<tr><td>役員賞与</td></tr>
<tr><td>留保利益</td></tr>
<tr><td>(「蓄積」)</td></tr>
</table>

【純付加価値の配分】

純付加価値の諸勘定科目のうち，①土地に帰属するものは不動産賃借料であり，②資本に帰属するものは支払利息・割引料，動産賃借料，配当金，利益準備金，その他留保利益であり，③労働に帰属するものは従業員給与，福利厚生費であり，④企業者才能に帰属するものは役員報酬，役員賞与であり，⑤国・地方公共団体等に帰属するものは租税公課，法人税等である。

【純付加価値の内訳と損益計算書の該当科目】

純付加価値内訳の構成比率について，バブル景気の起点としての1983年度以降の推移を見ると，図Ⅲ－３の通りである。

この図によれば，人件費が過半を占めていること，そして人件費と租税公課の合計を純付加価値から控除した人・税控除後純付加価値の内訳としては，①低金利により支払利息・割引料のウエイトが小さくなってきている（バブル景気時の過大な借入返済等の反映である）こと，②1988・1989年度中をピークに1993年度中までウエイトの減少を続けた営業純益は，1998年度中の再度の落ち込み以降，支払利息・割引料と租税公課のウエイトの減少もあってかなり回復してきていること，③動産・不動産賃借料は，バブル崩壊以降タイムラグをもってそのウエイトを増やしてきていることが分かる（動産・不動産賃借料については，両者の内訳が公表されていないが，当局からのより詳細なデータの提示を求めたい）。

表Ⅲ－10は，この「純付加価値内訳」の項目を損益計算書の対応した該当科目（表Ⅲ－２❺式の「製品」のうちの「純付加価値内訳」）に置き換えたものである。表Ⅲ－11は，表Ⅲ－２❺式の「製品」内訳と「付加価値」とを対応させたものである。これらは，理解を容易にするために，更にここで表Ⅲ－10・11による説明を付け加えたものである。

表Ⅲ－11の右端は，通常の企業会計におけるコストと利益の該当する範囲を示している。同表の「製品（詳細内訳）」欄のうち「純付加価値」としての人件費以下の各項目は，表Ⅲ－10右側の「損益計算書該当科目」と同じものである。同欄の上部にある原材料費から減価償却費までのものは，同表左端記載の「前給付費用」である。その右側の「粗付加価値」は，「純付加価値」に「前給付費用」のうちの減価償却費を加えたものであり，「人・税控除後純付加価値」は，「純付加価値」から人件費と租税公課を控除したもの，すなわち支払地代等（等は支払家賃・動産賃借料），支払利息等（等は割引料），及び法人税等（等は住民税・事業税）・配当・役員賞与・留保利益（「蓄積」）からなるものである。

【企業活動及び人間生活における土地用役の利用】

土地価格と期待地代すなわち元本と果実の関係を，フロー（年々の生産～消費の流れ）とストック（本来はフローからの蓄積としての資産）との関連をも視野に入れながら，産業資本・広義のサービス資本（商業資本・貸付資本・不動産資本・レジャー資本及び公的資本等）の企業活動及び人間生活について，具体的にとらえると，図Ⅲ－４の通りである。

われわれは，企業活動又は人間生活において，フローの側面の生産及び流

図Ⅲ－4　土地用役の利用と付加価値・可処分所得との関連図

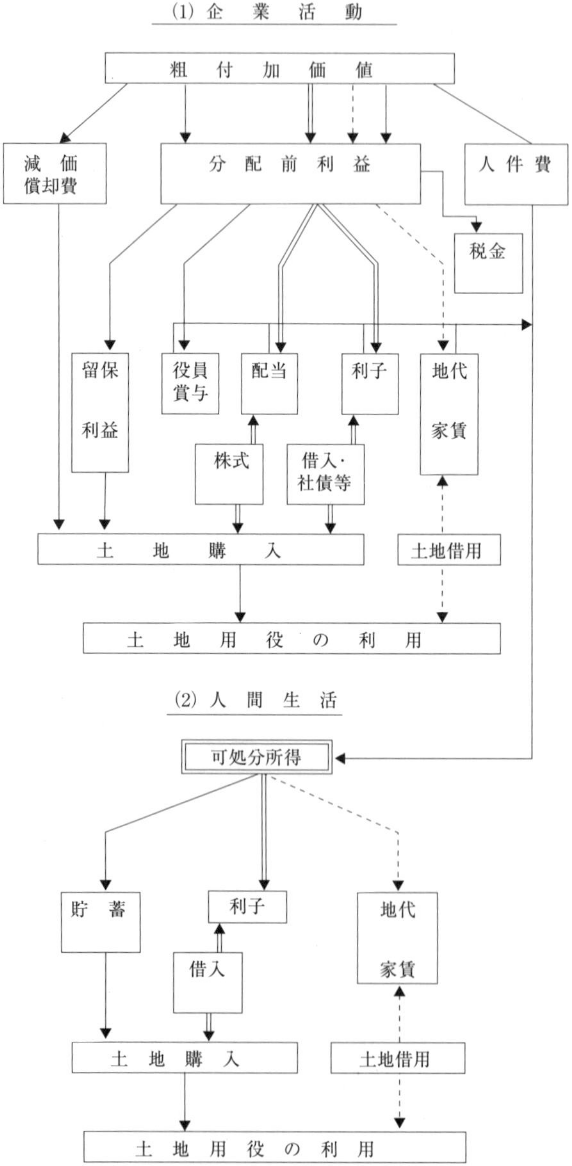

表Ⅲ－12　財務諸表上の不動産・住宅及び純付加価値等関連図

(1)　企業活動

B／S

資産	負債（他人資本）
不動産	借入
（土地・建物等）	社債
△減価償却累計額	その他負債
準備資金運用	資本（自己資本）
（預貯金等）	株式
その他資産	留保利益
	その他資本

P／L

売上原価	売上高
商品期首棚卸高	
当期製品製造原価	
△商品期末棚卸高	（売上総利益）
販売費・一般管理費	
人件費（給与等）	
租税公課	
支払地代	
支払家賃	
減価償却費	
その他販管費	（営業利益）
営業外費用	営業外収益
支払利息	受取利息
法人税等	（税引後当期利益）
未処分利益	前期繰越利益

C／M

当期総製造費用	当期製品製造原価
原材料費	
労務費	
経費	
支払地代	
支払家賃	
減価償却費	
その他経費	
仕掛品期首棚卸高	
△仕掛品期末棚卸高	

E／S

利益準備金	未処分利益
配　当	
役員賞与（給与等）	
留保利益	

(2)　人間生活

B／S

資　産	負　債
住宅	借入
（土地・建物等）	（住宅ローン）
その他資産	資本（自己資本
貯蓄（預貯金）	＝資産投資基金）

F／M

家計消費支出	給与等収入
地代支出	（可処分所得）
家賃支出	
支払利息支出	
その他消費支出	
借入返済支出	
自己資本支出	

（注）B/Sは，貸借対照表勘定，P/Lは，損益計算書勘定，C/Mは，製造原価勘定，E/Sは，未処分利益勘定，F/Mは，家計資金収支勘定をいう。網掛部分は，純付加価値である。

通・金融等を含めた広義のサービス活動の諸過程並びに消費生活の諸過程等では，必ず土地・水・大気等という自然から与えられた重要な諸資源を利用している。

それらのうち，土地には所有権が存在するから，**土地用役利用の手段としては，①借地・借家によるか，②土地・建物等を購入しなければならない**。①の場合には地代・家賃が，②の場合には購入財源（元本と果実としての配当・利子等）が必要となる。具体的には次の通りである。

ここでは付加価値につき，⑴の企業活動では減価償却費控除前の粗付加価値，⑵の人間生活では減価償却費控除後の純付加価値の分配分である可処分所得として捉える。

⑴の**企業活動**において，直接金融としての株式・社債等（又は証券化商品）の発行及び間接金融としての借入により調達した資本の投資は，生産過程等で人件費（給与等）と分配前利益という純付加価値を生みだし，減価償却費として投下資本を回収する。分配前利益は，さらに租税公課，支払利息・割引料，支払地代・支払家賃及び営業純益（法人税等・配当・役員賞与及び留保利益）に分かれる。租税公課及び法人税等は，図Ⅲ－4では税金としている。

そして，①借地・借家の場合には地代・家賃を分配前利益の中から支払い，②土地・建物等の購入の場合にはその財源に応じて自己資金（内部資金）のときはその資金を分配前利益の中からの貯蓄部分（留保利益）と減価償却費（減価償却累計額），すなわちキャッシュ・フローで賄い，自己資金（外部資金すなわち株式発行）のときは配当を，借入・社債等のときは元本及び利子をやはり分配前利益の中から支払うのである。

⑵の**人間生活**において，被雇用は，生産過程等で創造される純付加価値の分配分としての給与等（純付加価値の分配分としての可処分所得）を稼得する。そして，人間生活の繰り返し（労働用役提供力等の更新）における消費過程で，①借地・借家の場合には地代・家賃を可処分所得の中から支払い，②土地・建物等の購入の場合にはその財源に応じて自己資金のときはその資金を可処分所得の中からの貯蓄部分で賄い，借入金のときは元本及び利子をやはり可

処分所得の中から支払うのである。

【財務諸表における付加価値関連勘定科目】

以上の理解を容易にするために，付加価値について，❷式，❸式及び表Ⅲ－2⑴並びに表Ⅲ－３・表Ⅲ－４・表Ⅲ－５・図Ⅲ－３及び図Ⅲ－４を財務諸表上の関連勘定科目で捉えると，表Ⅲ－12のようになる。

表Ⅲ－12は，⑴**企業活動**については，産業資本のＢ／Ｓ（Balance Sheet 貸借対照表勘定）・Ｐ／Ｌ（Profit & Loss statement 損益計算書勘定）・Ｃ／Ｍ（Cost of goods Manufactured 製造原価勘定）及びＥ／Ｓ（Earned Surplus 未処分利益勘定）における，不動産（土地・建物等）の購入又は賃借に伴う勘定科目を主として掲上してある。すなわち，Ｂ／Ｓでは，不動産購入の場合の財源としての，他人資本の借入・社債，自己資本の減価償却累計額・株式及び留保利益の各金額を記録する。①Ｃ／Ｍ・Ｐ／Ｌ及びＥ／Ｓでは，粗付加価値の内訳について，その購入準備の場合の，②Ｂ／Ｓでの準備資金運用のための減価償却費と留保利益，購入の場合の，③借入・社債及び株式による資金の調達とそれらの元利金支払としての減価償却費・留保利益による支払と利息・配当の支払，又は賃借の場合の，それぞれの地代・家賃の支払に係る各金額を記録する（Ｐ／Ｌの受取利息は，支払相手企業の生み出した当期純付加価値の分配分であり，前期繰越利益は，当企業の前期以前の純付加価値の分配分としての留保利益である）。

⑵**人間生活**については，家計のＢ／Ｓ・Ｆ／Ｍ（Family Money income & expenditure＝家計資金収支勘定）における，住宅（土地・建物等）の購入又は賃借に伴う勘定科目を主として掲上してある。すなわち，Ｂ／Ｓでは，住宅購入の場合の，財源としての住宅ローンの借入及び貯蓄の各金額を記録する。①Ｆ／Ｍでは，給与等収入（可処分所得）の内訳について，その購入準備の場合の，②家計の消費節約によるＢ／Ｓでの貯蓄のための自己資本支出，購入の場合の，③借入の元利金支払としての家計からの支払利息支出と借入返済支出，又は賃借の場合の，それぞれの地代支出・家賃支出の各金額を記録する。

なお自己資本支出は，家計に消費部門とは別に資産部門管理用のＢ／Ｓを設けて，家計の消費部門から，そのB／S部門の資本勘定（自己資金＝資産投資基金）へ資金を振替えるために新しく考案した勘定科目である。

【循環・更新過程における問題点】

ここで問題は，循環・更新過程における次の諸点にある。自然環境については，（生産過程で純付加価値を生み出すのに貢献した）水に対しては中間投入額として回収されるが，①（同）大気等に対しては中間投入額又は付加価値としての回収又は配分がないし，②生産過程で汚染されてもとの自然に還元されない廃棄物（気体・固体・液体）を排出し，③消費過程でも，生産過程と同様にそれらの廃棄物を排出している。

すなわち，⑵の「産業資本等の循環過程と自然・インフラ・廃棄物」のところで述べた通り，自然（N）とインフラ（I）のフルの貢献にも拘わらず，コスト又は付加価値として回収又は配分されるのは，それらの一部としてのnとiであることに加えて，その循環の全部の過程で廃棄物を排出しているのである。

現時点では，企業等の活動と人間の生活が自然を汚染又は消尽させる度合いを強めて，これらのことが逆に，企業等の活動と人間の生活の持続的な成長に対する制約となってきているから，純付加価値の一部を割いて，自然の物質代謝機能を維持し回復させる方向にフローの循環を転換させなければならない。そしてこのことは，当然フローの利益及びストックの価格にもマイナスの影響（利益減と価格上昇）を及ぼすことになる。

【バブル景気時における問題点】

企業等の活動と人間の生活の過程は，それぞれの経済主体自身にとっても，バブル景気時には，①このような循環・更新過程における問題点，及び②不動産又は住宅の購入・賃借と粗（純）付加価値又は可処分所得との密接不可分の関係を認識していなかったから，政策当局の金融超緩和の継続により，①資源の無駄遣いのほか，ゴルフ場・レジャー施設等の建設，及び②土地と建物の異常な高騰を招くに至った。そしてそれらの不動産価格の暴落後に，①については，自然環境[注29]の一層の荒廃，②については，一般企業・家計さらには金融機関等についてP／L・F／Mの赤字とB／S調整(注30)の問題（B／Sの資産の側で不動産・住宅さらには貸出債権が大幅に減額したのに，その負債の側で元利の全部又は一部支払不能のまま膨大な借入等さらには預金債務等が残る問題）を引き起こしたのである。

（注１）小林英男担当「付加価値」（金森久雄編『経済用語辞典』第２版）東洋経済新報社1979.11刊参照。付加価値とは，「企業が「事業を通して１年間に，どれだけの富を生み出したか」を数値化したもの」という方が分かり易いかもしれない（澤上篤人記事「付加価値を分析して長期投資銘柄を発掘しよう」『ダイヤモンド』2005.12.3号参照）。

（注２）企業活動の企画の段階において，生産手段については，その内訳としての労働手段（生産設備）と労働対象（原材料）とを結合させる設計理念のあり方が，リサイクルに決定的な影響を及ぼすことも重要である。

労働用役については，マルクス以来「労働力」の売買として「労働力」という言葉が使われてきたが，それは，①「労働力」の売買ではなく，「労働力」の時間的な賃貸借（時間外は当然に自由であり，時間外の「労働用役」の提供に対しては時間外手当が支払われる）で，内容的には「労働用役」，より正確にいえば「労働用役提供力」の提供であり，②賃貸借の場合には，機械等の労働手段の賃貸借の場合と同じように，貸借対照表には載らないから，「労働用役」又は「労働用役提供力」という言葉を用いるべきである（この言葉は，自己疎外の止揚と主体的人間労働の回復に繋がるものであるといえる―例えはドイツの経営協議委員会がある。C・ハムデン－ターナー，A・トロンペナールス著，上原一男・若田部昌澄訳『七つの資本主義』（日本経済新聞社1997.3刊参照）

これについては，新古典派経済学が，「労働市場で評価される限りでの人間の能力」を「人的資本」として捉え，「賃金をその貸し賃，レンタル価格」と見なしていて（稲葉振一郎著『「資本」論』ちくま新書2005.9刊参照），この方が現状に合っているようにみえる。しかし，人間は，健康で文化的な生活を向上させる力をも備えていて，その力を発揮させるために労働市場で労働用役を提供するための契約を結ぶのであるから，労働市場に限定しているものとはいえ，人間の能力を「人的資本」として捉えること自体が間違いであるといわざるをえない。

（注３）「危うし！IT立国」（『日経ビジネス』2000.7.17号）参照。

（注４）（注２）段落二つ目の図書，及び青木昌彦著永島浩一訳『日本経済の制度分析』（筑摩書房1996.8刊）参照。

（注５）ROI（投下資本利益率＝$\dfrac{\text{経常利益}+\text{支払利息}}{\text{株主資本}+\text{社債}+\text{借入金}}$）という指標もあるが，これは，主として個別又は事業部門別プロジェクトへの投資の効率性を図る尺度として用いられるもので，使用総資本利益率とは目的を異にするものである。この場合，利益は，資本の増殖分としての利益のほか利息等込税引後利益も重要である。

（注６）コーポレート・ガバナンスについて，松村勝弘教授は，「経営者の適正な経営行動を促そうとするもの」であるほか，「経営者の積極的な企業家精神をバックアップし企業をして成長

発展せしめ，ひいては経済社会の発展を促そうとするもの」とされている。そして，それは，「社会的価値を創出するるための適切な権力行使を求めるもの」で，「企業家精神の発揚を考えるもの」である反面において，「その行き過ぎを抑制するもの」であるとされている。更に，それについて，「銀行による規律」と「金利による規律」に変わるものとして，渡辺茂・山本功論文の次の三つを挙げておられるのが参考になる。①経営者の強い自己規律，②社外取締役の制度化や積極的起用，③資本市場の機能強化（松村勝弘著『日本的経営財務とコーポレート・ガバナンス【第2版】』中央経済社2001.10刊参照）。

しかしながら，それらの支えとして，Ⅱ1で述べた「「生態系主主義」による持続的共生の理念」が必要であることを強調しておきたい。

（注7）①宇沢弘文教授著『近代経済学の再検討』岩波新書1987.5刊参照。同教授は，自然を自然資本として，インフラサービス（ハードとソフト）を社会資本として捉え，そして両者を社会的共通資本としておられる。しかしながら，人間が投資を行ってきた自然の側面（例えば土地・水等）もあるが，人間がまだ投資を行っていない自然の側面（例えば大気・太陽光等）が大きいから，自然資本とすると，後者の自然が概念として脱漏することになる。それ故，自然と資本は峻別する必要があるのではないか。

②ポール・ホーケン，エイモリ・B・ロビンス，L・ハンター・ロビンス著佐和隆光監訳，小幡すぎ子訳『自然資本の経済』（日本経済新聞社2001.10刊）参照。

（注8）「市民による日本環境報告」（『世界』岩波書店1996.11），中西準子著『水の環境戦略』（岩波新書1994.2刊），東京理科大学特別教室（『地球環境の現状をめぐって』東京理科大学出版会1992.3刊）参照。

（注9）たとえば，椎名麻紗枝弁護士（「銀行の貸手責任を問う会」事務局長）へのインタビュー「「不良債権処理」の陰で－銀行被害者の視点から考える」（岩波書店『世界』2003.1号）参照。

（注10）土地価格は，本質的には収益価格であるが，いったん果実としての地代を資本還元した元本としての土地価格が全面的に成立してくると，今度は逆に，その元本としての土地価格から果実としての地代を求めるようになるのである。

（注11）利子生み資本の運動が確立した段階になると，元本の貸出に対して規則的に果実の利子が得られるという関係が転倒して，果実→元本，すなわち利子の収入が規則的に反復して得られると，その収入がたとえ利子でなくても，すべて貸付資本の果実として，それを現実に生み出している中味とは別に，その背後に利子を生む貸付資本があるものと推定かつ擬制されるようになる。この場合の擬制された元本としての貸付資本（例えば地価・株価等）が典型的な擬制資本（又は架空資本）であり，その大きさは果実を利回りで資本還元した数値に落ち着こうとする。

このような典型的な擬制資本が成立するためには，①果実は不労所得でなけれならないし，②果実がそれぞれの利回りで資本還元された元本の譲渡は自由でなければならないのである。

（注12）住宅及び耐久消費財については，人間生活の企画の段階において，①住宅の用役提供の内容（太陽光発電をし，雨水利用でき，バリアフリーで，シックハウスでないこと）を満足させるほか，②それらを長持ちさせたうえ，③廃棄の過程で容易にリサイクルできるという設

計理念が重要である。

(注13) 所得残余分とは，将来の付加価値の分配分としての可処分所得から生計費（住宅ローンに対する元利金支払前のもの）を控除した残余の部分をいう。

(注14) Ⅱ（注14）の建部著図書参照。

(注15) 利子率は，提供される資金の各額面金額（例えば預金・信託証書，手形，金銭消費貸借証書等に記載された金額）に対するそれぞれの利子の割合をいう。換言すると，預金・信託証書，手形，金銭消費貸借証書等の元本があれば，それらに所定の利子率を適用して，預入又は貸出の期間の経過にしたがいそれぞれの果実としての利子が得られる。それらの預入又は貸出の期間が長期で，引出又は回収のリスクが大きいほど，利子率は高くなり，それらの期間が短期で，リスクが小さいほど，利子率は低くなる。

利回りは，株式，社債，国債等の券面に記載された金額ではなくて，相場としての時価に対する，それぞれの付加価値の分配分としての期待配当，確定利子等の割合であり，すなわち事後的に資産市場で成立する社会化された利子率である。

(注16) リカードは，鉱山地代について，「鉱山も土地と同じく，その所有者に地代を支払うを常とする。そしてこの地代も，土地の地代と同じく，その生産物の価値が高いことの結果であって，決してその原因ではない」としている（リカアドオ著小泉信三訳『経済学及課税之原理』岩波文庫1942.9刊－初版1928.6刊：ただし，文語体と漢字の一部は，筆者がそれぞれ口語体と平仮名にしてある）参照。

(注17) 用途的地域とは，都市計画法上の用途地域ではなく，実態を反映した地域をいう。

(注18)「熟成度」は，鑑定理論では宅地見込地における田畑・山林等の素地から完熟した造成団地への過程において，宅地化が完了してから住宅がある程度立ち並び住宅街として熟成する度合いという「立地」を含む広い意味合いを持つものであるから，ここでは，もっと狭い意味合いしか持たない「熟度」という言葉を用いることとした。

(注19) 家賃からは，建物帰属賃料を控除して土地帰属賃料＝地代を求めることになる。

(注20) サービス資本は，狭義には，運輸・通信業，不動産（住宅サービスを含む）業，知識産業及びレジャー産業等からなるが，広義には，農林業資本・産業資本・サービス資本等の流通過程を担う商業資本，及びそれらの金融過程を担う貸付資本をも含むものである。

(注21) 最近には2004年６月に東京の丸の内・大手町エリアで，同年11月に大阪の御堂筋沿いで，それぞれ法定容積率の1,000%から1,300%への割増しの動きがある（『エコノミスト』2004.10.19号と『日本経済新聞』2004.10.6号）が，このことは，次のように重要な諸問題を惹起している。

①空中権（余剰容積率）の売買という制度まであるのに，当該割増しを無償で行うことは，建替時点において該当する各土地所有者への実現割増分（フルのとき300%）×土地面積×土地価格（＝割増額という）の贈与になるのではないか？（従来の再開発・特定街区等における容積率の割増しについても同じことがいえる）それ故本来のあり方としては，交換物件を提供させ，その対価に等しい容積率の割増分を加えることにするべきであろう（たとえば，大阪駅北再開発地区の土地（持分）を買わせてそれと交換に御堂筋沿いの土地に容積率の割増を認めることにすれば，当該再開発地区の一部に無償で大公園を造れるのではないか？）。

②人口減少の時代を迎えようとしている折から，当該割増し地域に建替ビルが林立したときには，周辺部のビルの稼働率がガタガタになる（資源の浪費になる）ことが目に見えている。要するに近視眼的な不動産不況対策ではなく，「長期の未来に残す全体としての魅力あるまちづくり」を考えた上で行っているのかということである。

(注22)（注14）の建部著図書参照。

(注23) 吉川明日香外記事「不動産「底値買い」の成算：第1部」(『週間東洋経済』2004.10.23号）参照。

(注24) スミスは，「社会の真の富が増加するごとに，すなわち，社会内で用いられる有用労働の量が増加するごとに，土地の真の地代は間接に引き上げられる傾向がある」としている（アダム・スミス著大河内一男監訳『国富論Ⅰ』中公文庫1995.9刊－初版1978.4刊参照)。スミスがいうように，経済の成長につれて，第Ⅰ形態と第Ⅱ形態の差額地代が（ときには絶対地代さらには独占地代も含めて）増加するから，それらの地代をも取り込むべく，各経済主体，とりわけ各資本の土地所有欲求が高まるのである。

(注25) 造成後の土地は，自然そのものではなく，資本と合体しているから，不動産賃借料は，正確には土地と資本に対する配分額である。

(注26)（注1）の『経営用語辞典』の「付加価値」項目参照。

(注27) 古川英一・柴川林也編『経営用語辞典』の「キャッシュ・フロー」項目（東洋経済新報社1981.2刊）及び日本経済新聞社編『経済新語辞典』(同95年版）の同項目参照。

(注28) 財務省編集「法人企業統計年報特集」(『財政金融統計月報』）財務省印刷局刊参照。営業外損益は，本来主として支払利息・割引料から受取利息を控除した数値であるが，この特集の統計数値では，金融・保険業が除かれているから，営業外損益で受取利息が支払利息・割引料から控除されないままでも付加価値の重複計算にはならない。

(注29) 自然環境については，1992年のリオの会議（地球サミット）で「Sustainable Development＝持続可能な発展」の概念が確立され，更に1997年の京都会議で温室効果ガス排出の削減目的を定めた京都議定書が採択された。アメリカはこれから離脱したが，ロシアの採択により，京都議定書は，2005年2月16日にようやく発効した。

(注30) 経済企画庁編『平成6年版経済白書』第2章第3節4（大蔵省印刷局1994.8刊)，リチャード・クー著楡井浩一訳『デフレとバランスシート不況の経済学』(徳間書店2003.11－初版2003.10刊)，及び小林慶一郎著『逃避の代償』(日本経済新聞社2003.11刊）参照。

Ⅳ．企業資本における経営・財務技術[注1]

１．利益計画と資金計画

【利益計画と資金計画の関連】

資金計画は，それ自体が単独で存在できるものではなく，利益計画と相互に，密接に関連しあっている。すなわち，資金計画は利益計画に基づいて立てられ，利益計画は資金計画等によって具体化が図られるものである。

したがって，利益計画のない資金計画は羅針盤のない船のように，無目標で方針のないものになるし，資金計画のない利益計画は，絵にかいた餅のように，実現不可能なものになるおそれがある。あえて資金計画のない利益計画を実現しようとしても，資金が多過ぎれば，効率が悪くなり，利益が上がりにくくなるし，資金が少な過ぎれば，いわゆる「勘定合って銭足らず」の状態を招き，極端な場合には黒字倒産してしまうこともある。

ここで資金とは，それを出す者の側に立てば「出資又は貸付可能な貨幣（家計）・貨幣資本（企業資本等）」のことをいい，それを取入れる者の側に立てば「運用又は支払い可能な貨幣（家計）・貨幣資本（企業資本等）」のことをいう[注2]。

【利益計画（使用総資本利益率）】

この利益計画と資金計画のうち，基本となるのは利益計画である。なぜなら，一般的に，経営者は一定の経営企画に基づいて企業を経営するものであり，その経営企画を具体化したものが，利益計画だからである。

この利益計画は，新 CEO がⅡの「経済の目的」における持続的共生のための「生態系主主義（エコクラシィ）」の理念を踏まえて立てた経営企画に基づき，企画部の新執行役員が同部新社員を動員して立てた利益計画としての目標利益率，すなわち一般的には使用総資本利益率としてとらえられる。より正確にいえばそれは，総資本利益率（Ⅳでは以下，使用を省略して用いる）の代りに経営活動のため投入されていない資本を除いた経営資本（経常）利益率で示されることになる。

総資本利益率を算式で表わすと次の❶式のとおりである。

$$総資本利益率 = \frac{純利益}{総資本} = \overset{(売上利益率)}{\frac{純利益}{売上高}} \times \overset{(資本回転率)}{\frac{売上高}{総資本}} \quad ❶$$

これを表Ⅳ－7の貸借対照表および表Ⅳ－8の損益計算書の数字によって示してみよう。

$$3月末総資本利益率 = \frac{7}{430} = \frac{7}{625} \times \frac{625}{430}$$

すなわち，1.63％＝1.12％×1.45回

$$9月末総資本利益率 = \frac{15}{478} = \frac{15}{690} \times \frac{690}{478}$$

すなわち，3.14％＝2.17％×1.44回

算式でわかるように，総資本利益率は，売上利益率と資本回転率とに分けて捉えられる。このように分けて捉えることによって，右の例示のように，総資本利益率が3月末から9月末にかけてほぼ倍増している内訳，すなわち資本回転率は，ほとんど関係なくて，もっぱら売上利益率の増加によっているということがわかるのである。

売上利益率と資本回転率は，次のような捉え方をすることもできる。

利益目標→売上目標→必要総資本
（売上利益率）（資本回転率）

すなわち，利益計画では，Ⅱの「経済の目的」における持続的共生のための「生態系主主義」の理念の下に，

①まず，この理念を踏まえた目標利益を決める

②次に，目標利益をあげるのに必要な売上目標を決める

③最後に，売上目標を達成するのに必要な総資本を決める

という手順を踏む。ここで利益目標と売上目標の関係をとらえるのが売上利益率であり，売上目標と必要総資本の関係をとらえるのが資本回転率なのである。

【売上利益率および利益図表】

売上利益率について，さらに詳しく見てみよう。

売上利益率の算式は，次の❷式のように展開することができる。

$$\text{売上利益率}=\frac{\text{純利益}}{\text{売上高}}=\frac{\text{総収益}-\text{総費用}}{\text{売上高}} \quad ❷$$

右のうち，総収益と総費用の内訳を主な項目で書き換えると❸式のようになる。

$$\frac{\text{総収益}-\text{総費用}}{\text{売上高}}=\frac{\text{売上高}-(\text{売上原価}+\text{販売費・一般管理費}+\text{営業外費用})}{\text{売上高}} \quad ❸$$

$$=1-\frac{\text{固定費}+\text{変動費}}{\text{売上高}}$$

固定費は，減価償却費，火災保険料，社債利子等の，売上高の大小に関係がなく年間ほぼ一定の費用であり，変動費は，売上高の増減に対応して増減する材料費などの費用である。

これらの関係をグラフで示すと図Ⅳ－１のような利益図表（損益分岐点図）ができる。

この図において，固定費線と変動費線の合計である総費用線と，売上高線の交わる点が損益分岐点[注3]である。この図を見れば明らかなように，企業は，実際の売上高がこの点を超えると黒字になるし，この点に満たないと赤字になる。

【資本回転率および資本図表】

次に資本回転率について見てみよう。

資本回転率は次の❹式で表わされる。

$$資本回転率=\frac{売上高}{総資本}=\frac{売上高}{固定的資本+変動的資本} \quad ❹$$

企業の総資本は総資産と等しい。そこで次の❺式のように書き替えることができる。

$$\frac{売上高}{固定的資本+変動的資本}=\frac{売上高}{固定資産+流動資産} \quad ❺$$

固定的資本は，固定資産と流動資産のうち一定の在高を保つべき部分からなる資本であり，変動的資本は，流動資産のうち一定の在高を保つべき部分を除いた部分よりなる資本である。

右の算式から，売上高と固定的資本および流動的資本との関係，さらに固定資産および流動資産との関係をグラフ化すると図Ⅳ－2のような資本回収点図が描ける。

図Ⅳ－1　損益分岐点図

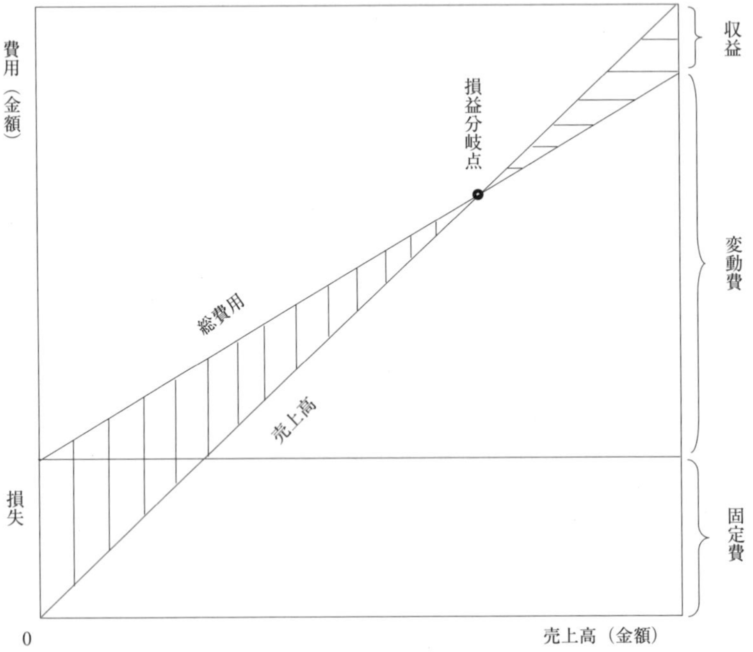

図Ⅳ－2　資本回収点図

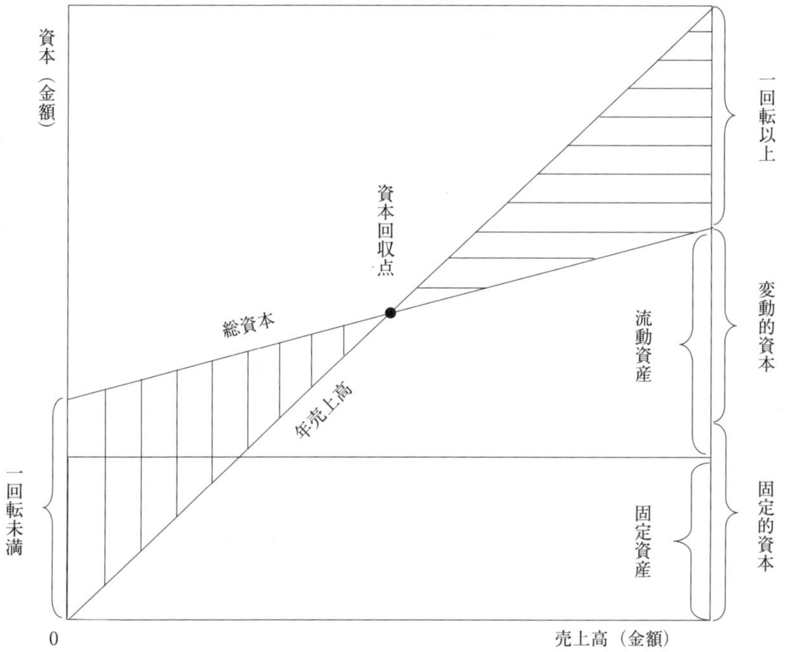

この図で，固定的資本線と変動的資本線の合計である総資本線と，年売上高線との交わる点が資本回収点である。実際の年売上高がこの点以上になると総資本が一回転以上することになるし，この点に満たないと総資本が一回転足らずの回転しかしないこととなる。

【利益計画図表】

以上の売上利益率と資本回転率とを統一的にとらえるために，図Ⅳ－1の図と図Ⅳ－2の図を同一のグラフに描くと図Ⅳ－3の利益計画図ができる。

図Ⅳ－3において,Aは資本回収点であり,Bは損益分岐点である。また,10%線は総費用に対する利益を10%と見込んだ線であり，Cはこの線と年売上高との交点で，目標利益率達成点である。この図の場合，C点はA,B両点の右上にあるから，当然に総資本は一回転以上となり，損益は黒字となる。

図Ⅳ－３　利益計画図

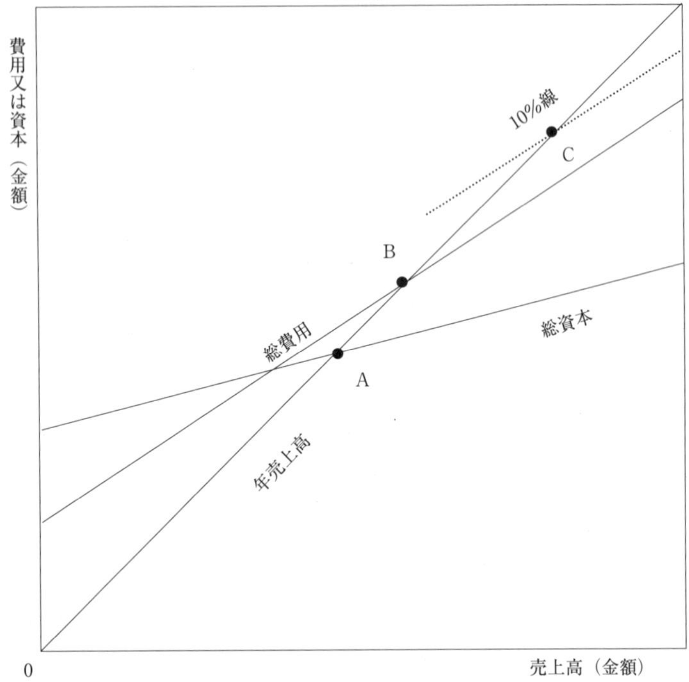

【売上利益率・資本回転率と資金計画】

このような売上利益率と資本回転率に対して，資金計画は，前者には間接的に，後者には直接的に関係する。間接的にとは，資金の多過ぎる場合または少な過ぎる場合の利益に対する影響のことで，直接的にとは，売上目標を達成するのに必要な資金のことを意味している。

以上に述べてきた利益計画は，予算編成の基礎となる。したがって，予算は，利益計画の執行計画化といえよう。

２．長期資金計画と短期資金計画

【資金計画】

資金計画は，新 CEO がⅡの「経済の目的」における持続的共生のための

図Ⅳ－４　予算組織図

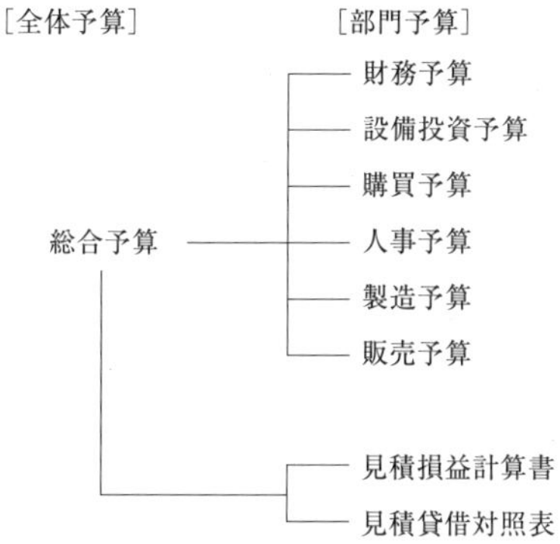

「生態系主主義」の理念を踏まえて立てた経営企画に基づき企画部の新執行役員が立てた利益計画を達成するために，新CFOが財務部の新執行役員に資金計画（長期と短期）を立てさせるものである。

【全体予算と部門予算】

予算は，次の図Ⅳ－４のように全体予算及び部門予算として編成される。

全体予算は，部門予算を調整し，総合したものであり，その結果として，予測される見積損益計算書（表Ⅳ－１）と見積貸借対照表（表Ⅳ－２）が作成される。部門予算は，財務予算・設備投資予算・購買予算・人事予算・製造予算，及び販売予算等として作成される。企業の活動は，表Ⅲ－２❺式のように，財務→設備投資・仕入れ・雇用→製造→販売→財務→………という循環をしているからである。

それ故，部門予算のなかでも，財務予算は，カネの面から企業のあらゆる経営活動を総括的に反映するものといえる。

【財務予算と資金計画】

予算が長期予算と短期予算とに分けられるように，財務予算は，長期財務予算と短期財務予算とに分けられ，さらに長期財務予算は投資予算と資本調達予算に，短期財務予算は現金預金収支予算と信用予算とに，それぞれ分かれる。

財務予算は，資金計画に該当するものなので，右の財務予算の内訳を資金計画の内訳として組織図化すると次の図Ⅳ－５のようになる。

この図と予算との関係は，次のとおりである。

① 設備予算・投資予算および資本調達予算は，まとめて設備資金計画とされる

② 資本調達予算(b)と設備予算および投資予算(a)との差額（b－a）は，長期運転資金計画としてとらえられる。

表Ⅳ－1　見積損益計算書

項　　目	期		期
売　上　高			
売　上　原　価 　期首棚卸高 　仕入高又は製造原価 　　合　　計 　期末棚卸高			
売上総利益			
販売費及び一般管理費 　販売員給料手当 　そ　の　他			
営業利益			
営業外収益 　受取利息・割引料 　そ　の　他			
営業外費用 　支払利息・割引料 　そ　の　他			
経常利益			
特別利益			
特別損失			
税引前当期純利益			
法人税等			
当期利益			

図Ⅳ－5　資金計画組織図

- 資金計画
  - 長期資金計画
    - 設備資金計画
      - 設備予算・投資予算　a
      - 資本調達予算　b
    - 長期運転資金計画
      - 資本調達予算　b－a
  - 短期資金計画
    - 短期運転資金計画
      - b－aの内訳（1年以内の資金計画）
    - 資金繰り計画
      - 現金預金収支予算
      - 信用予算

表Ⅳ－2　見積貸借対照表

項　　　目	期		期
流　動　資　産 現　金　預　金 受　取　手　形 売　　掛　　金 製　品　商　品 原　　材　　料 仕　　掛　　品 そ　　の　　他			
固　定　資　産 有形固定資産 建　　　　　物 そ　　の　　他 無形固定資産 投資その他の資産			
繰　延　資　産			
合　　　　　計			
流　動　負　債 支　払　手　形 買　　掛　　金 短期借入金 未払法人税等 そ　　の　　他			
固　定　負　債 社　　　　　債 長期借入金 そ　　の　　他 退職給付引当金			
資　　　　　本 資　　本　　金 資本剰余金 利益剰余金			
合　　　　　計			
割　引　手　形			

③ 長期運転資金変動の内訳として短期運転資金計画が作成され，現金預金収支予算および信用予算は，資金繰り計画としてとらえられる

【長期資金計画と短期資金計画】

長期資金計画は，期間としては一年を超える資金計画であり，内容的には長期利益計画に基づく計画として，企業経営の基礎構造に関連するものである。このうちの，設備資金計画は，設備投資と長期の固定的な資本とを適合させるもので，長期運転資金計画は，流動資産のうち一定の在高を保つべき部分と，それを賄うべき長期の固定的な資本との適合計画といえる。

これに対し，短期資金計画は，期間としては一年以内の資金計画で，内容的には長期資金計画を背景とし，当面する期間内の資金収支を具体化する計画であり，その期間内のすべての資金収支の適合を図る。このうち，短期運転資金計画は，その期間内における運転資金変動の内訳としての，流動資産と流動負債を適合させ，資金繰り計画は，その期間内における長期の固定的な資本の動きを含めて現金預金収支のタイミングを適合させる。

3．設備資金計画

【設備資金とは】

設備資金は，狭義には，企業の固定資産へ投資する資金のことをいう。固定資産は，土地・建物・構築物・機械装置・車両運搬具・工具器具備品・その他（たとえば船舶等）といったものである。広義に設備資金を捉えるときには，これら固定資産へ投資する資金に加えて，それに伴う増加運転資金や関係会社等への投資資金も含まれる。

いずれにしろ，固定資産への投資が中心であるが，この投資は，企業の基礎構造と自然環境に影響を与えるもの，すなわち金額が大きく，長期間にわたって企業の経営活動に影響を及ぼすものであるから，企業にとって極めて重要なものといえる。

それ故，企画部の新執行役員が同部新社員を動員して立てた利益計画に基づき，新 CFO は，財務担当新執行役員に同部新社員の動員により次の計画を立

てさせて，❻式から⓫式までの計算方法によりその投資収益性を算出することになる。

(1)　的確な土地の購入（価格と立地・熟度・道路・土壌・地盤等のチェックが重要）

(2)　建物等の建設と設備の購入（省エネ・０エミッション等が重要）

(3)　原材料の仕入れ（検品等が重要）

(4)　人の雇い入れ（優秀でやる気のある人材の確保と年齢構成等が重要）

(5)　操業開始後，設備と人との結合具合・操業度の維持等が重要

【投資収益性の計算方法】(注3)

投資収益性，すなわち固定資産への投資尺度の計算方法は，Ⅲ２で説明した企画の段階で技術的に問題になるものである。それらは，具体的には，①平均投資利益率法，②内部収益率法，③正味現在価値法，④資本回収期間法，及び⑤原価比較法として利用されてきている。

【平均投資利益率法】

①平均投資利益率法－投下資本に対する平均利益率の大小によって投資価値を測定しようというもので，次の❻式で計算する。

$$p=\frac{\bar{a}}{I} \qquad ❻$$

p：平均投資利益率

ā：新設備による平均利益（年間）

I：投下資本額

この方法は，広く利用されているが，「収益の時間差＝利子要因を考慮していない」という問題を指摘されている。

【内部収益率法】

②内部収益率法は，投資プロジェクトがその寿命の尽きるまでの間にもたらす年々の期待利益の現在価値とそのプロジェクトのための資本支出の現在価値（投資額）とを等しくする割引率を求め，それが投資額より大であれば，これを実施するというもので，次の❼式で計算する。

$$I=\frac{a_1}{(1+r)^1}+\frac{a_2}{(1+r)^2}+\cdots\cdots+\frac{an}{(1+r)^n}+\frac{S}{(1+r)^n}$$ ❼

a：新設備による利益（年間）

r：割引率（自己資本コストと他人資本コストを加重平均したもの）

1.2…n：1年目，2年目…n年目（耐用年数の最終年目）

S：残存価格

この方法は，ケインズの「資本の限界効率」をディーンが資本予算論で具体的に展開したものであり，収益の時間差＝利子要因が考慮されている。

【正味現在価値法】

③正味現在価値法は，新しい設備投資によって得られる耐用年数期間中の年々の期待利益（減価償却前のもの）を一定の割引率（平均資本コスト）で現在価値に割り引いた総額が，当初の投下資本の額を超えるかどうかによって，投資価値を測定する。現在価値の総額は次の❽式によって求められる

$$PV=\frac{a_1}{(1+r)^1}+\frac{a_2}{(1+r)^2}+\cdots\cdots+\frac{an}{(1+r)^n}$$ PV：正味現在価値の総額 ❽

この方法において右辺の年々の期待利益を総利益としてそれを永続的なものと前提すれば，PVは，株価の評価算式に通ずるものとされている。

【資本回収期間法】

④資本回収期間法は，次の❾式の通り投下資本の回収期間の長短によって測定する方法である。

$$N=\frac{I}{R}$$ ❾

N：回収期間

R：償却前税引後利益

R＝新設備投資による税引後利益（年間）＋新設備の減価償却費（年間）

この方法は，短期回収法（3年～5年）ともいわれているように，投下資本の早期回収に重点をおくものである。

表Ⅳ－３　設備投資等所要資金明細表

項目		所要資金	月		月
設備資金	土地				
	建物				
	構築物				
	機械装置				
	車両運搬具				
	工具器具備品				
	その他				
	計				
投資					
増加運転資金					
合計					

【原価比較法】

⑤原価比較法は，新しい設備投資の平均原価と現在設備の平均原価との原価差額の有無，または，生産量を等しいものとした場合における新しい設備投資の総原価と現在設備の総原価との原価差額の有無によって投資価値を測定するものであり，原価差額は次の❿式又は⓫式のように求める。

原価差額＝現在設備の平均原価－新設備の平均原価　❿

生産量を等しいとした場合は

原価差額＝現在設備の総原価－新設備の総原価　⓫

この方法は，広く利用されているが，「収益性にもとづく評価法ではなく，またその利用範囲が更新投資に限定され」ているという問題を指摘されている。

【設備資金の調達】

固定資産への投資が決定され，設備資金の所要資金総額が決まると，まず，表Ⅳ－３のような，支払ベースに基づく所要資金の月別明細表を，設備投資工程表・請負契約書等によって作成する。

次に，設備資金の支払ベースに金額と時間を合わせて，長期の固定的な資金

表Ⅳ－4　設備資金調達・返還計画表

項目			期		期
売上高					
同増加率					
内部資金	利益と留保	税引前利益			
		法人税等	△	△	
		配当賞与	△	△	
		留保利益			
	減価償却費				
	計				
所要資金	設備資金				
	投資				
	増加運転資金				
	計				
差引過不足					
外部資金	社債償還		△	△	
	長借返済	A銀行	△	△	
		B銀行	△	△	
		C銀行	△	△	
		計	△	△	
	増資収入				
	社債発行				
	長期借入金	A銀行			
		B銀行			
		C銀行			
		計			
	計				

を調達しなければならない。

調達源泉は，内部資金と外部資金とにわかれる（表Ⅳ－4）。

① 内部資金

内部資金は，留保利益と減価償却費から成っている。

留保利益は，税引前利益から法人税等，配当金および役員賞与を差し引いたもので，減価償却費は，費用配分の原則に基づき，その期に現在設備が費用化される部分である。

② 外部資金

外部資金としては増資収入，社債発行，長期借入金等がある。

増資収入は，資本金等（時価発行のときには資本金組入額を超過する部分は法定準備金（資本準備金）となる）の増額により資金を調達するものである。資本金等は返還を要しない長期の安定した資金であるが，配当コストが高くつく。配当は利益処分として行なわれるので，法人税等も負担することになるからである。

社債発行は，確定利付証券としての社債を発行するもので，償還を必要とするものの，資本金等に次いで長期の安定した資金といえる。しかも，社債利子は配当のような利益処分でなく，損金処理が認められている。

長期借入金は金融機関から長期の借入れにより資金を調達する。長期借入金は，もちろん返済を必要とするが，短期借入金と比べると，金利が割高になるが，より長期に利用できる資金である。支払利息も社債利子と同様，損金処理ができる。

外部資金の調達にあたっては，対外的には資本市場，金融市場，他企業の動向などを，対内的には調達資金の安定性や資本コストの大小をそれぞれ勘案して，増資，社債発行，長期借入金のいずれか，あるいはそれらの組合せを決定することになる。

借入金の場合は，短期のものでなくて，あくまでも長期のものでなくてはならない。なぜなら，その借入金が，留保利益と減価償却費で実際に一年以内に返済できるときは別として，それ以外の場合には必ず運転資金に支障をきたすことになるからである。

【設備資金調達・返還計画表】

設備資金の支払金額と支払時期に，これらの長期の固定的な資本を適合させるには，「設備資金調達・返還計画表」（表Ⅳ－４）を利用するとよい。

この計画表の記入は，まず，「所要資金」欄に，前出の「設備投資等所要資金明細表」（表Ⅳ－３）の該当金額について期別にとらえたものを記入し，所要資金の期別合計額を把握する。

次に，手堅く見積もられた「売上高増加率」と，それに基づく「売上高」を記入する。

第三に，「内部資金」欄に，「売上高」から見込まれる「税引前利益」，同利益から控除される「法人税等」，利益処分される「配当賞与」，税引前利益から法人税等と配当賞与を差し引いた「留保利益」そして「減価償却費」をそれぞれ記入し，合計する。

第四に，内部資金の合計額から所要資金の合計額を差し引いて「差引過不足」欄の数値を求める。これがプラスであれば，所要資金は内部資金で賄えるわけだから，外部資金の調達は必要ない。逆に，マイナスとなれば，所要資金を内部資金では賄いきれないのだから，外部資金の調達によってその不足額を埋め合わせなければならない。

外部資金の調達方途が決まると，それぞれの金額と時期に応じて，表Ⅳ－4の「外部資金」欄の「増資収入」・「社債発行」・「長期借入金」の該当するところに記入する。

既に発行された社債や長期借入金で償還や返済を必要とする額があれば，それらは「社債償還」・「長借返済」の該当するところに記入しなければならない。そのため，新たに調達を必要とする外部資金は，「差引過不足」のマイナス額に，社債償還や長借返済額を加えたものとなる。

【社債・長期借入金の返還資金源と返還方法】

外部資金の調達方法が，償還または返済を必要とする社債発行または長期借入金であれば，その償還・返済の資金源の裏付けを十分にしておかねばならない。

償還・返済の資金源としては，

① 留保利益および減価償却費

② 不要土地等の売却代金

③ 増資

④ 借換え

などがある。

これらのうち，④は再び償還・返済を必要とすることになるから，好ましい資金源としては①から③までのものとなる。しかし，②は一時的臨時的なものであり，③は資本市場の動向との兼ね合いがあり，また，上場会社以外は容易でないから，結局のところ，一般的に，①に依存する度合いが強い。

償還・返済の方法は，①〜④のどの資金源によるかによって定まってくる。すなわち，①の場合は分割償還または分割返済，②〜③の場合は一括償還または一括返済となる。

バブル景気時には，Ⅲ 4で述べた地価の基礎理論を知らずに，不要土地等を借入金等により購入したうえ，その値上がり後の②により返済しようとしたものであるから，全く愚かで無謀なことであったといわざるをえない（このことにより生じた膨大な不良債権とその処理のための低金利と税金の投入に対する責任は厳しく問われるべきではないか？）。

一般的な資金源である①の場合について，償還・返済に要する期間は次の⓬式によって求める。

$$\frac{\text{社債・長期借入金}}{\text{留保利益（年間）}+\text{減価償却費（年間）}}=\text{償還・返済期間} \qquad ⓬$$

もし，この算式によって求められた期間と比べて，実際の社債の償還までの期間または長借の借入期間が短かければ，その計画には無理があるから，その場合には，実際の期限からはみ出す部分を，資金源②の増資等によって償還・返済ができるよう調整しなければならない。

以上述べてきた設備資金の「所要資金」総額とその調達源泉としての「内部資金」，「外部資金」との関係，また，「社債償還」「長借返済」と「留保利益」「減価償却費」等との関係は，すべて表Ⅳ－4の「設備資金調達・返還計画表」で総括的に把握することができる。すなわち，「差引過不足」欄のマイナスは「外部資金」の合計欄のプラスで，逆に，後者のマイナスは前者のプラスでそれぞれまかなわれているかどうかをみることができるのである。

【固定比率と固定長期適合率】

こうして設備資金の所要資金総額とその調達源資が決定されたら，それらが，関連する財務比率に対する影響も検討する必要がでてくる。

関連する財務比率とは，固定比率と固定長期適合率である。両者は，

$$固定比率 = \frac{固定資産}{自己資本} \quad ⓭$$

$$固定長期適合率 = \frac{固定資産}{自己資本 + 固定負債} \quad ⓮$$

という⓭式及び⓮式で表わされるが，これを表Ⅳ－７の数字によって示すと次のようになる。

３月末

$$固定比率 = \frac{70}{110} = 63.6\% \qquad 固定長期適合率 = \frac{70}{110} = 63.6\%$$

９月末

$$固定比率 = \frac{75}{117} = 64.1\% \qquad 固定長期適合率 = \frac{75}{117 + 10} = 59.1\%$$

一般に，固定比率は100％以下でなければならないとされている。なぜなら，固定資産は回収に長期を要するから，原則として返済を要しない資本金等の自己資本でまかなわれなければならない。そして，自己資本だけではどうしてもまかないきれない場合には，固定資産は，自己資本に固定負債を加えたものでまかなわれる必要がある。これをみるのが固定長期適合率である。それゆえ，固定長期適合率は100％を上回ることがあってはならないのである。

したがって，実際には，設備投資を行なう前のこれらの比率をまず出しておき，次に設備資金の所要資金総額のうち，固定資産に該当する額を分子に加え，増資を分母の自己資本に，社債・長期借入金を分母の固定負債にそれぞれ加えてこれらの比率を算出しておく。そして，両者の推移を比較検討のうえ，比率が悪化しないか，さらに100％を上回ることはないか，に注意すべきである（後者については，表Ⅳ－４で総括的な把握のときにチェックをしておけば防げるはずである）。

4．運転資金計画

【運転資金とは】

運転資金は，製造業の場合には，製造に要する原材料の仕入資金および労務費・経費の支払資金，並びに販売に要する人件費・物件費等の支払資金のことである。販売業の場合には，商品の仕入資金や人件費・物件費等の支払資金のことである。

いずれにしても，運転資金は，①その中味は回転しながらも一定の残高を維持されるべき，現金預金・棚卸資産等の部分，（流動資産と流動負債の差額としてでてくる流動資産のうちの固定的な部分）と，②棚卸資産が販売・回収されて，支払いに当てられるという，短期間に回転する資産の流動的な部分（流動資産の部分と流動負債の部分），にわけることができる。

流動資産は，現金預金・受取手形・売掛金・有価証券・たな卸資産（商品・製品・半製品・仕掛品・原材料・貯蔵品）・その他（株主，役員，従業員に対する短期債権等）よりなり，流動負債は，支払手形・買掛金・短期借入金・未払金・未払税金（法人税等と消費税）・未払費用・前受金・預り金・前受収益・その他（株主，役員からの短期債務等）よりなる。

これらの流動資産および流動負債は，固定資産のように企業の基礎構造にまで影響を与えるものではないが，企業の営業循環（表Ⅲ－２❺式の財務→設備投資・仕入れ・雇用→製造→販売→財務→………）がスムースに行なわれるためには，やはり，運転資金計画として計画的にとらえられねばならないものである。

運転資金計画のうち，長期運転資金計画は運転資金のうちの前記の①に関する計画であり，短期運転資金計画は②に関する計画である。

【長期運転資金計画】

したがって，長期運転資金計画においては，流動資産のうちの固定的な部分と長期運転資金との適合が図られる。長期運転資金は資本金・留保利益等の自己資本に社債・長期借入金等の固定負債を加えたものから，固定資産を差し引

表Ⅳ－５　長期運転資金計画表

項目		期		期
長期収入	増資収入			
	社債発行			
	長期借入金			
	税引利益			
	減価償却費			
	その他			
	計			
長期支出	設備資金			
	投資			
	社債償還			
	長借返済			
	配当賞与			
	その他			
	計			
運転資金の増減				

いたものである。算式で示すと次の⓯式のようになる。

長期運転資金＝自己資本＋固定負債－固定資産　⓯

固定資産＝固定資産（償却前）－減価償却累計額　⓰

それゆえ，

長期運転資金＝自己資本＋固定負債＋減価償却累計額－固定資産（償却前）　⓱

この長期運転資金はストック（残高）についてとらえたものであるが，これをフロー（増減部分）としてとらえると，表Ⅳ－５のとおりである。

表Ⅳ－５は，表Ⅳ－４を，長期収入および長期支出として，分りやすく整理し，両者の差額を運転資金の増減としてとらえるようにしたものである。（表Ⅳ－４では，増加運転資金は，設備資金の「所要資金」総額のうちの一項目として入り込んでいる。）

また，長期運転資金は流動資産と流動負債の差額だから，次のような⓲式で表わすこともできる。

長期運転資金＝流動資産－流動負債　⓲

表Ⅳ－6 短期運転資金計画表 (単位百万円)

項目		3月実績	増加	減少	9月予想
流動資産	現金預金	100	9		109
	受取手形	60	31		91
	売掛金	97	9		106
	棚卸資産 商品製品 原材料 仕掛品	100		6	94
	その他	3			3
	計	360	49	6	403
流動負債	支払手形	220		22	242
	買掛金	82		9	91
	短期借入金	7	4		3
	未払法人税等	3		4	7
	その他	8			8
	計	320	4	35	351
運転資金		40	53	41	52

【短期運転資金計画】

短期運転資金計画は，流動資産そのものと流動負債そのものをとりあげて，両者の適合をはかるもので，流動資産と流動負債のおのおのの内容につき，ストック（残高）とフロー（増減）の両者をとりあげて計画化される。期首の残高に期中の変動を増減したものが期末の残高となるのである。これを表としてとらえると，表Ⅳ－6のようになる。表Ⅳ－6は分りやすいように，表Ⅳ－9の資金精算表のうちの貸借対照表の数字を当てはめて例示してある。「増加」および「減少」の欄には，期首（または前期末）と期末（当期末）の残高の差額を記入してあるが，差額にかえて，これらの欄に各項目の期中増加合計額および期中減少合計額をそれぞれ記入することもできる。

短期運転資金には，通常の運転資金のほかに，季節的な運転資金および臨時的な運転資金も含まれる。季節的な運転資金とは，たとえば，繊維業者の季節ものの製造・販売において，仕入高・売上高が通常以上に増加することにより，通常の運転資金以上に必要とされる運転資金のことである。臨時的な運転資金は，退職者の発生や受注工事等において一時的な支払いが増加することにより，通常の運転資金以上に必要とされる運転資金のことである。これらの運転資金は，一般には，いずれも短期借入金でまかなわれている。

【流動比率と当座比率】

このようにして，長期運転資金と短期運転資金のそれぞれの計画が立てられる場合には，同時に，関連する財務比率に対する影響も検討されねばならない。

関連する財務比率とは，流動比率と当座比率の二つであり，両者の算式は次の⓳式及び⓴式のとおりである。

$$流動比率=\frac{流動資産}{流動負債} \quad ⓳$$

$$当座比率=\frac{当座資産}{流動負債} \quad ⓴$$

一般に，流動比率は200%以上あればよいものとされている。というのは，流動資産の中には，たな卸資産のように販売をしてから回収をするといった，資金化するのに時間がかかるものが含まれているし，売上債権（受取手形と売掛金）と仕入債務（支払手形と買掛金）とのそれぞれのサイト（資金の回収と支払いまでの期間）の間にズレ（資金の回収までの期間のほうがその支払いまでの期間よりも長い状態）がありがちだからである。

当座資産は，現金預金・受取手形・売掛金・有価証券よりなる。当座比率ではこの当座資産，すなわち流動資産から資金化するのに時間のかかるたな卸資産を除いたものと，流動負債との適合の関係をとらえるから，売上債権と仕入債務との対応はより直接的となる。

一般に，当座比率は100%以上あればよいものとされている。

日本では，2002・2003・2004の各年度における流動比率・当座比率の両者は，前者が140%・146%・150%，後者が100%・107%・111%程度である（TKC経営指標全産業の各黒字企業平均による）。

表Ⅳ－７の貸借対照表の数字も，このような傾向をふまえて作られていることが次の例示（３月末）でわかるであろう。

表Ⅳ－7　貸借対照表　（単位百万円）

資産	3月末実績	9月末予想	負債・資本	3月末実績	9月末予想
流動資産	360	403	流動負債	320	351
現金預金	100	109	支払手形	220	242
受取手形	60	91	買掛金	82	91
売掛金	97	106	短期借入金	7	3
商品	100	94	未払法人税等	3	7
その他	3	3	その他	8	8
固定資産	70	75	固定負債		10
有形固定資産	70	75	長期借入金		10
			資本	110	117
			資本金	10	10
			資本剰余金	20	20
			利益剰余金	80	87
合計	430	478	合計	430	478
注　割引手形	190	190			
減価償却費	5	5			
利益剰余金のうち税引後純利益		8			
利益処分のうち配当賞与		1			

$$\text{流動比率}=\frac{360}{320}=112.5\%,\quad \text{当座比率}\ \frac{100+60+97}{320}=80.3\%$$

9月末

$$\text{流動比率}=\frac{403}{351}=114.8\%,\quad \text{当座比率}\ \frac{109+91+106}{351}=87.2\%$$

【資金分析（資金運用表）】

これらの運転資金について，期首から期末までの一期間におけるその増減と変動の内訳を分析しておくことも有用である。表Ⅳ－7「貸借対照表」（表Ⅳ－8「損益計算書」の期中経過の結果として作成されるもの）の3月末実績数字と9月末予想数字をもとに，表Ⅳ－9の資金精算表を経て資金運用表および運転資金変動の内訳表を作成すると，表Ⅳ－10および表Ⅳ－11が得られる。表Ⅳ－10では，長期運転資金の源泉と使途やそれらの差額としての増減額がとらえられ，表Ⅳ－11では，長期運転資金変動の内訳としての流動資産と流動負債

表Ⅳ－8　損益計算書　(単位百万円)

収　益・費　用	10月～3月 実績	4月～9月 予想
売　上　高	625	690
売　上　原　価	545	598
期首商品棚卸高	105	100
商品仕入高	540	592
合　計	645	692
期末商品棚卸高	100	94
売上総利益	80	92
販売費及び一般管理費	69	74
営業利益	11	18
営業外収益	3	3
営業外費用	7	6
経常利益	7	15
法人税等	3	7
当期利益	4	8

の動きとそれらの差額としての運転資金の増減額が把握される。

表Ⅳ－10，表Ⅳ－11から分かるように，実は表Ⅳ－10は表Ⅳ－5の一期分に該当し，表Ⅳ－11は表Ⅳ－6にそのままあてはまるものである。

5．資金繰り表

【資金繰り表】

資金繰り表は，資金繰り計画を一表にまとめたものである。資金繰り計画は，その期間内における設備資金の収支と回転する運転資金の収支について，総合的にそれぞれの適合を図るものである。

したがって，資金繰り表の形式は，直接的には，表Ⅳ－12の「前月より繰越マ」以下と，表Ⅳ－13のとおりとなる。しかし，資金繰り計画は，表Ⅲ－2❺式の，財務→設備投資・仕入れ・雇用→製造→販売→財務という営業循環における，設備投資・仕入れ・雇用という投資・購買・労務の各活動と製造・販売という営業活動とを財務の観点から捉えるもので，財務活動と設備投資・仕入

表Ⅳ－9　資金精算表

（単位百万円）

項目	3月末実績		9月末予想		増減		修正		資金（流動）		資金（固定）	
	借方	貸方	借方	貸方	借方	貸方	借方	貸方	借方	貸方	借方	貸方
流動資産	360		403									
現金預金	100		109		9				9			
受取手形	60		91		31				31			
売掛金	97		106		9				9			
商品	100		94		△6					6		
その他	3		3									
固定資産	70		75									
有形固定資産	70		75		5		5				10	
流動負債		320		351								
支払手形		220		242		22				22		
買掛金		82		91		9				9		
短期借入金		7		3		△4			4			
未払法人税等		3		7		4				4		
その他		8		8								
固定負債				10								
長期借入金				10		10						10
資本		110		117								
資本金		10		10								
資本剰余金		20		20								
利益剰余金		80		87		7	8	1				
合計	430	430	478	478	48	48						
利益								8				8
減価償却費								5				5
配当賞与							1				1	
運転資金										12	12	
合計							14	14	53	53	23	23

れ・雇用の各活動及び営業活動とは密接不可分の関係にあるから，資金繰り表においても，まず，営業活動としての仕入高・棚卸資産払出高・生産高および売上高を必要な取引条件等とともにとらえる。次に，それによって規定される流動資産・流動負債等の残高をも把握して，表Ⅳ－12のように，「前月より繰越マ」以下だけにとどめずに，「生産高イ」から「割引手形ヤ」までをもつけ加えて，一表に作成しておくと，「前月より繰越マ」以下の資金繰り表が作成しやすくなる。

表Ⅳ－12から分かるように，貸借対照表は，一般的には，費用収益をそれらの属する期間に配分して，期間利益を適正に算定するためのもの，すなわち，次期以降の費用収益を集めたものであるという面が，動態論とのかね合いにおいて強調されているが，それは，投下資本が利益を生んで，最終的に資金化されるための大事な機能をも併せもっているのである。

表Ⅳ－12と表Ⅳ－13は，いずれも分かりやすいように，具体的な数字を入れて示してある。

これらの数字は，表Ⅳ－７「貸借対照表」と表Ⅳ－８「損益計算書」の数字と関連したものである。

表Ⅳ－10　資金運用表

（単位百万円）

項目	金額	
運転資金の源泉		
利益	8	
減価償却費	5	
長期借入金	10	23
運転資金の使途		
建物の増築	10	
配当賞与の支払	1	11
運転資金の増加		12

表Ⅳ－11　運転資金変動の内訳表

（単位百万円）

項目	増加	減少
流動資産	49	6
現金預金	9	
受取手形	31	
売掛金	9	
商品		6
流動負債	4	35
支払手形		22
買掛金		9
短期借入金	4	
未払法人税等		4
合計	53	41
運転資金の増加		12
合計	53	53

【資金繰り表実績の作成】

表Ⅳ－12・表Ⅳ－13ともに，資金繰り表の「実績」欄は，各月別に，項目毎に，現金預金伝票または現金預金元帳から数字をもってくれば埋めることができる。しかしながら，その「予想」欄は，別の方法によらないと，作成することができない。

【資金繰り表予想の作成】

この別の方法を，表によって説明しよう。表Ⅳ－12の「前月より繰越マ」には，前月の，「現金預金タ」から「(内固定預金）レ」を差し引いたものを各月別に記入する。

「現金売上ケ」には，売上高の内訳である「現金預金ハ」の数字をそのまま記入する。

「受手取立フ」には，売上債権についてそれぞれ回収月別に作成した表Ⅳ－14合計欄の「受取手形」の数字から，後述する表Ⅳ－16合計欄の「割引手形」

表Ⅳ－12　資金繰り表（短期）

月別	半年決算	実績			予想		
	3月末	4月	5月	6月	7月	8月	9月
生産高イ							
売上高ロ	625	110	112	114	116	118	120
現金預金ハ		11	11	11	12	12	12
受取手形ニ		66	67	69	69	71	72
売掛金ホ		33	34	34	35	35	36
仕入高ヘ	540	94	96	98	100	101	103
現金預金ト		9	10	10	10	10	10
支払手形チ		57	57	59	60	61	62
買掛金リ		28	29	29	30	30	31
商品製品ヌ	540	94	96	98	100	101	103
原材料ル							
総製造費用ヲ							
棚卸資産払出高　商品製品ワ		95	97	99	101	102	104
棚卸資産払出高　原材料カ							
棚卸資産払出高　仕掛品ヨ							
現金預金タ※	100	103	104	107	109	107	109
（内固定預金）レ	（	60	60	60	60	60	60）
受取手形ソ※	60	62	64	68	71	81	91
売掛金ツ※	97	98	100	101	103	104	106
棚卸資産　商品製品ネ※	100	99	98	97	96	95	94
棚卸資産　原材料ナ※							
棚卸資産　仕掛品ラ※							
その他ム	3	3	3	3	3	3	3
計a	360	365	369	376	382	390	403
支払手形ウ※	220	223	225	229	233	237	242
買掛金ノ※	82	83	85	86	88	89	91
短期借入金オ※	7	6	5	9	7	5	3
その他ク	11	11	8	8	8	8	15
計b	320	323	323	332	336	339	351
割引手形ヤ※	190	195	200	200	200	195	190
前月より繰越マ		40	43	44	47	49	47
現金売上ケ		11	11	11	12	12	12
受手取立フ		14	15	15	16	16	17
売掛金回収コ		32	32	33	33	34	34
その他エ	3						3
計c		57	58	59	61	62	66
現金仕入テ		9	10	10	10	10	10
支手決済ア		54	55	55	56	57	57
買掛金支払サ		27	27	28	28	29	29
人件費キ	27	4	4	10	4	4	4
物件費ユ	33	6	6	6	6	6	6
その他メ	11	3	1	1	2	1	1
計d		103	103	110	106	107	107
差引過不足ミ※		△　6	△　2	△　7	2	4	6
短借返済シ		△　1	△　1	△　1	△　2	△　2	△　2
短期借入金ヒ				5			
割引手形モ		50	50	50	50	45	45
短期繰越高セ※		43	47	47	50	47	49
割引手形落込ス		△　45	△　45	△　50	△　50	△　50	△　50

注1. 現金預金タ＝固定預金レ＋翌月へ繰越　注2. 受取手形ソ＝前月受取手形ソ＋受取手形ニ－受手取立フ－割引手形モ　注3. 売掛金ツ＝前月売掛金ツ＋売掛金ホ－売掛金回収コ　注4. 商品製品ネ＝前月商品製品ネ＋商品製品仕入高ヌ－商品製品払出高ワ　注5. 原材料ナ＝前月原材料ナ＋原材料仕入高ル－原材料払出高カ　注6. 仕掛品ラ＝前月仕掛品ラ＋総製造費用ヲ－仕掛品払出高ヨ　注7. 支払手形ウ＝前月支払手形ウ＋支払手形チ－支手決済ア　注8. 買掛金ノ＝前月買掛金ノ＋買掛金リ－買掛金支払サ　注9. 短期借入金オ＝前月短期借入金オ＋短期借入金ヒ－短期借入金返済シ　注10. 割引手形ヤ＝前月割引手形ヤ＋割引手形モ－割引手形落込ス　注11. 差引過不足ミ＝前月より繰越マ＋短期収入計c－短期支出計d　注12. 短期繰越高セ＝差引過不足ミ－短期返済シ＋短期借入金ヒ＋割引手形エ　（※印は注１～注12を参照のこと）

表Ⅳ－13　資金繰り表（長期）　（単位百万円）

項目＼月別		本年決算 3月末	実績 4月	実績 5月	実績 6月	予想 7月	予想 8月	予想 9月
短期繰越高			43	47	47	50	47	49
長期収入	増資収入							
	社債発行							
	長期借入金							10
	その他							
	計						10	
長期支出	設備資金							10
	投資							
	社債償還							
	長借返済							
	配当賞与					1		
	その他			3				
	計			3		1		10
翌月へ繰越			43	44	47	49	47	49

表Ⅳ－14　売上債権回収月明細表　（単位百万円）

決算月又は売上月	項目	合計	回収月 4月	5月	6月	7月	8月	9月	10月	11月	12月	1月
3月末	受取手形	250	59	60	65	66						
	売掛金	97	32	32	33							
4月	受取手形	66					66					
	売掛金	33				33						
5月	受取手形	67						67				
	売掛金	34					34					
6月	受取手形	69							69			
	売掛金	34						34				
7月	受取手形	69								69		
	売掛金	35							35			
8月	受取手形	71									71	
	売掛金	35								35		
9月	受取手形	72										72
	売掛金	36									36	
合計	受取手形	664	59	60	65	66	66	67	69	69	71	72
	売掛金	304	32	32	33	33	34	34	35	35	36	

表Ⅳ－15　仕入債務支払月明細表　（単位百万円）

決算月又は仕入月	項　目	合計	支払月									
			4月	5月	6月	7月	8月	9月	10月	11月	12月	1月
3月末	支払手形	220	54	55	55	56						
	買掛金	82	27	27	28							
4月	支払手形	57					57					
	買掛金	28				28						
5	支払手形	57						57				
	買掛金	29					29					
6	支払手形	59							59			
	買掛金	29						29				
7	支払手形	60								60		
	買掛金	30							30			
8	支払手形	61									61	
	買掛金	30								30		
9	支払手形	62										62
	買掛金	31									31	
合　計	支払手形	576	54	55	55	56	57	57	59	60	61	62
	買掛金	259	27	27	28	28	29	29	30	30	31	

の数字を差し引いたものを各月別に記入する。

「売掛金回収コ」には，表Ⅳ－14合計欄の「売掛金」の数字を各月別に転記する。

売掛金を手形で回収する場合には，直接現金預金とは関係がないから，「売掛金回収コ」と「受取手形ニ」に該当数字をそれぞれカッコ書きで記入しておく。

「その他エ」には，その他現金預金で回収されるものを各月別に記入する。ここでは，表Ⅳ－8の営業外収益（受取利息）の数字を記入してある。

「現金仕入テ」には，仕入高の内訳である「現金預金ト」の数字をそのまま記入する。

「支手決済ア」，「買掛金支払サ」には，それらの仕入債務についてそれぞれ支払月別に作成した表Ⅳ－15の合計欄の数字を各月別に転記する。

買掛金を手形で支払う場合には，やはり直接現金預金とは関係がないから，

表Ⅳ－16　金融機関信用返済落込月明細表　(単位百万円)

決算月又は借入・割引月	項　目	合計	返済・落込月									
			4月	5月	6月	7月	8月	9月	10月	11月	12月	1月
3月末	短期借入金	7	1	1	1	1	1	1	1			
	割引手形	190	45	45	50	50						
4月	短期借入金											
	割引手形	50					50					
5	短期借入金											
	割引手形	50						50				
6	短期借入金	5				1	1	1	1	1		
	割引手形	50							50			
7	短期借入金											
	割引手形	50								50		
8	短期借入金											
	割引手形	45									45	
9	短期借入金											
	割引手形	45										45
合　計	短期借入金	12	1	1	1	2	2	2	2	1		
	割引手形	480	45	45	50	50	50	50	50	50	45	45

「買掛金支払サ」と「支払手形チ」に該当数字をそれぞれかっこ書きで記入しておく。

「人件費キ」,「物件費ユ」には，従来のそれらの実績から予想される数字をそれぞれ記入する。

「その他メ」には，その他現金預金で支払われるものを記入する。ここでは，租税公課（固定資産税等）および営業外費用（支払利息）の数字を記入してある。

減価償却費等の非資金費用は，その言葉のとおり，費用であっても資金の支払いとはならないから，支出から除外される。

以上によって，各月毎に「前月より繰越マ」に「短期収入計 c」を加え，「短期支出計 d」を差し引くと「差引過不足ミ」が得られる。

この「差引過不足ミ」のマイナスの額と「短借返済シ」の合計額は，調達されなければならない資金の最低額であり，一般にはこの合計額に，更に常に維持しておくべき現金預金の額を加えたものを，「短期借入金ヒ」および「割引手形モ」によって調達するものである。

「短借返済シ」，「割引手形落込ス」には，それらの金融機関信用についてそれぞれ返済落込月別に作成した表Ⅳ－16の合計欄の数字を各月別に転記する。

「差引過不足ミ」に「信用収支」をプラス・マイナスしたものは「短期繰越高セ」となる。

表Ⅳ－13には，この「短期繰越高セ」の転記を行ない，それに「長期収入」を加え，「長期支出」を差し引いて，各月毎の「翌月への繰越」を算出する。例示において，「長期支出」「その他」の５月分300万円は法人税等の支払いを記入したものである。

長期収支の動きが，配当賞与および法人税等の支払いに限定される場合には，それらを表Ⅳ－12の「短期支出」，「その他メ」に含めることによって，表Ⅳ－13を省略することができる。この場合には，「短期繰越高セ」を「翌月へ繰越セ」とすればよい。

表Ⅳ－12の「流動資産」・「流動負債」の各項目および「割引手形ヤ」には，同表の注に記載した１から10までの算式によって，それぞれ記入することができる。このように「流動資産」・「流動負債」を常にとらえておくと，両者の差額としての運転資金や，流動比率・当座比率についても，いつでも算出できるようになる。

【資金繰り月表】

資金繰りにおいては，収支のタイミングが重要であるから，月単位でとらえておくだけにとどまらず，日単位まで突っ込んでとらえておくことも必要である。表Ⅳ－17「資金繰り月表」は，このような観点から作成したものである。

４月には，長期収支の動きがなかったので，表Ⅳ－17の計は，表Ⅳ－12の４月の該当項目の数字と合致する。長期収支がある場合でも，収支とも表Ⅳ－17の「その他」の欄を利用すれば，この表だけで全部の収支をとらえることもできる。

表Ⅳ－17　資金繰り月表

4月	繰越	現金売上	受手取立	売掛回収	その他	計	現金仕入	支手決済	買掛支払	人件費	物件費	その他	計	過不足	短借返済	短借	割手	繰越	割手落込	4月	備考
1日	40													40				40		1日	
2	40	2				2	1						1	41				41		2	
3	41													41				41		3	
④	(	2				2	1						1							④	)
5	41			18		18			17		3		20	39				39		5	
6	39													39				39		6	
7	39													39				39		7	
8	39													39				39		8	
9	39	2				2	2						2	39				39		9	
10	39			14		14			10				10	43				43		10	
⑪	(	2		32		34	2		27		3		32							⑪	)
12	43													43				43		12	
13	43													43				43		13	
14	43													43				43		14	
15	43													43				43		15	
16	43	2				2	2						2	43				43		16	
17	43													43				43		17	
⑱	(	2				2	2						2							⑱	)
19	43													43				43		19	
20	43		4			4		24					24	23			20	43	△20	20	
21	43													43				43		21	
22	43													43				43		22	
23	43	2				2	2						2	43				43		23	
24	43									4			4	39				39		24	
㉕	(	2	4			6	2	24		4			30				20		△20	㉕	)
26	39													39				39		26	
27	39													39				39		27	
28	39													39				39		28	
29	39													39				39		29	
30	39	3	10			13	2	30			3	3	38	14	△1		30	43	△25	30	
31																				31	
計	40	11	14	32		57	9	54	27	4	6	3	103	△6	△1		50	43	△45	計	
予想																				予想	
差異																				差異	

注１　○印は日曜日，その欄の（　）内数字はその週の合計を示す。
注２　まず，予想を鉛筆で記入しておき，次いで実績をペンで記入し，最後に予想実績差異をとらえる。

【資金繰り表の形式】

資金繰り表の形式には，様々なものがあり，金融機関もいろいろと制定している。しかし，ここでは，理解を容易にするために，表Ⅳ－12のように，貸借対照表や損益計算書とのつながりを明らかにして説明を行なった。だから，ここで示したものは一つの見本に過ぎないものである。

資金繰り表は画一的なものではなく，企業の経営循環の仕方やその過程における取引条件，企業の規模等によって異なるものであるから，ここで示したものを参考にしながら，それぞれの企業に合ったものを作成することが必要である。

【資金繰り表の活用】

資金計画に基づく資金の収支は，すべて資金繰り表にあらわれる。この資金繰り表により，資金の収支をタイミングよく合せて，常に維持すべき資金量を，多からず少なからず，適正量に保つことは，資金の円滑化と効率化を通じて利益計画の達成に寄与する重要なことがらである。

資金の収支をタイミングよく適合させるには，表Ⅳ－17のように，月中の回収日またはその日以後に支払日をもってくることである。

適正資金量は，次の㉑式のような手許流動性を参考にしてとらえることができる。

$$\text{手許流動性}=\frac{\text{現金預金}}{\text{売上高（月平均）}} \qquad ㉑$$

（注１）建部好治担当「資金繰り」（日本実業出版社『企業の経理・会計事項取扱全書』1974.6刊）参照。

（注２）「資金の範囲」について，「公益法人会計基準」では，「収支計算書」（内部管理事項）の「次期繰越収支差額」取扱要領において，「資金の範囲は原則として現金預金及び短期債権債務とする」とされ，具体的には，その最大限として，「現金・預金，短期金銭債権・債務及びこれらに準ずる流動資産又は流動負債まで」ということから分かるように，短期資金に絞って捉えられているから，それは「短期資金の範囲」とするべきである（非営利法人会計税務研究会編『非営利法人会計税務ルール・ブック』ぎょうせい1998.10.15刊参照）。

（注３）日本企業の損益分岐点は，2004年度に82.9％と過去25年間で最低を記録している。

その原因は，企業が，人件費・減価償却費・金利負担等の固定費を削減したことによる。過去からの数値を10年単位で見ると，1984年度・1994年度・2004年度について，製造業では83.6%・90.3%・80.7%であり，非製造業では89.1%・91.5%・85.5%である（『日本経済新聞』2005.9.17号参照）。

（注４）Ⅰ（注１）の高橋著図書参照。

Ⅴ．取引を記録する複式簿記と財務諸表と環境会計

1．取引と仕訳[注1]

【取引】

取引は，財産の増減変化をひき起す事項であり，次の通り交換・平行・損益及び混合の各取引がある。

表Ⅴ－1　取引分類表

	借方	貸方
交換取引	資産増加	資産減少
	純資産減少	純資産増加
平行〃	資産増加	純資産増加
	純資産減少	資産減少
損益〃	資産増加	収益発生
	損費発生	資産減少
混合〃	交換取引と損益取引が一緒に起る場合	
	平行取引と損益取引が一緒に起る場合	

【勘定（a／c)】

勘定（a／c）は，簿記上の計算単位，勘定口座は，勘定を記録計算する場所，そして勘定科目は勘定に付した名称である。

【仕訳】

仕訳は，取引を勘定に分解し，借方貸方に対置すること，換言すれば，取引を勘定口座に記録する準備手続である。

【仕訳法則】

仕訳法則は，次の五つの側面からなっている。

表Ⅴ－2　仕訳法則表

借方	貸方
1．資産 a／c 増加	1．資産 a／c 減少
2．純資産 a／c 減少	2．純資産 a／c 増加
3．負債 a／c　〃	3．負債 a／c　〃
4．収益 a／c　〃	4．収益 a／c　〃
5．損費 a／c　増加	5．損費 a／c　減少

2．産業資本の循環過程における取引と仕訳

Ⅲ 2．⑴の産業資本の循環過程における第1段階から第5段階までの，各段階における代表的な取引を仕訳すると，次の通りである。

第1段階　貸借対照表（B／S）勘定の平行取引

現金預金　／　借入金
〃　／　社　債
〃　／　資本金

貸借対照表（B／S）勘定と損益計算書（P／L）勘定の混合取引

支払利息　／　現金預金（損益取引）
現金預金　／　受取利息（同上）

第2段階　貸借対照表（B／S）勘定の交換取引

土　地　／　現金預金
建　物　／　現金預金又は未払金・支払手形
機　械　／　現金預金又は未払金・支払手形

第3段階　貸借対照表（B／S）勘定と損益計算書（P／L）勘定・製造原価報告書（C／M）の混合取引

原材料費　／　現金預金又は買掛金・支払手形（損益取引）
動力費　／　現金預金又は未払金・支払手形（同上）

減価償却費　／　建物又は機械（同上）
賃金・給料　／　現金預金（同上）
租税公課　／　現金預金（同上）
支払地代　／　現金預金（同上）
支払家賃　／　現金預金（同上）
製　品　／　当期製品製造原価
売上原価　／　製　品

第４段階　貸借対照表（B／S）勘定と損益計算書（P／L）勘定の混合取引
現金預金又は売掛金・受取手形　／　売上高
（販売費及び一般管理費）　／　現金預金

第５段階　貸借対照表（B／S）勘定の平行取引
借入金　／　現金預金
社　債　／　現金預金
貸借対照表（B／S）勘定と損益計算書（P／L）勘定の混合取引
社債利息　／　現金預金（損益取引）
法人税等　／　現金預金
配当金　／　現金預金
役員賞与　／　現金預金

３．複式簿記

【簿記】

簿記は，特定の個人または団体の経済生活における財産の移動ならびに所有の関係を記録整理する一つの計算制度であり，財産の増減変化を記録計算する方法である。

簿記には，単式簿記（いわゆる大福帳）と複式簿記があるが，以下では複式簿記について，説明を行う。

図Ｖ－１　財産計算図

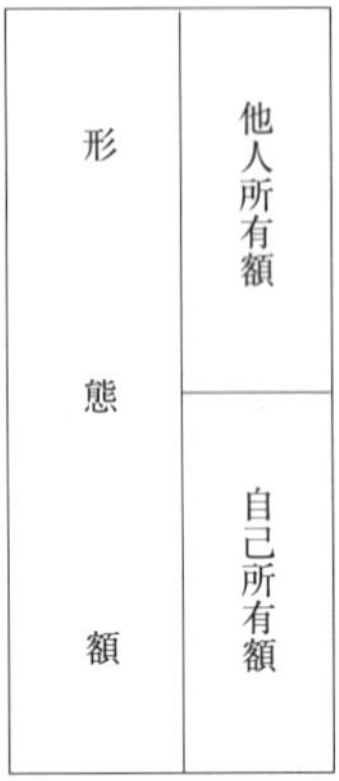

等額二重計算の方法

形態増加 ｝ 合計＝合計 ｛ 形態減少
所有減少 ｝ 　　　　　 ｛ 所有増加

【複式簿記】

複式簿記は，次の通り，取引を二面的等式計算によって整理する計算記録法である。

形態＝所有

企業の会計整理にこれが適当な理由は，次の通りである。

１．大量計算上の誤謬を自動的に発見しうる仕組をそなえている。

２．利潤計算の遂行に最もよく適合する機構をそなえている。

【財産計算と損益計算】

資産＝純資産（自己資本＋他人資本）

（純 資 産＋負　　債）

資産　企業に投下された資金の運用形態

資本　投下資金額の所有関係

貸借対照表（B／S）は，財産の静的状態を表示する時点計算である。

損益計算書（P／L）は，B／S貸方自己資本増減部分の内訳明細書であり，それは，動的状態を表示する期間計算である。

【複式簿記の機構】

複式簿記の機構は，図Ｖ－４の複式簿記の機構図の通り，取引が仕訳され，勘定口座に記帳され，期末に整理記帳の後，貸借対照表と損益計算書に表示さ

図Ｖ－２　貸借対照表

借方	貸方
資　　産	負　　債
	純　資　産

資　産　－　負　債　＝　純資産
総収益　－　総損費　＝　純利益

図Ｖ－３　損益計算書

借方	貸方
総　損　費	総　収　益
純　利　益	

図Ｖ－４　複式簿記の機構図

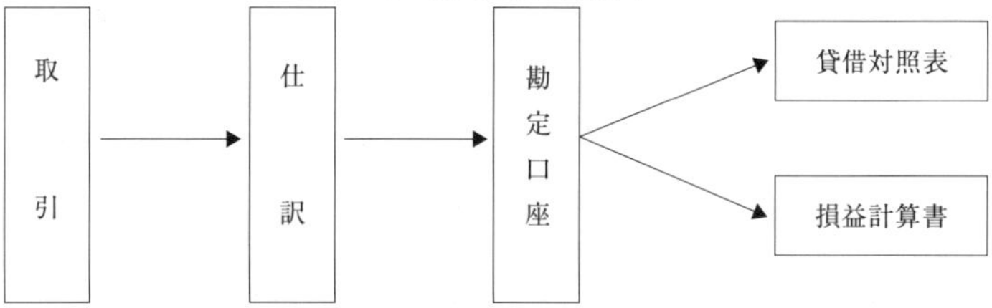

B／S　　期末資産　－　期末負債　＝　期首資本　＋　純利益
P／L　　期間総収益　－　期間総損費　＝　純利益

れるという仕組みからなっている（図Ｖ－５の複式簿記の体系図参照）。

この複式簿記の計算体系を算式をもって示せば次のとおりである。

〔財産計算〕

資産増加－資産減少＝期末資産高

負債増加－負債減少＝期末負債高

期末正味財産高
（期首資本＋純利益）

図Ⅴ－5　複式簿記の体系図

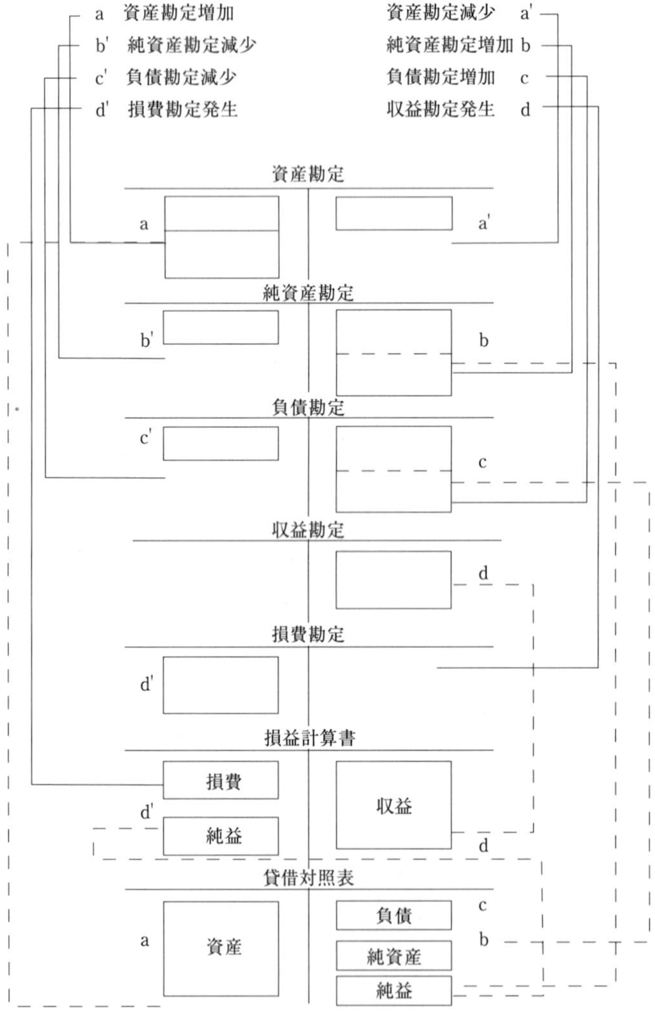
a　資産勘定増加
資産勘定減少　a'
b'　純資産勘定減少
純資産勘定増加　b
c'　負債勘定減少
負債勘定増加　c
d'　損費勘定発生
収益勘定発生　d
資産勘定
a
a'
純資産勘定
b'
b
負債勘定
c'
c
収益勘定
d
損費勘定
d'
損益計算書
損費
d'
純益
収益
d
貸借対照表
a
資産
負債
c
純資産
b
純益

【簿記と会計学との関係】

簿記と会計学との関係については，「会計学の研究対象が経営経済現象としての会計事象である点で，簿記によって明らかにされた価値現象の貨幣価値的数字に依存しなければならない範囲も大である。一方簿記がその技術的遂行を会計学的に正しく進めるためには，会計学理論に負わなければならない。簿記と会計学とは事実かく密接不可分の関係にある」とされている(注2)。

4．財務諸表

【財務諸表の拡張】

財務諸表は，貸借対照表（B／S）・損益計算書（P／L）及びキャッシュ・フロー計算書（C／F）からなっている。

貸借対照表と損益計算書は，複式簿記の計算体系に見られるように，日々の取引の仕訳から導かれるものである。それらの取引は，実現収益と発生費用とを認識して記録集計のうえ，期末に整理されたもののうち，期間取引の結果が損益計算書に表示され，その結果として得られる期末時点の残高が貸借対照表に表示されるのである。

それらの損益計算書と貸借対照表に対して，キャッシュ・フロー計算書は，2000年３月31日終了事業年度から新しく導入されたものである。

キャッシュ・フロー計算書が必要とされたのは，①もともと営業による利益は，「一航海一企業」という言葉で分かるように，中世にメッセが開かれる時期に合わせて出資者を募り，その資金で営業者が仕入れたものをメッセで売りさばいて現金化したものを出資者と当初に取り決めた割合により分配取得していたこと，②帳簿上の利益は，取引等のデータが同じであっても常に同じではない，すなわち会計方針の相違により異なるものであるが，キャッシュ・フローは，常に同じであること，③売上債権は，キャッシュで回収されて始めて究極的に実現されたことになること等による。

しかしながら，「利益情報とキャッシュフロー情報の有用性を比較検証した内外の実証研究のほとんどが，キャッシュフロー情報に対する利益情報の比較優位性を確認してきた」[注3]ということが重要である。

このキャッシュ・フローについて，具体的には，原則として貸借対照表と損益計算書とのうちの，営業活動・投資活動及び財務活動の記録から，次の様式第二号・第三号各右側表示の通り，各キャッシュ・フローが導き出される。

(1) 貸借対照表

「貸借対照表は，企業の財政状態を明らかにするため，貸借対照表日におけるすべての資産，負債及び資本を記載し，株主，債権者その他の利害関係者にこれを正しく表示するもの」である（企業会計原則第三，以下企会と略称する)。それは，具体的には様式第二号（かっこ書きのものを除く）の通りである。

(2) 損益計算書

「損益計算書は，企業の経営成績を明らかにするため，一会計期間に属するすべての収益とこれに対応するすべての費用とを記載して，経常利益を表示し，これに特別損益に属する項目を加減して当期純利益を表示」するものである（企会第二)。それは，具体的には様式第三号（かっこ書きのものを除く）の通りである。

(3) キャッシュ・フロー計算書

キャッシュ・フロー計算書は，発生主義の計算により得られた損益計算書と貸借対照表に対して，資金計算を重視し，原則として貸借対照表と損益計算書とのうちの，営業活動・投資活動及び財務活動の記録から各営業活動によるキャッシュ・フロー（営C／F)，投資活動によるキャッシュ・フロー（投C／F）及び財務活動によるキャッシュ・フロー（財C／F）を導出したものである。

これらのうちの営業活動によるキャッシュ・フローについては，直接法としての，収入総額と支出総額から捉える方法（様式第五号）と，間接法としての，税引前純損益を基に，非資金的取引の加算，将来又は過去の営業活動からの収支の繰延・見越し計上，及び投資又は財務活動に関連した収益・費用関連科目の調整を行う方法（様式第六号）とがある。

キャッシュ・フロー計算書に関連する貸借対照表と損益計算書の各科目については，様式第二号と第三号において，それぞれ各科目又は各科目のかっこ書きのものにつき，右側の　営C／F　投C／F　財C／F　の下に，＋もしくは△（直接法），又はそれらの符号とともに増加額・減少額・発生額もしくは実現額（間接法）として表示してある。

キャッシュ・フロー計算書は，各営業・投資及び財務活動によるキャッシュ・フローの変動の結果としての現金及び現金同等物の期末残高を捉えようとするものである。「現金同等物には，例えば，取得日から満期日又は償還日までの期間が三か月以内の短期投資である定期預金，譲渡性預金，コマーシャル・ペーパー，売戻し条件付現先，公社債投資信託が含まれる。」[注4]。

貸借対照表・損益計算書及びキャッシュ・フロー計算書の具体的な様式は，次の様式第二号・第三号・第五号又は第六号の通りである（連結のこれらの書類は，単独のものに準じて作成する。ただし，貸借対照表の純資産の部ではⅡ4「為替換算調整勘定」とⅣ「少数株主持分」を補う。キャッシュ・フロー計算書（間接法）のⅠでは「減価償却費」の次に「減損損失」と「のれん償却費」を，「為替差損」の次に「持分法による投資利益」をそれぞれ補う。Ⅱでは「投資有価証券の売却による収入」の次に「連結の範囲の変更を伴う小会社株式の取得による支出」と「連結の範囲の変更を伴う小会社株式の売却による収入」を補う。Ⅲでは「配当金の支払額」の次に「少数株主への配当金の支払額」を補ってそれぞれ作成する[注5]）。

様式第二号

【貸借対照表（B／S)】

（資産の部）	営C／F	投C／F	財C／F
Ⅰ　流動資産			
現金及び預金	（直接法と間接法）		
（現金及び現金同等物に係る換算差額＋）			
（現金及び現金同等物期首残高　＋）			
受取手形	△増加額		
貸倒引当金	＋増加額		
売掛金	△増加額		
貸倒引当金	＋増加額		
有価証券			
（有価証券の取得による支出		△）	
（有価証券の売却による収入		＋）	
商品	＋減少額		
製品	＋減少額		
半製品	＋減少額		
原材料	＋減少額		
仕掛品	＋減少額		
貯蔵品	＋減少額		
前渡金			
前払費用			
繰延税金資産			
未収収益			
株主，役員又は従業員に対する短期債権			
貸倒引当金	＋増加額		
短期貸付金			
（貸付けによる支出		△）	

（貸付金の回収による収入　＋）
貸倒引当金　＋増加額
未収入金
………………
流動資産合計
Ⅱ　固定資産
1　有形固定資産
（有形固定資産の取得による支出　△）
（有形固定資産の売却による収入　＋）
建物
減価償却累計額
構築物
減価償却累計額
機械及び装置
減価償却累計額
………………
………………
土地
建物仮勘定
………………
有形固定資産合計
2　無形固定資産
のれん
借地権
鉱業権
………………
無形固定資産合計
3　投資その他の資産

投資有価証券

（投資有価証券の取得による支出 △）

（投資有価証券の売却による収入 ＋）

関係会社株式

関係会社社債

出資金

関係会社出資金

長期貸付金

貸倒引当金 ＋増加額

株主，役員又は従業員に対する長期貸付金

貸倒引当金

関係会社長期貸付金

貸倒引当金

破産債権，更生債権その他これらに準ずる債権

貸倒引当金

長期前払費用

繰延税金資産

投資不動産

減価償却累計額

………………

投資その他の資産合計

固定資産合計

Ⅲ 繰延資産

創立費

開業費

新株発行費

社債発行費

社債発行差金

	営C／F	投C／F	財C／F
開発費			
繰延資産合計			
資産合計			
(負債の部)	営C／F	投C／F	財C／F
I　流動負債			
支払手形	△減少額		
買掛金	△減少額		
短期借入金			
(短期借入れによる収入			+)
(短期借入金の返済による支出			△)
未払金			
未払費用			
未払法人税等			
繰延税金負債			
前受金			
預り金			
前受収益			
引当金			
修繕引当金			
………………			
株主，役員又は従業員からの短期借入金			
従業員預り金			
………………			
流動負債合計			
II　固定負債			
社債			
(社債の発行による収入			+)

（社債の償還による支出			△）
長期借入金			
（長期借入れによる収入			＋）
（長期借入金の返済による支出			△）
関係会社長期借入金			
株主，役員又は従業員からの長期借入金			
長期未払金			
繰延税金負債			
引当金			
退職給付引当金			
………………			
負ののれん			
その他			
固定負債合計			
負債合計			

（純資産の部）	営C/F	投C/F	財C/F
Ⅰ　株主資本			
1　資本金			
（株式の発行による収入			＋）
（自己株式の取得による支出			△）
2　資本剰余金			
（1）　資本準備金			
（2）　その他資本剰余金			
資本剰余金合計			
3　利益剰余金			
（1）　利益準備金			
（2）　その他利益剰余金			

××積立金

………………

繰越利益剰余金

利益剰余金合計

4　自己株式

株主資本会計

Ⅱ　評価・換算差額等

1　その他有価証券評価差額金

2　繰延ヘッジ損金

3　土地再評価差額金

評価・換算差額等合計

Ⅲ　新株予約権

純資産合計

負債純資産合計

様式第三号

【損益計算書（P／L）】	営C／F	投C／F	財C／F
Ⅰ　売上高			
（営業収入	＋）		
Ⅱ　売上原価			
1　商品（又は製品）期首たな卸高			
2　当期商品仕入高（又は当期製品製造原価）			
（原材料又は商品の仕入れによる支出	△）		
（当期製品製造原価の減価償却費	＋発生額）		
合計			
3　商品（又は製品）期末たな卸高			
売上総利益（又は売上総損失）			
Ⅲ　販売費及び一般管理費			

（人件費の支出	△）
（その他の営業支出	△）
………………	
（減価償却費	＋発生額）
………………	
営業利益（又は営業損失）	
Ⅳ　営業外収益	
受取利息	△実現額
（同受取額	＋）
有価証券利息	
受取配当金	△実現額
（同受取額	＋）
仕入割引	
投資不動産賃貸料	
………………	
Ⅴ　営業外費用	
支払利息	＋発生額
（同支払額	△）
社債利息	
社債発行差金償却	
社債発行費償却	
売上割引	
………………	
経常利益（又は経常損失）	
Ⅵ　特別利益	
前期損益修正益	
固定資産売却益	
………………	

Ⅶ　特別損失

前期損益修正損

固定資産売却損

減損損失

災害による損失

（為替差損　　+発生額）

（損害賠償損失　　+発生額）

（損害賠償金の支払額　　△）

………………

税引前当期純利益（又は税引前当期純損失）+増加額

法人税，住民税及び事業税

（法人税等の支払額　　△実現額）

法人税等調整額

当期純利益（又は当期純損失）

（配当金の支払額　　△）

様式第五号（直接法）

【キャッシュ・フロー（C／F）計算書】

Ⅰ　営業活動によるキャッシュ・フロー

営業収入

原材料又は商人の仕入による支出

人件費の支出

その他の営業支出

小計

利息及び配当金の受取額

利息の支払額

損害賠償金の支払額

………………

法人税等の支払額

営業活動によるキャッシュ・フロー

Ⅱ　投資活動によるキャッシュ・フロー

有価証券の取得による支出

有価証券の売却による収入

有形固定資産の取得による支出

有形固定資産の売却による収入

投資有価証券の取得による支出

投資有価証券の売却による収入

貸付による支出

貸付金の回収による収入

………………

投資活動によるキャッシュ・フロー

Ⅲ　財務活動によるキャッシュ・フロー

短期借入による収入

短期借入金の返済による支出

長期借入による収入

長期借入金の返済による支出

社債の発行による収入

社債の償還による支出

株式の発行による収入

自己株式の取得による支出

配当金の支払額

………………

財務活動によるキャッシュ・フロー

Ⅳ　現金及び現金同等物に係る換算差額

Ⅴ　現金及び現金同等物の増加額（又は減少額）

Ⅵ　現金及び現金同等物の期首残高

Ⅶ　現金及び現金同等物の期末残高

様式第六号（間接法）

【キャッシュ・フロー計算書】

Ⅰ　営業活動によるキャッシュ・フロー

　　税引前当期純利益（又は税引前当期純損失）

　　減価償却費

　　貸倒引当金の増加額

　　受取利息及び受取配当金

　　支払利息

　　為替差損

　　有形固定資産売却益

　　損害賠償損失

　　売上債権の増加額

　　たな卸資産の減少額

　　仕入債権の減少額

　　………………

　　　　小計

　　利息及び配当金の受取額

　　利息の支払額

　　損害賠償金の支払額

　　………………

　　法人税等の支払額

　営業活動によるキャッシュ・フロー

Ⅱ　投資活動によるキャッシュ・フロー

　　（直接法と同じ故省略）

Ⅲ　財務活動によるキャッシュ・フロー

　　（直接法と同じ故省略）

Ⅳ　現金及び現金同等物に係る換算差額

Ⅴ　現金及び現金同等物の増加額（又は減少額）

Ⅵ　現金及び現金同等物の期首残高

Ⅶ　現金及び現金同等物の期末残高

5．財務諸表監査

(1)　監査基準改定の沿革

日本では最初の監査基準は，1956年12月25日に「大蔵省企業会計審議会中間報告」として設定された。そしてその後は，粉飾決算等が問題化したり，関連するシステムが変わる度毎に改訂されて今日に至っている。

例えば，第1に，1965年の証券恐慌により同年9月30日付けで先ず監査実施準則が改訂され，次いで1966年4月26日付けで監査基準及び監査報告準則が改訂されている。

第2に，連結の導入に伴い1976年7月13日付けで監査実施準則及び監査報告準則が改訂されている。

第3に，企業会計原則の一部修正に伴い，1983年2月14日付けで監査実施準則が改訂されている。

第4に，バブル景気時に「不正行為等の発生の可能性に対処するため」，1988年5月11日付けで監査実施準則が改訂され，バブル崩壊時に1991年5月31日付けで監査基準及び監査報告準則が改訂（中間報告）されている（リスク・アプローチの考え方－新たな内部統制概念の導入，監査報告書における特記事項の記載，経営者確認書の入手の義務づけ等による監査基準の充実強化と個別具体的な監査手続きの削除による監査基準の純化－を採用）。

第5に，「我が国経済の飛躍的発展とともに企業規模は急速に拡大し，また，その経営活動の内容も著しく複雑・多様化し，証券・金融市場も国際化してきている。更に，急速な技術革新に伴う情報化社会の到来により企業の会計システムも著しく高度化してきている」。そして，「近年，監査基準等の国際的調和，会計上の不正に対する適切な措置等監査規範の面での新たな対応も求められてきている」折から，1991年12月26日付けで監査基準，監査実施準則及び監査報告準則が改訂されている。

第６に，連結キャッシュ・フロー計算書の導入に伴い，1998年６月16日付けで監査基準，監査実施準則及び監査報告準則が改訂されている。

第７に，1991年以後の，①公認会計士監査による適正なディスクロージャーの確保，②公認会計士監査の質の向上に対する国際的な要求の高まり，③直前の決算において公認会計士の適正意見が付されていたにも拘わらず，破綻後には大幅な債務超過となっている破綻企業，及び④破綻に至るまで経営者が不正を行っていたもの等の事態に対して，「監査基準等の一層の充実」を図るため，2002年１月25日付けで監査基準としての監査一般基準，監査実施基準及び監査報告基準が改訂（2003年３月決算から実施）され，監査実施準則及び監査報告準則が廃止されている。

その「主な改訂点とその考え方」は，重要であるから，それらの項目を列記すると次の通りである。

a. 監査の目的

b. 一般基準の改定について

① 専門的能力の向上と知識の蓄積

② 公正不偏の態度と独立性の保持

③ 職業的懐疑心

④ 不正等に起因する虚偽の表示への対応

⑤ 監査調書

⑥ 監査の質の管理

⑦ 守秘義務

c. リスク・アプローチの明確化について

① リスク・アプローチの意義

② リスクの諸概念及び用語法

③ リスク・アプローチの考え方

④ リスク評価の位置付け

d. 監査上の重要性について

e. 内部統制の概念について

f. 継続企業の前提について

① 継続企業の前提に対する対処

② 監査上の判断の枠組み

③ 継続企業の前提に関わる開示

g. 情報技術（IT）の利用と監査の対応について

h. 実施基準に関わるその他の改訂事項

① 監査計画の充実

② 監査要点と監査証拠

③ 監査手続

④ 会計上の見積りの合理性

⑤ 経営者からの書面による確認

⑥ 他の監査人の監査結果の利用

i. 監査意見及び監査報告書

① 適正性の判断

② 監査報告書の記載

③ 追記情報

④ 監査報告書の日付及び署名

これらのうち，「f. 継続企業の前提について」のところでは，その検討の範囲をⅠで述べた「CSR等アセス」の実情まで広げることにより，各企業の社会的責任の履行の担保とするべきである。

CSRの情報開示(注6)については，従来の財務報告から企業報告への再編成が指向されている。企業報告は，財務報告と持続可能性報告とを統合したものである。持続可能性報告（Sustainability Reporting）は，「トリプル・ボトムライン」という「経済的・環境的・社会的パフォーマンス（遂行）を報告するためのテンプレート（透明の被覆紙）として…①ビジョンと戦略，②組織プロフィール，③統治構造と経営システム，④GRI（Global Reporting Initiative）ガイドライン対照表，および⑤パフォーマンス指標」から構成されるものである。

その重要な特徴は，「第1に…パフォーマンス指標の多くが貨幣金額に変換が困難な質的な指標であること，第2に…無形資産の評価に係る問題を内包していること，第3に開示情報の国際比較可能性ならびに財務報告との統合を指向していること」とされている。

GRIガイドラインは，「持続可能な社会を構築するうえで経済・環境・社会（労働慣行や労働条件，人権，社会関係および製品責任を含む）の各調和に重点を置き，…持続可能性を提唱している」ものである。それは，「現行の財務報告が広く企業の責任（corporate responsibility）に対する利害関係者の新たな期待を反映しておらず，経済の繁栄，環境資源および利害関係者の社会的福祉（social welfare）に対する企業活動の影響を総合的に評価できないこと」に対処しようとするものである。

イギリスは，アメリカの「経営者による討議と分析」（MD&A=Management Discusson & Analisis）を導入するべく，「営業・財務概況」（OFR=Operating and Financial Review）の開示の法制化を企図し，これを「CSR情報開示の制度化のモメント」にしようとしている。OFRは，「財務報告の枠組みにおいて非財務情報（non-financial information）を収容する場として形成されて」きているから，このCSR情報開示を収容する場として捉えられている。

このような国際的な動きと次に述べる環境会計を踏まえて，日本でもやはり従来の財務報告から企業報告への再編成を速やかに指向する必要があるのではないか？

(2) 監査基準

監査基準の定義は，最初に書かれた通りである。すなわち，「監査基準は，監査実施の中に慣習として発達したもののなかから，一般に公正妥当と認められたところを帰納要約した原則であって，職業的監査人は，財務諸表の監査を行うに当たり，法令によって強制されなくとも，常にこれを遵守しなければならない」ものとしている。

具体的には，「監査基準は，監査一般基準，監査実施基準及び監査報告基準の三種に区別」される。そして，「監査一般基準は，監査人の適格性の条件及び監査人が業務上守るべき規範を明らかにする原則であり，監査実施基準は，監査手続の選択適用を規制する原則であり，監査報告基準は，監査報告書の記載要件を規律する原則である」とされている。

6．環境会計[注7]

環境庁は，1999年３月に企業が環境会計を導入する際のガイドライン（指針）を発表し，それに沿って日立・東芝が1999年度分についての実績を公表してから早くも６年が経過し，今日では京都議定書（1997年12月）で決めた2008～2012年における目標の実現（日本は６種の温室ガス排出量につき原則として1990年基準の△６％目標）が困難視されるに至っている。

ここでは，主として環境省の『環境会計ガイドライン2005年版』（以下『環境会計ガイドライン』という）により説明する。しかし，この『環境会計ガイドライン』は，Ⅱの「経済の目的」における持続的共生のための「生態系主主義（エコクラシイ）」の理念という，明確な哲学に裏づけられたものではないという点では，不十分なものであるといわざるをえない。

この『環境会計ガイドライン』は，「我が国における環境会計に関する基本的な考え方をとりまとめたものであり，外部公表，内部活用の両面にわたっての総合的な環境会計手法の発展を目指」すものとされている。

そして，「企業等の環境マネジメント活動は，全体的な事業活動における環境配慮方針の設定，その方針を具体化する環境目標の設定，環境目標の着実な達成のための環境行動計画の策定，計画に基づく環境保全活動の実施・評価・見直しという流れに沿って行われ」るものである。

「このような環境マネジメント活動は，…その実効性を高めるためにより詳細な管理単位ごとに細分化して実施され」るものである。

a．環境会計の定義

「環境会計は，企業等が，持続可能な発展を目指して，社会との良好な関係を保ちつつ，環境保全への取組を効率的かつ効果的に推進していくことを目的として，事業活動における環境保全のためのコストとその活動により得られた効果を認識し，可能な限り定量的（貨幣単位又は物量単位）に測定し伝達する仕組み」であるとされている。

そこでは，「環境保全コスト」と「環境保全対策に伴う経済効果」は，貨幣単位で捉えられ，「環境保全効果」は，物量単位で捉えられることになる。

b．環境保全コスト

「環境保全コストは，環境負荷の発生の防止，抑制又は回避，影響の除去，発生した被害の回復又はこれらに資する取組のための投資額及び費用額」とされ，「貨幣単位で測定」されるものである。

環境負荷を発生させる項目としては，地球温暖化，オゾン層破壊，大気汚染，騒音，震動，悪臭，水質汚濁，土壌汚染，地盤沈下，廃棄物汚染，化学物質汚染等がある。

これらの環境負荷抑制等のための環境保全コストを事業活動に応じて分類すると，次の通りである。

①事業エリア内コスト，②上・下流コスト，③管理活動コスト，④研究開発コスト，⑤社会活動コスト，⑥環境損傷対応コスト，及び⑦その他コストに分かれる。

c．環境保全効果

「環境保全効果は，事業活動との関連から次の4つに分類」され，「物量単位で測定」されるものである（「物量単位で測定」されるものについては，環境会計の限界として指摘されているから，コストに対応した効果を「貨幣単位で測定」できるような工夫をするべきである）。

①　事業活動に投入する資源に関する環境保全効果には，主に事業エリア内コ

表Ｖ－３　環境保全対策に伴う経済効果の内容

	実質的効果	推定的効果
収益	実施した環境保全活動の結果，当期において実現した収益のうち，確実な根拠に基づいて算定される収益	実施した環境保全活動の結果，当期において実現した収益のうち，仮定的な計算に基づいて推計された環境保全対策に伴う収益
費用節減	実施した環境保全活動の結果，当期において発生しないことが認められた費用のうち，確実な根拠に基づいて算定される費用	実施した環境保全活動の結果，当期において発生が回避されると見込まれる費用のうち，仮定的な計算に基づいて推計される費用
	環境から事業活動への資源投入に伴う費用のうち，確実な根拠に基づいて算定される節減額	環境から事業活動への資源投入に伴う費用のうち，仮定的な計算に基づいて推計される節減額
	事業活動から環境への負荷及び廃棄物排出に伴う費用のうち，確実な根拠に基づいて算定される節減額	事業活動から環境への負荷及び廃棄物排出に伴う費用のうち，仮定的な計算に基づいて推計される節減額
	環境損傷に起因する費用のうち，確実な根拠に基づいて算定される節減額	環境損傷に起因する費用のうち，仮定的な計算に基づいて推計される節減額

スト，上・下流コストに対応した効果が該当する。

② 事業活動から排出する環境負荷及び廃棄物に関する環境保全効果には，主に事業エリア内コストに対応した効果が該当する。

③ 事業活動から産出する財・サービスに関する環境保全効果には，主に上・下流コストに対応した効果が該当する。

④ その他の環境保全効果には，その内容に応じて，管理活動コスト，研究開発コスト，社会活動コストなどに対応した効果が該当する。

d. 環境保全対策に伴う経済効果

「環境保全対策に伴う経済効果は，環境保全対策を進めた結果，企業等の利益に貢献した効果」とされ，「貨幣単位で測定」されるものである。

「環境保全対策に伴う経済効果は，その根拠の確実さの程度によって，実質的効果と推定的効果とに分け」られており，その詳細は，表Ｖ－３の通りである。

「実質的効果は，確実な根拠に基づいて算定される経済効果」とされ，「推定的効果は，仮定的な計算に基づいて推計される経済効果」とされている。

e．環境会計情報の開示

環境保全対策に伴う経済効果は，「環境会計の外部機能の観点から，環境報告書を通じて環境会計情報を積極的に開示することを推奨」するものである。その「具体的な情報開示は企業等の判断において決定されるもの」としている。

環境会計の集計結果に対する説明は，次の三つに分かれるものとしている。

① 企業等の経営環境と関連付けた説明。

② 企業等の環境負荷の実態や環境保全活動と関連付けた説明。

③ 過去の環境保全活動と関連付けた説明。

f．内部管理のための活用

詳細な管理単位ごとに細分化して実施された企業等の環境マネジメント活動に関する会計情報は，①「外部公表のために特定の情報を要約，又は整理したもの」と，②「内部管理のために詳細に把握されたもの」に分けられる。

②の「管理単位は，その管理目的により工場（事業所）別，部門別，製品群別，費目別等で行われ」る。

g．環境監査(注8)

環境監査の対象は，環境管理システムである。それ故，その具体的な内容は，通常の財務諸表監査と異なり，次のように多種多様なものである。

① 環境管理システム自体とその運用状況

② 個別事項（大気汚染の状況等）

③ その他（従業員の環境教育・訓練の状況等）

環境管理システムについては，ISO（国際標準化機構）による環境管理・監査の国際規格ISO14000シリーズの制定を契機に重要視されるに至り，ISO

14001と同14004が環境管理システムに関するもの，同14010，同14011，及び同14012が環境監査に関するものとされている。

環境管理システムは，親会社のほか，子会社・関連会社にも必要とされるものであり，環境管理の実施のためには，③にあるようにそれらの会社の従業員に対する環境教育・訓練も重要である。

この環境監査は，その性質上内部監査とされているが，近い将来に，その法定化による外部監査も必要とされる時代になってきている。

内部監査としては，例えば，あるグループは，環境監査が，環境管理システムの維持のためだけではなく，管理システムとパフォーマンスとの継続的な向上のためにも極めて重要なものとして行ってきている。そしてこれに伴い，内部監査員の育成にも取り組み，リスク管理のなかに環境リスクも取り込んでそのリスクの未然防止と発生時の対応策の策定にも取り組んでいる由である。

オムロンは，①環境関連法規制等の遵守状況，②環境リスク対策状況，③グループ環境行動計画（目標）の推進状況につき，２年に１回の割合で各事業所のグループ環境監査を実施している由である。

東芝は，国内のみならず中国や東南アジア等国外でも実施しているのが注目される。

ホンダは，環境総合責任者会議で決定される環境中期計画と年度目標を基にした環境管理プログラムに沿って進めている。そして環境管理システムが適切に運用され，継続的に改善が図られているかを確認するため，各事業所では，「相互訪問環境監査」による内部環境監査，及び外部認証機関によるサーベイランス審査も行っている由である。

横浜市は，アドバイザー委員の参加と法的要求事項等専門チームによる事前点検の下に，監査委員182名により「平成16年度内部環境監査計画」に基づく監査を本庁及び18区役所に加え363課・施設を対象として「平成16年11月15日～19日に実施」した結果，すべての実施組織で本市の環境管理システムに沿い概ね適切な処理がされていた由である（職員一人当たりコピー用紙購入量は，前年度の11,203枚から今年度は10,643枚に減少している）。

図V－6　経済活動と環境負荷のハイブリッド型統合勘定概念図

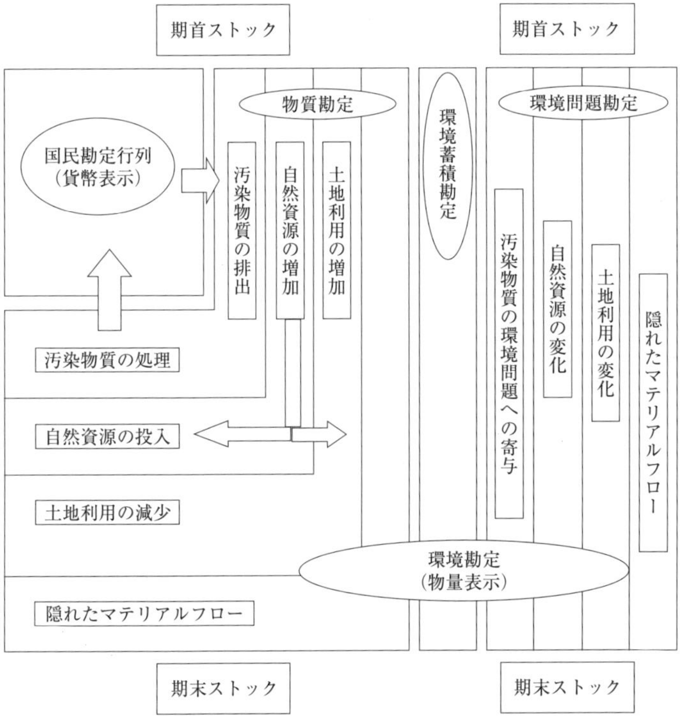

7．環境・経済統合勘定（注9）

6のうち，(5)環境会計情報の開示については，内閣府経済社会総合研究所が，1993年に国連が提唱した「環境・経済統合勘定」(SEEA=System of Integrated Environment and Economic Accounting) を基に，日本の環境と経済との相互関係を把握することを目的に，①経済活動量を測る国民勘定と，②それに伴う環境への負荷を物量勘定として並列表記する「経済活動と環境負荷のハイブリッド型統合勘定」を開発し，1990年・1995年及び2000年について試算推計して，これにより「経済的駆動力」と「環境負荷」との相互関係の把握が可能になったとしている（更に，「環境保護サービスの供給・使用表」をも作成している)。

この「経済活動と環境負荷のハイブリッド型統合勘定」は，経済活動を国民勘定行列と環境負荷量を環境勘定として並列表記勘定にすることによりそれらの関係が明確になるように作成されたものである（図Ｖ－６)。

しかしながら，この「環境・経済統合勘定」は，各独立の企業資本が生産する中間財までは中間投入（又は中間消費）として考慮に入れているが，各企業資本内部の取引における廃棄物を生み出す各過程を意識的に区別して捉えるところまではきていないという問題が残されている。

（注１）片野一郎著『簿記精説』(同文館1952.9刊－初版1937.9刊）参照

（注２）井上達雄著『例解会計簿記精義』(白桃書房1960.6刊）参照。

（注３）藤井秀樹論文「利益概念と情報価値」(中央経済社『企業会計』2003.1刊）参照。

（注４）企業会計審議会「連結キャッシュ・フロー計算書等の作成基準注解」の（注２）参照。

（注５）旧資本の部は，「財務諸表等の用語，様式及び作成方法に関する規則」(内閣府令第52・56号2006.4.25・26改正公布）により，別表Ｖ－１の「貸借対照表の純資産の部記載例」の通り改正されている。

新会社法は，自己資本を構成する全項目につき，期首と期末の貸借対照表の数値の連続性を説明する計算書として別表Ｖ－２の「株主資本等変動計算書」の作成も必要としている（別表Ｖ－１（注）の論文，及び金子裕子論文「新会計基準等の導入及び会社法の施行に伴う財務諸表等規則及び関連ガイドライン等の改正について」中央経済社『企業会計』2006.7号，及び「３つの「資本」混乱を懸念」『日本経済新聞』2006.6.2号参照)。

（注６）古庄　修論文「CSR情報開示と財務報告制度－英国のOFR開示規制を基軸として」(中央経済社『企業会計』2004.9号）参照。

（注７）「環境会計相次ぎ導入」(『日本経済新聞』1999.3.25号)，環境庁環境会計システムの確立に関する検討会の『環境会計システムの確立に向けて（2000年報告)』(2000.3)，「「環境会計」初めて算出」(『日本経済新聞』2000.4.28号)，及び環境省『環境会計ガイドライン2005年版』(2005.2）参照。

（注８）三澤　一論文「地球環境問題と環境監査」(中央経済社『企業会計』1998.3号）参照。

（注９）佐藤勢津子・杉田智禎論文「新しい環境・経済統合勘定について」(内閣府『国民経済計算』2005.7刊）参照。

別表Ⅴ－1

貸借対照表の純資産の部記載例

個別貸借対照表	連結貸借対照表
純資産の部	純資産の部
Ⅰ　株主資本	Ⅰ　株主資本
1　資本金	1　資本金
2　資本剰余金	2　資本剰余金
(1)　資本準備金	
(2)　その他資本剰余金	
資本剰余金合計	
3　利益剰余金	3　利益剰余金
(1)　利益準備金	
(2)　その他利益剰余金	
××積立金	
繰越利益剰余金	
利益剰余金合計	
4　自己株式	4　自己株式
株主資本合計	株主資本合計
Ⅱ　評価・換算差額等	Ⅱ　評価・換算差額等
1　その他有価証券評価差額金	1　その他有価証券評価差額金
2　繰延ヘッジ損益	2　繰延ヘッジ損益
3　土地再評価差額金	3　土地再評価差額金
評価・換算差額等合計	4　為替換算調整勘定
	評価・換算差額等合計
Ⅲ　新株予約権	Ⅲ　新株予約権
純資産合計	Ⅳ　少数株主持分
	純資産合計

（注）　布施伸章・大橋裕子論文「「貸借対照表の純資産の部の表示に関する会計基準」及び「株主資本等変動計算書に関する会計基準」等について」中央経済社『企業会計』2006.5刊参照。

別表Ⅴ－2

様式第四号

[株主資本等変動計算書]

当事業年度（自　　　　年　　月　　日　　至　　　　年　　月　　日）

	株主資本										評価・換算差額等					
	資本金	資本剰余金			利益剰余金			利益剰余金合計	自己株式	株主資本合計	その他有価証券評価差額金	繰延ヘッジ損益	土地再評価差額金	評価・換算差額等合計	新株予約権	純資産合計
		資本準備金	その他資本剰余金	資本剰余金合計	利益準備金	その他利益剰余金										
						××積立金	繰越利益剰余金									
年　月　日　残高（円）																
事業年度中の変動額																
新株の発行																
剰余金の配当																
当期純利益																
自己株式の処分																
・・・・・・																
株主資本以外の項目の事業年度中の変動額（純額）																
事業年度中の変動額合計　（円）			－			－										
年　月　日　残高（円）																

Ⅵ．資本主義と産業資本・商業資本・貸付資本等→信用構造の立体的形成（マクロ）

資本主義は，論理的には，その発展に伴い資本の循環過程を分化し，複雑化しながら，そのなかに直接的・間接的にあらゆるものを包摂してきている。すなわち，産業資本（メーカー）は，本来，自己完結的である（自ら資本を調達し（第１段階），人間を雇用し，機械・設備を備え付け，原材料を仕入れて（第２段階），製品を製造し（第３段階），それを販売し（第４段階），他人資本を返済する（第５段階）ということを繰り返す－それらの活動は自然とインフラを基礎とし，自然との相互作用の中で行われるが，Ⅱの「経済の目的」を踏まえた持続的共生のための「生態系主主義（エコクラシィ）」の理念の下で形成されたものではない）。

しかしながら，それは，やはり論理的な意味において，商業資本（ディーラー）・狭義のサービス資本，貸付資本（金融機関），証券投資資本（一般・機関投資家等），更にはヘッジファンド及び中央銀行等を分化させながら発展してきている。資本主義のこのような発展過程のなかで，信用構造は，立体的に形成されるものである。

【信用の定義】

信用は，通常，貸借として用いられているが，ここでは，株式に代表される「証券」の形態をとる「出資」をも含めることとする。そのうえで，「証券」を法律上の有価証券に限定せずに広義にとらえ，同様に「信用」(注1)も広義にとらえて，「信用は，貨幣・資本等（保証を含む）の授受又は提供である」と定義する。

1．信用制度の立体的構造図[注2]における位置づけ

信用制度は，その発展過程において，一方では貨幣・資本の節約・集中，総資本のスムーズな速い循環（総資本の循環に対する障害の排除）を目的とし，他方では資本の所有制限の打破を目的として，図Ⅵ－１の通り立体的に構築されてくる。

消費者（家計）の遊休貨幣と企業資本等の遊休貨幣資本は，その構築過程と構築後の運動過程で信用制度のカネの面における基礎を提供する。

金融機関以外の一般企業資本は，図Ⅵ－１の信用制度の立体的構造図において，第１階層の商業信用（企業間信用ともいう），第２階層の金融機関からの間接金融，又は（及び）第３階層の一般・機関投資家等からの直接金融により，そして取引先が海外にある場合には，第１階層から第５階層までのすべてに関係する外国為替信用により，それぞれ調達し，余剰資金を主として第３階層の証券信用，第４階層のヘッジ「信用」により運用する。

具体的には，図Ⅵ－１の信用制度の立体的構造は，自然（土地・水等）を基盤として次の諸階層の通り構築されている。Ⅱの「経済の目的」における持続的共生のための「生態系主主義（エコクラシィ）」の理念は，この自然（土地・水等）の基盤を悪化することなく，良好に維持し続けるためのものである。

第１階層－各信用の利用主体において，論理的には，まず産業資本と商業資本と狭義のサービス資本との間で商業信用が授受され，更には産業資本で大量生産された製品を販売促進するための消費者信用が利用される。

第２階層－信用（間接金融）の授与主体としての貸付資本（銀行等）を中心とする金融機関が銀行信用等を授与する。それらは，商業信用の肩代わり（事後的信用）としての商業手形の割引から始まり，資本信用（事前的信用）としての設備投資資金等の貸付を経て，余剰資金利用としての住宅信用・公信用[注3]まで信用授与の分野を拡げて行く。

第３階層－信用（直接金融）の授与主体（出資者）としての一般・機関投資家が「証券信用」[注4]を授与する（国債・地方債のときは公信用になる）。一般

図Ⅵ－1　信用制度の立体的構造図

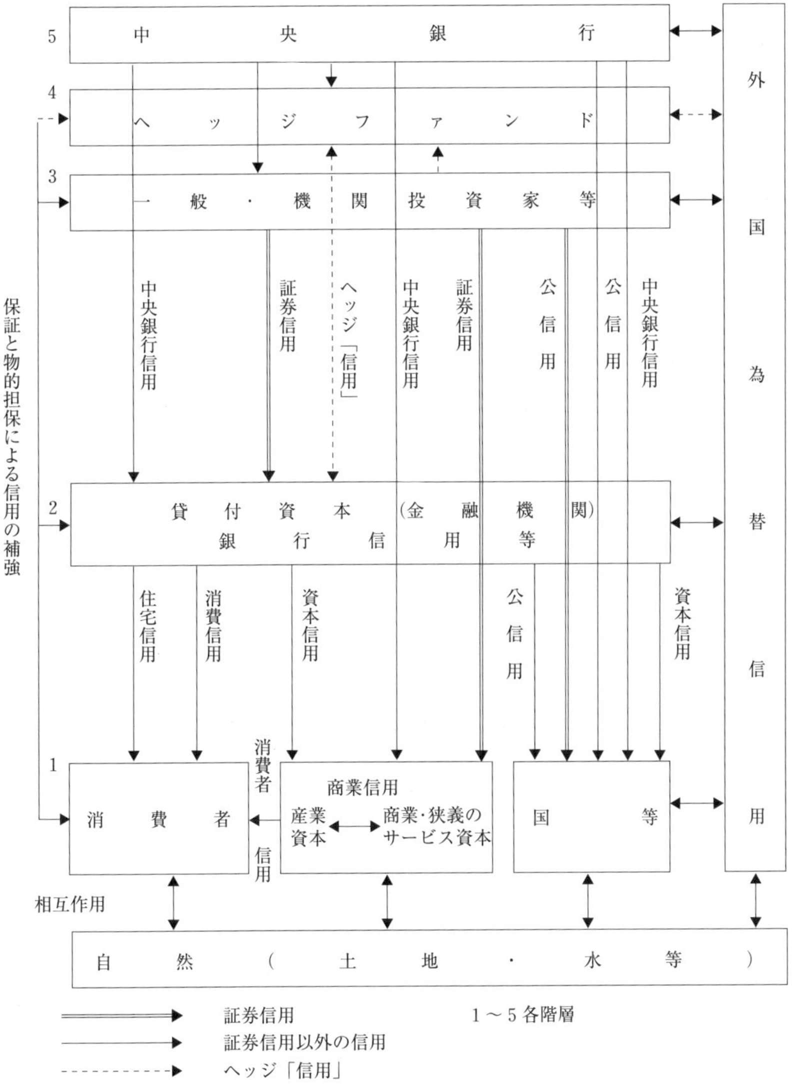

投資家は，個人と法人等よりなるが，株式の持合等により法人のウエイトが高く，個人のウエイトの低下が久しく問題とされてきたが，漸く最近になって，個人によるネット取引が増加しつつある。機関投資家は，資金運用を必要とする投資信託・年金基金・生保・地方銀行等である。

第４階層－二度のオイルショックを契機とする先進資本主義国の経済成長の鈍化に伴い，諸価格の大幅な変動と過剰な遊休貨幣・遊休貨幣資本を基にしたヘッジファンドによる信用利用が増大してくる。ここでは，それをヘッジ「信用」(注5)と名づけている。

第５階層－信用制度の立体的構造の頂点にある中央銀行は，金融機関への商業手形の再割引・不足資金の貸付及び公信用としての国等に対する財政資金の貸付・国債の購入等により中央銀行信用を授与する。

左側－第１階層から第４階層までの信用を利用する各主体が，保証（人的担保）又は（及び）物的担保を差し入れて自らの信用を補強するものである。

右側－第１階層から第５階層までの外国との各取引主体が，取引の決済，外国為替相場変動のヘッジ，又はその相場変動自体の鞘稼ぎを目的として，外国の各取引主体との間でそれぞれ外国為替信用を利用し合うものである。

日本の企業の傾向としては，1980年代の後半以降，大幅な資金余剰の時代を迎えて，間接金融から直接金融への変化の過程にあり，このことが膨大なバブルの形成を促進した原因の一つであることは周知の通りである。

２．資本の調達に関係する各信用

ここでは，図Ⅵ－１の「信用制度の立体的構造図」における信用のうち，資本と住宅資金の調達と運用に関係する各信用について説明する。

⑴　商業信用（第１階層）

【商業資本と商業信用】

商業資本は，論理的には産業資本の循環過程のうちの流通過程（製・商品資本の運動過程）を担うものとして分化し，歴史的には資本制以前の商業を受け継ぎ，流通過程のあらゆるものを包摂しながら発展してきている。

商業信用は，論理的には個別資本としては貨幣資本の節約，総資本としては社会的空費（無駄な費用）の節約を目的として成立したものである(注6)。資本蓄積との関係では，商業信用は，間接的に蓄積可能な資本を増加させる役割りを果している。

それは，図Ⅵ－１に見られるように，資本主義における信用構造の基底部の第１階層に位置する産業資本相互間，産業資本と商業資本との間，産業資本と狭義のサービス資本との間，商業資本と狭義のサービス資本との間，商業資本相互間，及び狭義のサービス資本相互間（これらの間の製品・商品又はサービス取引をすべて卸売り流通という）で授受されるものであり，具体的には製品・商品又はサービス移転の対価としての事後的信用（貸借）である。

【商業信用と第１部門（生産財生産部門），第２部門（消費財生産部門），第３部門（商業・金融等サービス部門），及び第４部門（狭義のサービス部門）との関係】

商業信用は，表Ⅲ－２「産業資本等と人間生活の循環過程の明細表」，表Ⅲ－３「サービス（商業・金融等）資本の循環過程の明細表」，及び表Ⅲ－４「サービス（狭義）資本の循環過程の明細表」の流通過程，すなわち❺式，❽式，及び❾式において，第２段階（生産諸資源の投資・仕入過程）での仕入債務（買掛金・支払手形等）という形態の信用と，第４段階（製・商品及び狭義のサービスの販売過程）での売上債権（売掛金・受取手形等）という形態の信用として，それぞれ重要な役割を果たすものである。

信用構造の基底部では，図Ⅵ－２－１の「生産・流通・金融（貸付）システム図（産業資本）」，及び図Ⅵ－２－２の「生産・流通・金融システム図（サービス資本）」に見られるように，産業資本は，第１部門（生産財生産部門）及び第２部門（消費財生産部門：一般消費財のほか耐久消費財と住宅を含む）からなり，サービス資本は，第３部門（商業・金融等のサービス生産部門）及び第４部門（狭義のサービス生産部門）からなっている（産業連関＝投入産出分析に見られるように多部門分析も可能であるが，ここでは産業資本の２部門分

図Ⅵ－２－１　生産・流通・金融（貸付）システム図（産業資本）

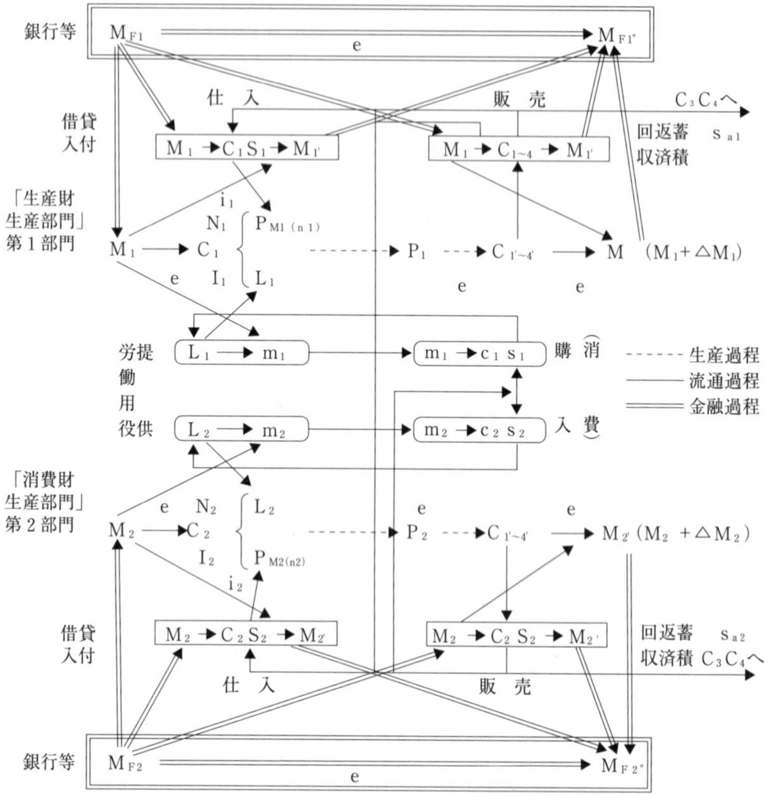

1：第１部門	i：投資	M：産業資本	P：生産過程
2：第２部門	S・s：広義サービス	△M：増殖資本	N：自然
3：第３部門	sa：貯蓄	C・c：商品	n：同コスト分
4：第４部門	m：貨幣等	PM：生産手段	I：インフラ
'：増殖	MF：貸付資本	L：労働用役	e：廃棄物
"：増殖（銀行等）			

析にサービス資本の２部門分析を加えた４部門分析としている)。

念のためにつけ加えると，これらの４部門のうち，不動産分譲資本は，第２部門に該当し，不動産賃貸資本は，第４部門に該当する（不動産鑑定資本もこの部門に入る)。

図Ⅵ－２－２　生産・流通・金融（貸付）システム図（サービス資本）

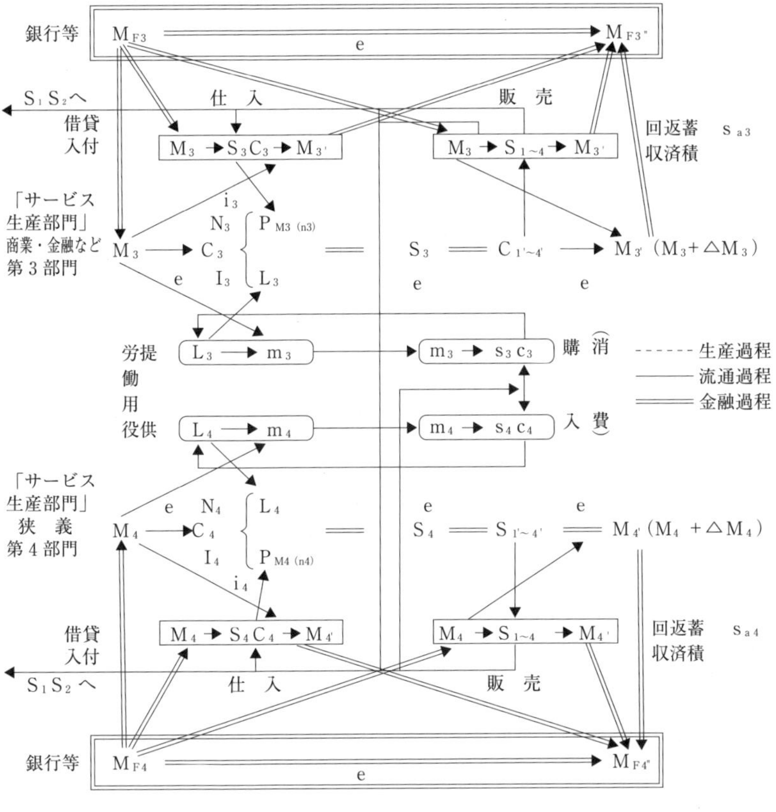

凡例：図Ⅵ－２－１と同じ。

【「生産・流通・金融（貸付）システム図」における商業資本と商業信用】

商業資本は，それらの産業資本の第１・第２部門の流通過程である仕入れと販売，及び自らを含めてサービス資本の第３・第４部門の流通過程である仕入れと販売に対し，それぞれ商業信用を通じて直接的な関係を取り結んでいる。

すなわち商業信用は，左側矩形囲みのM_1，M_2，M_3及びM_4からC_1S_1，C_2S_2，S_3C_3，及びS_4C_4への仕入における原材料等の信用買い，並びに右側矩形囲みの$C_{1\cdot2\cdot3\cdot4}$（図作成技術上$_{1'\cdot2'\cdot3'\cdot4'}$の’を省略してある），第３部門の$S_{1\cdot2\cdot3\cdot4}$（同），及び第４部門の$S_{1\cdot2\cdot3\cdot4}$(同)から$M_{1'}$，$M_{2'}$，$M_{3'}$及び$M_{4'}$への販売における製品・商

品及び用役の信用売りとして相互に利用されるものである。ただし商業信用は，本来Cに対してよりも人件費のウエイトが高いSに対する方が希薄であったが，小売りにおける消費者信用と住宅信用の普及がSに対するもののウエイトをも高めてきている。

【4部門における産業資本，商業資本および狭義のサービス資本と商業信用】

産業資本・商業資本及び狭義のサービス資本は，それらの資本の生産過程及び流通過程が，時間的（生産期間と季節性等）・空間的（距離等－交通手段との関連において時間的なものに集約可能）事情により相違することに起因して，流通過程における仕入れ及び販売を，通常，掛買い及び掛売りで行い，それらを小切手又は支払手形及び受取手形の授受をしたうえ，即時又は支払期日に当座預金口座により決済している。

これらの掛買い及び掛売り又は支払手形及び受取手形又は未払金及び未収金は，産業資本（縦の分業当事者－第1部門内又は第1部門と第2部門）相互間，商業資本を経由する場合には産業資本のそれらの各部門と商業資本（一次卸売業者：第3部門）との間，及び狭義のサービス資本（第4部門）との間，商業資本（卸売業者と小売業者：第3部門）と狭義のサービス資本との間，商業資本（卸売業者と小売業者：第3部門）相互間，及び狭義のサービス資本相互間の商業流通における商業信用である（小売業者及び狭義のサービス部門から消費者への一般的流通では，原則として現金が必要であるが，大量生産以降には販売促進と現金節約を目的として，消費者信用がかなり普及してきている）。

そこでは，製品・商品の流れとは逆方向に商業信用の連鎖が形成されている。商業信用の連鎖は，基本的には，産業資本・商業資本と狭義のサービス資本の運動を反映している。しかし，商業信用には，金額の雑多性・期日の相違・個別資本の信用力の強弱による限界がある。さらに，産業資本とサービス資本全体の運動は，ⓐ同一の科学技術水準の下における実物資本投資の拡大と，ⓑより一層進んだ科学技術水準の下における実物資本投資の深化による需要超過をもたらした後，それらの懐妊期間経過後に供給超過をもたらすという，本来不安定な側面を内包している。したがって，個別資本とそれらの総体としての総資本の循環が，需要超過の局面ではスムーズに行われるが，供給超過の局面では，産業資本，及びサービス資本全体の連鎖倒産を招来するおそれも存在している。

【商業信用とサービス資本全体の循環過程との関係】

サービス資本のウエイトが高くなってきている折から，ここでサービス資本全体の循環過程との関係をも捉えておくと，次の通りである。

商業信用は，表Ⅲ－3「サービス（商業・金融等）資本の循環過程の明細表」，及び同表Ⅲ－4「サービス（狭義）資本の循環過程の明細表」の流通過程，すなわち❽式，及び❾式において，第2段階（サービス生産諸資源の投資・仕入過程）での仕入債務（買掛金・支払手形等）という形態の信用と，第4段階（用役の販売過程）での売上債権（売掛金又は未収金と受取手形等）という形態の信用として，それぞれ重要な役割を果たすものである。しかし，これらの商業資本と狭義のサービス資本との関係は，第2段階はともかくとして，第4段階では人件費のウエイトが高いという用役の性格上，現金支払いのウエイトが高くなるから，商業資本と産業資本との関係よりも希薄になる。

【商業信用の歴史的必然性】

商業信用は，歴史的には単純商品生産の段階で自然に貨幣の節約として発生してきたものが，資本制生産の段階に個別資本の貨幣資本の節約（総資本としては社会的空費の節約）として引き継がれたものである。そしてそれは，資本制生産の段階には生産過程の垂直的分業とともに必要とされてきたものである。

⑵ 消費者信用（第1階層）

【消費者信用の利子生み資本化の段階】

資本主義の発展に伴い，一方では巨大化した産業資本による商品の大量供給が行われて，大量消費を促進する必要が出てくるし，他方では自己金融化及び貯蓄水準の上昇により遊休貨幣・遊休貨幣資本が増加するから，それらの資金は，運用の場の主要な一つとして，消費者信用に向うようになる（消費者信用の利子生み資本化）。

【消費者信用】

消費者信用は，論理的には，貸付資本としては個別の産業資本及び商業資本を通じ消費者に将来の所得をも引き当てに信用を与えて，巨大化した産業資本が大量に供給する商品の消費を容易化することにより，産業資本及び商業資本以外の分野に余剰資金の運用の場を求めるものであり，総資本としては消費財（主として耐久消費財）に対する追加的な有効需要として取込むことにより，そのスムーズな循環が中断される時期を引き延ばす役割りを果している。資本蓄積との関係では，消費者信用は，耐久消費財の売却を早めて，間接的に蓄積可能な資本を増加させるものである。

消費者信用は，図Ⅵ－１の信用構造図に見られるように，資本主義における信用構造の下部の第１階層に位置する商業信用が，卸売り流通からさらに産業資本・商業資本及び狭義のサービス資本と消費者との間の小売り流通まで運動の領域を広げたものであり，具体的には商業信用と同じく製品・商品又は狭義のサービスの対価としての事後的信用（貸借）である。

【消費者信用と第１部門（生産財生産部門）・第２部門（消費財生産部門）及び第３部門（商業・金融等サービス部門）・第４部門（狭義のサービス部門）との関係】

消費者信用は，表Ⅲ－２「産業資本等と人間生活の循環過程の明細表」，同表Ⅲ－３「サービス（商業・金融等）資本の循環過程の明細表」，及び同表Ⅲ－４「サービス（狭義）資本の循環過程の明細表」の流通過程，すなわち❺式，❽式，及び❾式において，第４段階（第２・第４部門における消費財及び狭義のサービスの仕入・販売過程）での販売促進方法の一つとして重要な役割を果たすものである。

【「生産・流通・金融（貸付）システム図」における各資本と消費者信用】

貸付資本は，やはり図Ⅵ－２－１の「生産・流通・金融（貸付）システム図（産業資本）」，及び図Ⅵ－２－２の「生産・流通・金融（貸付）システム図（サービス資本）」に見られるように，二重線矩形囲みの $M_{F1}⇒M_{F1}''$，$M_{F2}⇒M_{F2}''$，$M_{F3}⇒M_{F3}''$，及び $M_{F4}⇒M_{F4}''$ の過程において，信用構造の基底部にある産業資本・商業資本及び狭義のサービス資本に対して信用の代位（肩代わり）及び資本信用の提供を行うほか，その余剰資金の運用を求めて，二重線矩形囲みのM_{F1}・M_{F2}・M_{F3}及びM_{F4}から右側（販売）の矩形囲みのM_1，M_2，M_3及びM_4を通じて，端丸囲みのm_1・m_2・m_3及びm_4へも，すなわち消費者に対して消費財（主として耐久消費財），さらにはサービス（用役）購入のための貨幣・資本信用の提供を行う。すなわち，貨幣・資本信用は，M_{F1}，M_{F2}，M_{F3}，及びM_{F4}からM_1，M_2，M_3及びM_4を経て，右側（購入）のm_1・m_2・m_3及びm_4に向かうのである。

それらには，具体的にパーソナル小切手のほか，カード等(注7)がある。それらは，一般的流通に必要な発行銀行券を，やはり発行銀行券節約目的により代位したものである。

【消費者信用と消費者の所得残余分との関係】

消費者信用の提供に対して消費者は，将来の付加価値の分配分としての可処分所得から生計費（当該賦払耐久消費財費用—以下賦払耐消費という—以外のもの）を控除した残余（以下賦払耐消費等用所得残余分という）のなかから，その年間の元本償還額及び利子を支払わなければならない。それ故原則として，短期的にはともかく，中・長期的には，年間元本償還額＋年間利子＜年間賦払耐消費等用所得残余分でなければならない。

すなわち，①一方では巨大化した産業資本が大量に供給する商品の消費を容易化することを求め，②他方では自己金融と貯蓄水準の上昇により預託される遊休貨幣・遊休貨幣資本が増加してくる。それ故産業資本・商業資本は，銀行信用等をバックに消費者の求めに応じ，本来現金が必要な一般的流通部面をもその対象に取り込んで彼（女）等の将来所得を返済資源とした消費者信用（割賦・延払・信販（クレジット）等）の諸制度を創出・拡充し，販売金融会社等を通じて消費者信用を提供することにより，現時点における所得の制約を乗り越えさせることを可能にする(注8)。このことは，総資本にとって消費財に対する追加的な有効需要であるから，総資本のスムーズな循環が中断される時期を引き延ばす役割りを果している。

しかしながら，消費者信用については，支払いを要する元利金が返済能力を上回って多重債務による破産者が出るおそれがあることに留意する必要がある。

【消費者信用の歴史的必然性】

消費者信用は，歴史的には資本制以前に小売り商人の掛売り等であったものが，1929年の大恐慌以後，巨大な産業資本による大量の商品供給に対応するべく，自己金融と貯蓄水準の上昇による過剰な遊休貨幣・遊休貨幣資本と結びついて，それらの商品の消費を促進する必要から普及してきたものである。

(3) 銀行信用(注9)（間接金融：第２階層）

【貸付資本（銀行等）】

産業資本・商業資本及び狭義のサービス資本としての機能資本家（営業者）にとって，金融過程における資金（貨幣・資本）の調達方法の一つは，所有資本家（預貯金者）からの貸付資本を媒介とする資金の借入（間接金融）であるが，ここでは，産業資本及びサービス資本全体（いずれも借主）から転換して，その媒介を行う貸付資本（貸主としての銀行等）が主体となる。

貸付資本は，論理的には産業資本・商業資本及び狭義のサービス資本の循環過程のうち，①流通過程における資本の循環を速めるもの，及び②金融過程（貨幣資本の運動過程）を担うものとして分化し，歴史的には資本制以前の金融業（貨幣取扱業及び貨幣貸付業）を受け継ぎ，金融過程のあらゆるものを包摂しながら発展してきている。

それは，やはり論理的には，商業手形の割引という商業信用の肩代わりから始まり，資本蓄積の進展とともに，設備投資資金の貸付け（資本信用）を経て，住宅信用・消費信用及び公信用へも向かうようになる。これらの５種類の信用の全部が銀行信用（広義）であるが，ここでは，これらのうちの前二者を銀行信用（狭義）として説明を行うこととする。

【銀行信用（狭義）】

銀行信用は，論理的には，①商業流通における個別資本としての商業信用の限界を総資本として克服するために，一般的流通における支払準備貨幣及び遊休貨幣・遊休貨幣資本を基に商業信用の代位（信用創造）をすること，②信用媒介により資本信用の提供（信用創造）をすることを目的として成立したものである(注10)。資本蓄積との関係では，①は，資本の回収を早めて，間接的に蓄積可能な資本を増加させるものであり，②は，直接的に産業資本の資本蓄積を助けるために，すなわちⓐ同一の科学技術水準の下における実物資本投資の拡大と，ⓑより一層進んだ科学技術水準の下における実物資本投資の深化を助けるために行われるというプラス面を持つものである(注11)。

銀行信用（狭義）は，図Ⅵ－１の信用構造図に見られるように，資本主義における信用構造の基底部にある第１階層の商業信用に基礎を置きながら，その中心部の第２階層で主要な役割りを果すものである。それは具体的には，商業手形の割引の場合には商業信用と同じく製品・商品又はサービス代金の事後的信用（貸借）であり，設備投資資金の貸付けの場合には建設・設置される建物・機械等移転前の対価としての事前的信用（貸借）である。

【銀行信用（狭義）と第１部門（生産財生産部門）・第２部門（消費財生産部門）及び第３部門（商業・金融等サービス部門）・第４部門（狭義のサービス部門）との関係】

銀行信用は，表Ⅲ－２「産業資本等と人間生活の循環過程の明細表」，同表Ⅲ－３「サービス（商業・金融等）資本の循環過程の明細表」のうちの商業資本部分，及び同表Ⅲ－４「サービス（狭義）資本の循環過程の明細表」の各金融過程，すなわち❺式，❽式，及び❾式において，第１段階（資本の調達過程）での借入と，第５段階（資本の返済・償還過程）での返済として重要な役割を果たすものである。

【「生産・流通・金融（貸付）システム図」における各資本と銀行信用（狭義）】

貸付資本は，信用構造の中心部にあって，図Ⅵ－２－１の「生産・流通・金融システム図（産業資本）」，及び図Ⅵ－２－２の「生産・流通・金融（貸付）システム図（サービス資本）」に見られるように，二重線矩形囲みのM_{F1}⇒

M_{F1}''，$M_{F2} \Rightarrow M_{F2}''$，$M_{F3} \Rightarrow M_{F3}''$，及び $M_{F4} \Rightarrow M_{F4}''$ の過程において，信用構造の基底部にある産業部門の第１部門（生産財生産部門）とそれに関係する商業資本，その第２部門（消費財生産部門）とそれに関係する商業資本，その第３部門（商業部門）とそれに関係するサービス資本，及びその第４部門（狭義のサービス部門）とそれに関係するサービス資本に対して，商業信用の代位及び資本信用の提供を行う。

すなわち，商業信用の代位は，商業手形の割引及びファクタリングにより二重線矩形囲みの M_{F1}，M_{F2}，M_{F3}，及び M_{F4} から右側（販売）矩形囲みの M_1，M_2，M_3 及び M_4，並びに左側（仕入）矩形囲みの原材料の売手（相手側）の販売代金の資金化に，資本信用は，M_{F1}，M_{F2}，M_{F3}，及び M_{F4} から左側（仕入）矩形囲みの設備投資資金としての M_1，M_2，M_3 及び M_4 に向かうのである。

【銀行信用（狭義）と各資本の将来の営業利益との関係】

それらの信用の提供に対して，第１部門・第２部門の産業資本，それらに関係する商業資本，及び第３部門（商業部門）・第４部門のサービス資本は，$M_{1'}$，$M_{2'}$，$M_{3'}$ 及び $M_{4'}$（将来の付加価値の部分としての営業利益）のなかから利子を支払わなければならない。それゆえ原則として短期的にはともかく中・長期的には $M_{F1}'' < M_1'$，$M_{F2}'' < M_2'$，$M_{F3}'' < M_3'$，及び $M_{F4}'' < M_4'$ でなければならない(注12)。

【商業・資本信用の利子生み資本化（信用創造）の段階】

貸付資本の代表的なものとしての銀行は，貨幣取扱業務（信用の貨幣化の段階）により受け入れた遊休貨幣・遊休貨幣資本を基に，貨幣資本貸出業務として，①商業信用における金額の雑多性・期日の相違・個別資本の信用力の強弱による限界を克服するために，個別資本の循環過程としては事後的に受取手形の割引き又は売掛金の買取り（ファクタリング）による商業信用の部分的肩代わりを行うから，産業資本と商業資本の循環を速める役割りを果たすことになる。

この場合，銀行は，その肩代わり金を当座預金にして小切手（預金通貨）を流通させることにより，受け入れた遊休貨幣・遊休貨幣資本に数倍する信用を提供（信用創造）する。当座預金（小切手・手形）は，このように製品販売から小売りに至るまでの，すなわち産業資本と商業資本と狭義のサービス資本相互間の製品・商品及び狭義のサービスの流通（商業流通）に必要な発行銀行券を，発行銀行券節約目的により代位する。

しかし，②①の基礎は，商業信用の枠内として限定されているから，さらに銀行は，商業信用の限界を打破するために，①とは異なり個別資本の循環過程としては事前的に，当該資本のスムーズな循環を見越して，投資資金を資本信用として提供（信用創造）する（①②とも商業・資本信用の利子生み資本化の段階）(注13)。

【商業・資本信用と景気変動】

銀行の貨幣取扱業務では，製品・商品の流れとは逆方向に形成された商業信用としての手形及び小切手が前者は支払期日に後者は呈示日に決済されなければならない。しかし，銀行信用は，商業信用における金額の雑多性・期日の相違による限界を克服することができても，個別資本の信用力の強弱による限界までは克服することができない。さらに，資本信用は，既述の通り，産業資本の運動としての，ⓐ同一の科学技術水準の下における実物資本投資の拡大と，ⓑより一層進んだ科学技術水準の下における実物資本投資の深化を助長するから，より一層の需要超過をもたらした後，それらの懐妊期間経過後により一層の供給超過をもたらすという，不安定を助長する側面を内包している(注14)。

したがって，個別資本とそれらの総体としての総資本の循環が，需要超過の局面ではスムーズに行われるが，供給超過の局面では，産業資本・商業資本の部分的な連鎖倒産にとどまらずに，銀行の倒産，ひいては金融システムを崩壊させるおそれも存在している(注15)。

【商業・資本信用利用による総資本の循環と自然の物質代謝との関係】

さらに重要なことは，総資本の循環がスムーズに行われているということが，自然の物質代謝もスムーズに行われているということを意味するものではないということである。より詳しくいえば，商業・資本信用利用による産業資本及びサービス資本全体の活動は，生産に費消した資源を回復するコスト，及び惹起した外部不経済のコストを，消費者も含めて殆ど負担することなく行われてきているということである（これらのコストの負担までには至らないが，第1次石油危機以降漸く自然への負荷軽減と省資源化を目指す動きが一般化しようとしている）。

【銀行信用（狭義）の歴史的必然性と貸付資本の相対的に独自な増殖運動】

銀行信用は，歴史的には資本制以前の段階で貨幣取扱業及び高利貸業として発生し，存続してきたものが，資本制生産の産業革命後の段階に貨幣取扱業務による個別の支払準備貨幣及び個別の遊休貨幣・遊休貨幣資本の集中と，それらに基づく総資本の蓄積促進のための信用創造として引き継がれたものである。

貸付資本は，一たび産業資本から分化すると，貸付資本自体も相対的に独自な増殖運動をするようになる。そして，資本主義の発展とともに，すなわち資本蓄積の進展とそれに伴う所得水準の上昇とともに，①産業資本と商業資本が資金調達手段を多様化するなかで自己金融のウエイトを高め，②経済構造が傾向として，サービス化・ストック化し，③一方で貯蓄水準が上昇し，他方で耐久消費財及び住宅に対する欲求が高まり，④さらに資本の運動が国際化することに応じて，貸付資本は，銀行の他に，信託・保険・証券・ファクタリング・割賦・延払・及び信販（クレジット）・住宅金融・外国為替等の金融過程を担う種々の信用制度を構築してくる。

信用制度としては，以上の民間の貸付資本である機関のほかに，公的な貸付資本の機関である郵便貯金・年金等を原資とする財政投融資の制度も構築されてくる。

⑷　住宅信用　（間接金融：第2階層）

【住宅信用の利子生み資本化の段階】

資本主義が成熟して成長速度が鈍化するに伴って，一方では遊休貨幣・遊休貨幣資本が増加するのに産業資本等の資金需要が減退するし，他方では労働者等の所得水準の向上により住宅取得欲求が増加してくるから，それらの資金は，消費者信用にとどまらず，運用の場の主要な一つとして住宅信用にも向うようになる（住宅信用の利子生み資本化）。

【住宅信用】

住宅信用は，論理的には，個別の貸付資本としては産業資本及び商業資本以外の分野に余剰資金の運用の場を求めるものであり，総資本としては住宅への需要を通じて生産財に対する追加的な有効需要を取込むことにより，そのスムーズな循環が中断される時期を引き延ばす役割りをも果している。資本蓄積との関係では，住宅信用は，主要な耐久消費財としての住宅の売却を早めて，間接的に蓄積可能な資本を増加させるものである。

住宅信用は，図Ⅵ－１の信用構造図に見られるように，資本主義における信用構造の中心部の第２階層に位置する銀行信用（狭義）が，資本信用からさらに運動の領域を広げたものであり，具体的には住宅（例が少ないが，未完成のものを含む）売買の対価の全部又は一部としての事後的（未完成の場合には事前的）信用（貸借）である。

【住宅信用と労働用役提供力等の更新過程（住宅資金中心）との関係】

住宅信用は，表Ⅲ－５「労働用役提供力等の更新過程（住宅資金中心）の明細表」の金融過程，すなわち❿式において，第１段階（資金の調達過程）での貯蓄・借入と，第５段階（資金の返済・償還過程）での返済として重要な役割を果たすものである。

【住宅信用と第１部門（生産財生産部門）・第２部門（消費財生産部門）及び第３部門（商業・金融等サービス部門）・第４部門（狭義のサービス部門）との関係】】

住宅信用は，表Ⅲ－２「産業資本等と人間生活の循環過程の明細表」，同表Ⅲ－３「サービス（商業・金融等）資本の循環過程の明細表」，及び同表Ⅲ－４「サービス（狭義）資本の循環過程の明細表」の流通過程，すなわち❺式，❽式，及び❾式において，第４段階（第２・第４部門における住宅用消費財及び関連する狭義のサービスの販売過程）での販売促進方法の一つとして重要な役割を果たすものである。

【「生産・流通・金融（貸付）システム図」における貸付資本と住宅信用】

貸付資本は，やはり図Ⅵ－２－１の「生産・流通・金融（貸付）システム図（産業資本）」，及び図Ⅵ－２－２の「生産・流通・金融（貸付）システム図（サービス資本）」に見られるように，二重線矩形囲みのM_{F1}⇒M_{F1}”，M_{F2}⇒M_{F2}”，M_{F3}⇒M_{F3}”，及びM_{F4}⇒M_{F4}”の過程において，信用構造の基底部にある産業資本・商業資本及び狭義のサービス資本に対して信用の代位及び資本信用の提供を行うほか，その余剰資金の運用を求めて，二重線矩形囲みのM_{F1}・M_{F2}・M_{F3}及びM_{F4}から端丸囲みのm_1・m_2・m_3及びm_4へも，すなわち消費者に対して住宅購入のための貨幣・資本信用の提供を行う。すなわち，貨幣・資本信用は，M_{F1}，M_{F2}，M_{F3}，及びM_{F4}から右側（購入）のm_1・m_2・m_3及びm_4に向かうのである（これらの図が煩雑になりすぎるから，M_{F1}⇒m_1”，M_{F2}⇒m_2”，M_{F3}⇒m_3”，及びM_{F4}⇒m_4”のラインは引いていない）。

すなわち，産業資本・商業資本及び狭義のサービス資本が経済成長の鈍化と共に固定資産投資等に要する資金を自己金融で賄うようになるし，預託される遊休貨幣・遊休貨幣資本が増加してくるから，銀行等は，労働者等の住宅取得欲求に応えて，彼（女）等の将来所得を返済資源とした住宅信用（住宅ローン）の制度を創出・拡充するようになる。このことは総資本にとって直接的には住宅資材としての生産財に対する追加的な有効需要であり，派生的には耐久消費財に対する追加的な有効需要であるから，不況時には公的金融機関を中心に，積極的に住宅需要増による乗数効果を通じた景気回復の手段の一つとしても利用されてきているのである。

【住宅信用と消費者の所得残余分との関係】

住宅信用の提供に対して消費者は，将来の付加価値の分配分としての可処分所得から生計費（当該賦払住居費ー賦払耐消費があるときはそれを加えた額ー以外のもの）を控除した残余（以下所得残余分という）のなかから，その年間の元本償還額及び利子を支払わなければならない。それ故原則として，短期的にはともかく，中・長期的には，年間元本償還額＋年間利子＜年間所得残余分でなければならない。

それ故住宅信用についても，支払いを要する元利金が返済能力を上回って多重債務による破産者が出るおそれがあることに留意する必要がある。

⑸　消費信用（間接金融：第２階層）

【消費信用の利子生み資本化の段階】

資本主義が成熟して成長速度が鈍化するに伴って，一方では遊休貨幣・遊休貨幣資本が増加するのに産業資本等の資金需要が減退するし，他方では労働者等の所得水準の向上による貯蓄の増加に預かれない層の人達も出てくるが，それらの人達も手の届く限り欲求を満足させたいから，それらの資金は，更に運用の場の主要な一つとして消費信用（消費金融）にも向うようになる（消費信用の利子生み資本化）。

【消費信用】

消費信用は，論理的には，個別の貸付資本としては産業資本及び商業資本以外の分野に余剰資金の運用の場を求めるものであり，総資本としては消費財・サービスに対する追加的な有効需要を取込むことにより，そのスムーズな循環が中断される時期を引き延ばす役割りをも果している。資本蓄積との関係では，消費信用は，消費財・サービスの売却・消費を早めて，間接的に蓄積可能な資本を増加させるものである。

消費信用は，図Ⅵ－１の信用構造図に見られるように，資本主義における信用構造の中心部の第２階層に位置する銀行信用（狭義）が，資本信用からさらに運動の領域を広げたものであり，具体的には資本信用と同じく消費財・サービスの対価の全部又は一部としての事前的信用（貸借）である。

【「生産・流通・金融（貸付）システム図」における貸付資本と消費信用】

貸付資本は，やはり図Ⅵ－２－１の「生産・流通・金融（貸付）システム図（産業資本）」，及び図Ⅵ－２－２の「生産・流通・金融システム図（サービス資本）」に見られるように，二重線矩形囲みのM_{F1}⇒M_{F1}”，M_{F2}⇒M_{F2}”，M_{F3}⇒M_{F3}”，及びM_{F4}⇒M_{F4}”の過程において，直接消費主体に対して消費信用の提供を行う（これらの図が煩雑になり過ぎるから，M_{F1}⇒m_1”，M_{F2}⇒m_2”，M_{F3}⇒

L_3"，及び M_{F4}⇒m_4"のラインは引いていない）。すなわち，消費信用は，M_{F1}，M_{F2}，M_{F3}，及び M_{F4}から中央部（消費主体）の m_1・m_2・m_3及び m_4に向かうのである。

【消費信用と消費者の所得残余分との関係】

消費信用の提供に対して消費者は，将来の付加価値の分配分としての可処分所得から生計費（当該消費金融費用としての返済元利金以外のもの）を控除した残余（以下返済元利金用所得残余分という）のなかから，その年間の元本償還額及び利子を支払わなければならない。それ故原則として，短期的にはともかく，中・長期的には，年間元本償還額＋年間利子＜年間返済元利金用所得残余分でなければならない。

しかるに，消費金融の利用者は，既述のように，主として貯蓄の増加に預かれない層の人達であり，加えて金利が高いから，多重債務を抱えるまでもなく，年間元本償還額＋年間利子＞年間返済元利金用所得残余分に陥って破産に至るケースが多い状態にある。

このことについては，消費金融資本の原資の大部分が銀行から出ているから，銀行が消費者の信用状態把握のシステムを構築することにより自ら融資に乗り出すべきである。そのようにすれば，①消費金融の利用者は，金利が相対的に低くなって破産を免れる人達が多くなる筈であるし，②銀行自体も，リテイル融資として相対的に高い金利を収受できるから一石二鳥の解決策になるのではないか？

(6) 「証券信用」（直接金融・間接的直接金融：第３階層）

【「証券信用」の利子生み資本化の段階】

産業資本及び商業資本としての機能資本家（営業者）にとって，金融過程における資金の調達方法の他の一つは，所有資本家（出資者・購入者）からの株式・社債の形態による直接の資金の取入（直接金融）である。ここでは，証券投資資本（出資者としての一般・機関投資家＝投資信託・年金基金・生保及び地方銀行等）が主体となる。

信用制度が発展してくると，産業資本及び商業資本のみならず貸付資本も，その他の証券化商品の形態による直接の資金の取入（直接金融）を行うようになる。したがってここでは，産業資本及び商業資本（いずれも借主）と貸付資本（貸主）の相違がなくなって，それらの双方が出資の取入主としての「証券信用」の利用主体となる（出資者としての「証券信用」については「資産選択」として論じられている）。

このように，「証券信用」は，本来直接金融であるが，現在は零細な余剰資金の吸収と危険分散のために投資信託の制度が創出され，この投資信託機関を通じて，それに加えて保険・年金基金を通じても，「証券信用」の提供が行われるようになる（間接的直接金融）。

証券は，法律上，金融商品取引法に規定される証券としてとらえられ，それは，株式のように資金の調達のみで返済を要しないもの（出資）と，社債のように調達した資金の償還を要するもの（貸借）との両者を含んでいる。しかしながら，ここでは既述のように，「証券」を法律上の有価証券に限定せずに広義にとらえ（それ故「証券信用」というようにすべてカギかっこをつけてある），「信用」(注1)を同様に広義にとらえて貨幣・資本等（保証を含む）の授受又は提供をいうものとしている（「証券信用」の利子生み資本化）。

証券は，図Ⅵ－１の信用構造図に見られるように，資本主義における信用構造の中心部にある第２階層の銀行信用のさらに上部の第３階層に位置して，直接機能資本家（営業者）に資金を提供するほか，銀行信用の一部を代位する役割りをも担うものである。その機能としては，（運用前の）設備投資・開発等のための資金を提供する事前的信用（出資）と（運用中の）貸付債権・不動産等の買取のための資金を提供する事後的信用（出資）がある。

【「証券信用」と第１部門（生産財生産部門）・第２部門（消費財生産部門）及び第３部門（商業・金融等サービス部門）・第４部門（狭義のサービス部門）との関係】

「証券信用」は，表Ⅲ－２「産業資本等と人間生活の循環過程の明細表」，表Ⅲ－３「サービス（商業・金融等）資本の循環過程の明細表」，及び同表Ⅲ－

図Ⅵ－２－３　生産・流通・金融（証券）システム図（産業資本）

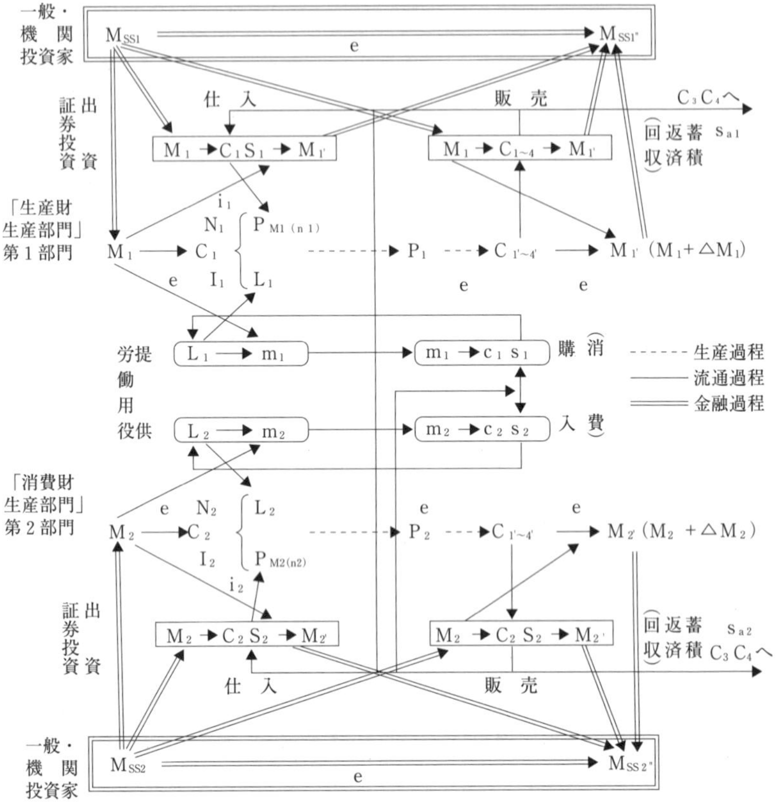

1：第１部門　　i：投資　　M：産業資本　　P：生産過程
2：第２部門　　S・s：広義サービス　　△M：増殖資本　　N：自然
3：第３部門　　s_a：貯蓄　　C・c：商品　　n：同コスト分
4：第４部門　　m：貨幣等　　P_M：生産手段　　I：インフラ
'：増殖　　M_{SS}：証券投資資本　　L：労働用役　　e：廃棄物
"：増殖（銀行等）

4「サービス（狭義）資本の循環過程の明細表」の金融過程，すなわち❺式，❽式，及び❾式において，第１段階（資本の調達過程）での社債・株式と，第５段階（資本の返済・償還過程）での償還として重要な役割を果たすものである。

図Ⅵ－２－４　生産・流通・金融（証券）システム図（サービス資本）

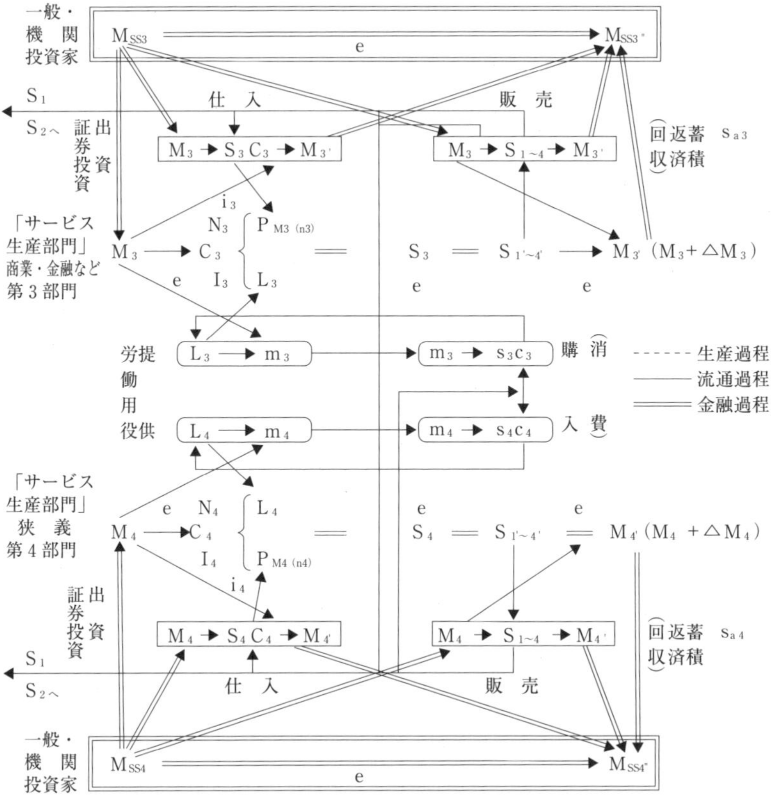

凡例：図Ⅵ－2－3と同じ。

【「生産・流通・金融（貸付）システム図」における各資本と「証券信用」】

証券投資資本（一般・機関投資家）は，信用構造の中心部のさらに上部の第３階層にあって，やはり図Ⅵ－２－３の「生産・流通・金融（貸付）システム図（産業資本）」，及び図Ⅵ－２－４の「生産・流通・金融（貸付）システム図（サービス資本）」の（図Ⅵ－２－１・図Ⅵ－２－２におけるM_FをM_{SS}＝証券投資資本にかえたもの）に見られるように，二重線矩形囲みのM_{SS1}⇒M_{SS1}”，M_{SS2}⇒M_{SS2}”，M_{SS3}⇒M_{SS3}”，及びM_{SS4}⇒M_{SS4}”の過程において，信用構造の基底部にある産業部門の第１部門（生産財生産部門）とそれに関係する商業資本，その第２部門（消費財生産部門）とそれに関係する商業資本，その第３部門（商業・金融等サービス部門）とそれに関係するサービス資本，及びその第４部門（狭義のサービス部門）とそれに関係するサービス資本に対して，証券投資信用の提供を行うほか，貸付資本及び国債については国等に対しても証券投資信用の提供をするのである。

【「証券信用」と将来の営業利益との関係】

「証券信用」の提供に対して，第１部門・第２部門の産業資本及びそれらに関係する商業資本，狭義のサービス資本，並びにそれらに関係する貸付資本は，図Ⅵ－２－１及び図Ⅵ－２－２における矩形囲みのM_1'，M_2'，M_3'及びM_4'並びに二重線矩形囲みのM_{F1}''，M_{F2}''，M_{F3}''，及びM_{F4}''（将来の営業利益）のなかから利子・配当を支払わなければならない。それゆえ，原則として短期的にはともかく，中・長期的には，$M_{SS1}'' < M_1' \cdot M_{F1}''$，$M_{SS2}'' < M_2' \cdot M_{F2}''$，$M_{SS3}'' < M_3' \cdot M_{F3}''$，及び$M_{SS4}'' < M_4' \cdot M_{F4}''$である。さらに国等が国債等を発行した場合には，将来の付加価値の分配分としての税収のなかから利子を支払わなければならない。

【「証券信用」の歴史的必然性とその相対的に独自な増殖運動】

「証券信用」は，まず株式について，歴史的には近代（1688年の名誉革命）以前の段階で，1600年に世界初の株式会社としてイギリス東インド会社が設立（オランダのそれは1602年，フランスのそれは1604年にそれぞれ設立）されている。日本では，鎖国のためにかなり遅れて，1873年に設立された第１国立銀行が最初の株式会社とされている（しかし，その萌芽は，江戸時代初期（世界初の株式会社設立とほぼ同時期）の幕府発行の「朱印状」による「朱印船」－一航海毎に「複数の商人が共同で出資し，帰還して稼いだ利益を分け合う」もの－が会社の原点ともいわれている）[注16]。

株式は，総資本の蓄積の二つの手段（集積と集中）のうちの資本の集中を担うものである。株式は，論理的には，資本制以前に，営業主体が個人→組合→合名・合資会社を経て株式会社にまで展開をして，そこでは既に営業者と出資者が分業体制にあったものを，①個別資本にとっての巨額の実物資本（固定資産）を賄う長期的・安定的な資金の調達，②総資本にとっての個別の遊休貨幣・遊休貨幣資本の集中による資本蓄積，及び③機能資本家（営業者）と所有資本家（出資者）の機能分化（支配株主と少数株主への質的分化と少数株主の所有する株式の社債化）を利点として受け継がれたものである。

そして「証券信用」は，一たび成立すると，次に述べるように，株式の他に社債，さらには証券化商品等を生み出して，資本蓄積の進展に大きい役割を果たしてきている。

(a)　株式

【株式の機能】

資本主義が発展し，産業構造が高度化した下で，証券のなかの代表的な株式は，論理的には，会社形態の個別資本が，対内的に巨額の固定資産を長期的・安定的に賄うとともに，対外的に物的会社の信用の基礎となる資本として機能し，総資本としては，資本の集中の役割りを果たすものとして機能している。

資本蓄積との関係では，株式は，銀行信用のうちの資本信用より一層容易に，産業資本の資本蓄積を助けるために，すなわちⓐ同一の科学技術水準の下における実物資本投資の拡大と，ⓑより一層進んだ科学技術水準の下における実物資本投資の深化を助けるために利用されるというプラス面を持つものである。

産業資本にとっては，長期（可能であれば返済不要）で，コストの低い資金が大量に入手できればできるほど資本蓄積が容易になり，その蓄積速度も早めることができる（このことは商業資本及び狭義のサービス資本にとっても同様である)。

すなわち，巨額の固定資産投資は危険負担が大きいから，予定に近い利益をあげることができるという実績がないかぎり，原則として銀行等は資本信用を与えることを拒むことになる。たとえ借入れることができたとしても，金利負担が大きいし，固定資産の回収と借入の返済には長期間を要するのに，その間に景気変動があるから，経営が長期にわたって不安定な状態におかれることになる。借入と異なり，株式の場合には，機能資本家（営業者）が所有資本家（出資者）とその投資から得られる損益の分配を約束して，返済不要の巨額の安定的な実物資本投資に要する資金を賄うことが可能となる。

株式会社は，物的会社であるから，株主の出資を限度として債権者に対し責任を負うこととされている。それゆえ，個別資本にとって，先ず株式により資本を充実させることは，それを基礎として商業信用及び銀行信用を受ける道を開くことにもなる。

【発行市場と流通市場】

株式は，総資本にとっては，個別資本が発行市場で個別の遊休貨幣・遊休貨幣資本を集めてその資本蓄積を促進させる機能を果たしている。株式は返済されることがないが，その権利は株券に化体されるから，総資本は，別途に流通市場を設け，株主が新規又は既存の株主に株券を売却して，株式への投資資金の回収を可能にすることにより，発行市場での株式の発行による資金の調達を容易化している。

新会社法の下では，内容の異なる二以上の種類の株式を発行できるから，資金の調達が容易になったように見える。しかしながら，そのリターンとリスクとの組み合わせを考慮したものでなければ，発行市場における資金の調達が困難になることを注意しなければならない[(注17)]。

【株価変動の実体経済と自然環境への影響】

流通市場における価格変動は，①所得の再分配，②社会的な資金の配分，及び③所有権の移転による支配の移動を促進する役割りを果している。

この株式の流通市場において，株価は，通常額面価格を超えて形成され，将来の利益増と利回り低下等の予想による一層の値上がり期待の下に，その水準が高くなればなるほど，時価発行増資により資金を調達し易くなる。しかしながら，その期待が裏切られた場合には，株価が大幅に下落して，資金の調達を不可能にしたうえ，逆に実体経済を一層落ち込ませる虞もある。

このような問題のほかに，①機関投資家のウエイトの増大は，株式の流動性を低下させ，②企業資本の間の株式の持合いは，流動性の低下に加えて，運用可能資金をその部分だけ減少させる（総資本としての自己株式の買取り）という問題も招来している(注18)。

さらに重要なことは，株式による資本蓄積の量的な発展が，総資本の活動の基礎としての自然環境に対し質的な変化を与えて，その物質代謝機能を破壊し，その資源を摩耗させるに至っているという問題である。このことは，他の「証券信用」についても同じである。

近時にはこの自然環境問題を含めて，株主と経営者の双方にCSR（社会的責任投資）という概念が漸く定着しようとしている。

(b)　社債

【社債の機能】

証券のなかのもう一つの代表的な社債は，論理的には，会社形態の個別資本が，巨額の固定資産を長期的・安定的に賄うものとして機能しているが，それは株式とは異なり負債であるから，金利の支払いのほか，元本も期日に償還しなければならない。総資本としては，株式と同じく資本の集中の役割りを果たすものとして機能している。

資本蓄積との関係では，社債も，銀行信用のうちの資本信用より一層容易に，産業資本の資本蓄積を助けるために，すなわちⓐ同一の科学技術水準の下における実物資本投資の拡大と，ⓑより一層進んだ科学技術水準の下における実物資本投資の深化を助けるために利用されるというプラス面を持つものである。すなわち，個別資本は，巨額の安定的な実物資本投資に要する資金を，既述の通り，先ず株式により賄うが，次には市場からの調達条件との関係で，その追加資金を社債発行又は銀行借入により賄うことになる。

【発行市場と流通市場】

社債は，株式と同じく，総資本にとっては，個別資本が発行市場で個別の遊休貨幣・遊休貨幣資本を集めてその資本蓄積を促進させる機能を果たしている。そして，その権利が社債券に化体されるから，総資本は，別途に流通市場を設け，社債権者が新規又は既存の社債権者に社債券を売却して，社債への投資資金の回収を可能にすることにより，発行市場での社債の発行による資金の調達を容易化している。

【社債の種類】

社債の種類は，個別資本が巨額の安定的な実物資本投資に要する資金を容易に調達できるように，普通社債（SB）のほか，転換社債（CB）・新株予約権（ワラント：新会社法の下では原則として分離不可）付社債（WB）と多様化してきている。普通社債とは異なり転換社債・新株予約権（ワラント）付社債の場合には，株価が一定の水準以上になれば，出資者の選択によるが，株式に転換して，その元本を償還しなくてもよいこととなる。この現象は，株式の社債化とは逆の，社債の株式化である。

【社債価格変動の実体経済等への影響】

しかしながら，株価が一定の水準に達しなければ，当初の予定とは逆にそれらの元本を償還しなければならなくなって，金利負担が当初の予定よりも大きくなる。更に例えば，ヤオハンの倒産やプリンストン債の債務不履行時に見られたように，社債のデフォルトが起きた場合には，実体経済に対する影響のほか，不特定多数の社債権者に対する影響も大きいものがあることに留意する必要がある。

(c) その他の証券化商品

【その他の証券化商品の機能】

信用制度が発展してくると，株式又は社債について行われたことが，商業信用及び銀行信用に対しても，その他の証券化商品を通じて行われるようになる。すなわち証券化は，論理的には個別資本としての商業信用及び銀行信用の回収を早めることにより，総資本としての産業資本・商業資本及び貸付資本の循環をも速めている。資本蓄積との関係では，証券化は，商業信用及び銀行信用の回収を早めて，間接的に蓄積可能な資本を増加させるものである。

産業資本・商業資本及び貸付資本は，株式又は社債による場合には，それらが証券として流通市場を通じる投下資本の早期の回収を可能とするから，商業信用及び銀行信用についても，それらを証券化することにより流通市場で早期の回収を図るようになる。このような証券化は，総資本として見れば，産業資本・商業資本及び貸付資本の循環を速める役割りを果たすものである。

【デット型】

銀行信用については，①抵当権付貸付債権，②住宅ローン債権，③住宅貸付債権の形態で，資本信用を証券化により回収している[(注19)]。

これらの①〜③は，銀行による資本信用（借り主の負債）を回収するものであるから，デット型といわれている。

このような証券化（「証券信用」）の側面は，商業信用と銀行信用の両者の一部を代位するから，それらの両者を止揚したものであるということができる。それ故，「証券信用」の段階になると，この段階にも同時に存在している商業信用と銀行信用の区別が見えにくくなる。

【エクィティ型と混合型】

デット型のほか，証券化（「証券信用」）は，更に相対的に独自の運動領域を開拓するに至る。すなわち，エクィティ型がそれである。

エクィティ型（所有権型）は，信託銀行又は特別目的会社（SPC）を媒介とし，不動産の所有権を証券の形態で売却して，資金を回収するものである。

エクィティ型の証券化の例としては，①不動産小口化商品，②信託受益権小口化商品，③不動産投資信託（REIT）の形態がある。

不動産小口化商品は，更に，①共有持分権信託方式，②任意組合方式，③①②の複合方式，④匿名組合方式（ドイツ），⑤共同運営機構方式，⑥所有権又は区分所有権の共有持分権の売切り方式の形態に分けられる。

これらのほかに，エクィティ付きデット型（ハイブリッド型）という両者の混合型もある。

【不動産証券化商品の供給と法制度の整備】

不動産小口化商品の供給は，バブル景気時の1987年からワンルームマンション等を対象として始められた。しかし，バブル崩壊とともにそれは，大幅な値下がりにより投資家にかなりの損失をもたらしてトラブルも生じていた。それ故，当初は投資家保護のために，次いで不動産の流動化等のために，次々と法的措置がとられてきている(注20)。

それらには，1995年4月施行の「不動産特定共同事業法」，1998年9月施行の「特定目的会社による特定資産の流動化に関する法律」(いわゆるSPC法)，2000年5月改正の「資産の流動化に関する法律」(SPC法から資産流動化法へ)・新創設の「特定目的信託制度」，及び改正された「証券投資信託及び投資法人に関する法律」(いわゆる投信法) がある。この投信法の影響は大きく，「不動産投資信託」(いわゆる日本版REIT) が登場してその残高を急激に増やしている。しかし，証券取引等監視委員会が検査に入り，「ずさん審査で価値をかさ上げした不動産を資産に組み入れていた」として，金融庁に処分を勧告した複数の事件がでてきている(注21)。

これらのうち不動産証券化商品の残高は，不動産シンジケーション協議会『CRES不動産証券化ハンドブック2004』によると2003年度には3，995十億円，さらにそれらのうちJ-REITの規模は，2004年8月時点で上場銘柄数が14件，保有不動産の総資産額が約1，830十億円まで増加してきている。

更に，証券化商品の2004年度発行額は，57,000億円（前年度比42%増）で普通社債に匹敵する規模に達している。

その内訳としての不動産私募ファンドの残高は，2004.12末に2.2兆円にまで増え，REITのそれ（2005.3末現在16法人，時価総額は1.9兆円の規模）を追い抜いている（不動産投信の規模も，東証上場15本の時価総額合計が，2005.4末で2兆円を超えている）(注22)。

【証券化商品価格変動の実体経済への影響】

その他の証券化商品についても，その価格が暴落する場合には，株式について述べたことと同様のことがいえる。すなわち，その他の証券化商品の流通市場において，その価格は，通常額面価格を超えて形成されるものである。そして将来の一層の値上がり期待の下に，その水準が高くなればなるほど，それが反転して期待が裏切られた場合には，その他の証券化商品の価格が大幅に下落して，資金の調達を不可能にしたうえ，逆に実体経済を一層落ち込ませる虞もある。

⑺　ヘッジ「信用」（第４階層）

【ヘッジ「信用」の機能】

ヘッジ「信用」は，図Ⅵ－１の信用構造図に見られるように，資本主義における信用構造の第２階層の金融機関，第３階層の一般・機関投資家の更に上部に位置する第４階層にあって，ヘッジ機能以外はむしろ金融システムを危機に陥れることにより物的再生産過程をも混乱させるものである(注23)。それは，信用を与えずにファンドを基に巨額の信用を受けて投機的に，①株式信用取引，②商品先物（デリバティブ）取引，③金融派生商品（デリバティブ）取引を行うものであるから，信用をかっこ書きにしてある。

図Ⅵ－１の信用構造図では，ヘッジ「信用」の矢印が，①下に向いているものは第２階層の金融機関までで止まっていること，②上にも向いていることが目立っている。①は，第１階層の物的再生産過程には直接関わりがないことを示しており，②は，第２階層の金融機関と第３階層の一般・機関投資家が余剰資金の運用をヘッジファンドに託していることを表している。

信用制度が構築され，遊休貨幣・遊休貨幣資本が蓄積されてくると，自己資本に対する利益率増加のために信用による梃子作用を利用するファンド，更には投下資本に対する利益率増加のために僅かな証拠金乃至証拠金なしで信用によるレバリッジ（梃子）作用をより大きく利用するヘッジファンドも増殖して，それらに伴う総資本にとってのリスクを増大させてきているのである(注24)。

【ヘッジ「信用」の利子生み資本化の段階】

そこでは，図Ⅵ－２－１・図Ⅵ－２－２における $M_F \Rightarrow M_F''$ の中味（産業資本か，商業資本か，狭義のサービス資本か，その他か）を問わず，M_F の貸出に対して M_F''（利子を伴う M_F）が返ってきさえすれば，貸付資本として立派に機能したことになり，こうして，ヘッジ「信用」の利子生み資本化の段階に到達する。そして現在は，産業資本・商業資本及び狭義のサービス資本から離れた，それ故，真の意味での実質的な富の増大から離れた，ファンドの横行する段階にまで至っている。

【ヘッジ「信用」の種類】

ヘッジ「信用」に属するものには，既述の通り，①株式信用，②商品先物（デリバティブ)，③金融派生商品（デリバティブ）がある。これらのものは，何れも僅かの資金又は資金の用意なしで金融取引ができ，決済時前乃至決済時には差額の資金の授受で済ますことができるものである。

①株式信用取引は，一定の委託保証金（又は証券）を担保に，証券会社から資金又は株券を借りて，株式の売買を行うものをいうが，これらのうち，証券会社から資金を借りて，現物取引の何倍もの株式の購入を行うものがこれにあたる。その場合には，投資家は，委託保証金を積み利息さえ支払えば，その何倍もの額の株券を購入（空買い）することができるようになる。

②商品先物（デリバティブ）取引(注25)は，特定の商品（金・銀・白金・パラジウム等の貴金属，綿花・大豆・小豆・トウモロコシ等の農産物，及び綿糸・生糸・砂糖・天然ゴム等の半製品・完成品）の価格変動のリスクを回避（ヘッジ）するために，3か月又は6か月（最長1年半）先物の売買を行うものをいうが，これらのうち，先物を購入するものがこれにあたる。その場合には，企業経営者等は，証拠金さえ出せば，当初資金の用意なしで，先物を購入することができ，決済時に売却すれば，価格変動による差金の決済のみで最終的に全額の資金は不要となる。

③金融派生商品（デリバティブ）(注26)は，通貨（外国為替）・金利・株式・債券等広義の金融商品の価格変動のリスクを回避するために，取引所又は店頭で先物の売買を行うものをいう。その場合には，金融機関等は，証拠金（又は担保）さえ出せば，当初元本又は利息相当資金の用意なしで，先物を購入することができ，決済時前乃至決済時に売却すれば，価格変動による差金の決済のみで最終的に全額の資金は不要となる。

通貨については，コール（買う権利）・プット（売る権利）のオプション取引，将来の売買を約束する先物（店頭の場合は先渡し）予約及び直物と先物の売買注文を同時に出すスワップ取引等がある。

金利については，オプション取引，先物（店頭の場合は先渡し）取引，短期と長期・変動と固定を交換するスワップ取引，及び上限を設けるキャップ取引等がある。

株式については，株式オプション（ワラント）取引，株価指数先物取引（日経平均先物，日経300先物及びTOPIX等）等がある。

債券については，債券店頭オプション取引，債券（長期国債）先物取引，及び債券スワップ取引等がある。

【ヘッジ「信用」取引とリスク増】

これらのものは，関係する経済主体が，何れも相場（価格・利率）変動のリスクの移転と分散を目指している。しかしながら，テコ作用によりその想定元本が巨額になるうえに，投機性が高く複雑であるから，運用主体の企業等が失敗をして，リスクの回避とは逆に，致命的又はそれに近い損害を被るケースもでてきている。

しかも，金融商品の取引は，これらの価格・利率を，変動の高い，不安定なものにするほか，これらの取引は，もともとゼロサムゲームであり，しかも営業部門のほかに，リスク管理のための膨大なコンピューター投資を伴うリスク管理部門が要るから，総資本にとっては，全体のリスクを減らすことができずに，しかもコスト増の要因であることを忘れるべきではない。

これらのうち，株式信用取引及び商品先物取引の場合には，これらのものと物的再生産過程とのつながりがまだ見える状態にある。しかしながら，金融派生商品の場合には，それと再生産過程ひいては自然環境の保全・保存の問題とのつながりが殆ど見えなくなり，コスト増に加えて巨額の損失(注27)を被る虞れがあるから，このままでは総資本にとっての積極的な存在意義も問われるのではないか。

ヘッジファンドの残高は，ヘッジファンドリサーチの調査によると，2006年3月末で1兆2千億ドルになり，4年で倍増したといわれているから，ますます金融面の不安定性を増幅してきている。それ故，ヘッジファンドについて，漸く米国ではSEC（証券取引委員会）への登録，日本では監督官庁へのその代表者等の登録・届け出が義務づけられるようになっている(注28)。

何れにしても，これらの諸取引については，リスクを回避する本来のヘッジ機能に限定するか，損益の比率を一定の枠内に押さえる（たとえば，一定の比率を超えると自動的に取引を終わらせる）ことを考慮する必要があるのではないか。

(8) 保証と物的担保（第1～第4階層）

【保証の機能】

保証は，図Ⅵ－1の信用構造図左側に見られるように，信用構造における第1階層の産業資本と商業・狭義のサービス資本，国等，及び消費者，第2階層の金融機関，第3階層の一般・機関投資家，並びに第4階層のヘッジファンドのすべてが，それぞれの信用を補強するために利用するものである。

銀行信用の場合には，信用受入者に対して実際に資金が提供されるが，資金を提供せずに保証（保証書の発行）をするだけで保証料を収受することも行われるようになる。この保証は，資本蓄積を促進する役割を果たしている。

【保証のケースと内容】

具体的には，①商業信用の授受において中小企業である買主の信用を銀行又は親会社等が補強するとき，②銀行信用の授受において中小企業である借主の信用を公的信用保証機関又は親会社等が補強するとき，③消費者・住宅信用において借主の信用を親族・保証会社等が補強するとき，④「証券信用」のうちその他の証券化商品を授受する前の格付けにおいて上位の格付けを得るために証券発行者の信用を銀行等が補強するとき，⑤ヘッジ「信用」の受け入れに当たりより少ない元手による資金利用のために銀行等が補強するとき等のケースをあげることができる。

信用提供者にとっては資金コストがないから，預貸金利鞘と同等又はそれ以上の保証料があればよいし，信用受入者にとっては，僅かな保証料の支払により，①では掛買い又は手形による支払いが可能となり，②では割引又は借入ができるようになり，③では掛買い・手形による支払い又は借入が可能となり，④ではその他の証券化商品の発行による資金の調達が容易になり，⑤では元手を遙かに超える大量の資金の調達が可能になるから，創造された信用としての擬制資本である保証行為が成立するのである。

これらの①～④のうち，顕著な効果のあるのは，②の場合である。というのは，入手した現金で商品・サービスを購入する場合には，通常，掛買い又は手形による支払いよりもかなり安くなるからである。それ故，この場合には，保証料の支払が多少かさんでも十分に元が取れることとなる。

【保証料率】

たとえば，各地信用保証協会の中小企業向けの保証料率は，現行が一律年1.35%であったものを，2006年月から債務返済のリスクを反映させて，0.5%～2.2%と幅をもたせることとされている。具体的には，収益・資産が安定した優良企業に対しては，0.5%が適用される。平均的な中小企業（金融機関の債務分類が「正常先」のもの）に対しては，それぞれのリスクに応じて0.7%・0.9%・1.1%・1.35%の何れかが適用される。数年間赤字で資産内容も悪化した企業に対しては，やはりそれぞれのリスクに応じて1.6%・1.8%・2.0%・2.2%の何れかが適用される(注29)。

【保証の実体経済への影響】

保証は，人的担保であるから，保証人（個人又は法人）の物的財産の価額が減損乃至毀損すると，保証能力が減殺乃至消滅してしまうから，主たる債務者が返済不能に陥った場合には，債権の一部乃至全部の回収が困難になる。

したがって，保証についても，個別資本とそれらの総体としての総資本の循環がスムーズに行われている間はよいが，その循環が切断された場合には，保証者としての銀行等が回収見込みの少ない資金を実際に出さなければならなくなるから，銀行等の倒産，延いては金融システムを崩壊を通じて物的再生産過程を混乱させる虞が存在している(注30)。

【物的担保】

物的担保は，借入金又は保証取得のために有価証券・不動産等（以下担保物件という）を差し入れるものである。担保物件は，借入者の所有物でなくても所有者の承諾があれば，借入者は，自己の借入金のために担保物件を有償乃至無償で借りて金融機関等に差し入れることが可能である。この借入金は，やはり資本蓄積を促進する役割を果たしている。

一般的に借入において担保物件が必要になるのは，短期（１年以内）ではなく，長期の場合である。というのは，短期的にはその借り主の資金繰りさえしっかりしておれば，短期の返済見通しがつけやすいからであるのに対して，長期的にはその借り主の返済資源（内部留保＋減価償却費又は所得残余分等）が長期的に安定しているとはいえないからである(注31)。

しかしながら，担保物件の価額は変動するから，返済資源が減殺乃至消滅したうえ，担保物件の価額が減損乃至毀損すると，債務の一部乃至全部の返済が困難になり，そのような債務者が増えると，やはり銀行等の倒産，延いては金融システムを崩壊を通じて物的再生産過程を混乱させる虞が存在しているのである。

(9) 外国為替信用（第１～第５階層）

【外国為替信用の利子生み資本化の段階】

資本主義は，既述の通り，生産・流通等の社会性と財産の私的所有の矛盾を内包しているから，私的生産物（商品）は国内市場における交換のみならず，さらに国境を超えた市場における交換を通じて，社会性を実現することにより矛盾を解決する傍らで，商品の決済手段として外国為替信用を利用することにより，世界的な総資本にとっての社会的空費としての金準備を節約する機能を果している（外国為替信用の利子生み資本化)。

【外国為替信用と資本蓄積】

外国為替信用は，論理的には，先ず輸出又は輸入をする商品の決済をスムーズに行う手段として利用されることにより，金準備を節約していたものが，次に提供又は受領をするサービスの決済手段として，さらに第2・第3階層では，投資又は調達をする資本の決済手段としても，それぞれ利用の度合いを深めることにより，金準備の節約を一層押し進めている。資本蓄積との関係では，外国為替信用は，商業信用・銀行信用及び「証券信用」等の国境を超えた回収を早めて，間接的に蓄積可能な資本を増加させるものである。

しかしながら第4階層では，ヘッジファンドが本来のリスクヘッジ機能を超えて金融派生商品等の変動を大きくし，総資本の運動を不安定化している（その一方の得は他方の損と裏腹であるから，トータルとしては資本蓄積に貢献しない）。このことは，第5階層の各国中央銀行に度々一層大きい負担を強いるところまできている。

【外国為替信用の各階層別の機能】

外国為替信用は，図Ⅵ－1の信用構造図における第1階層から第5階層までの全部にわたり，国境を超えて機能するものである。

そこでは，行為主体としての産業資本及び商業資本，金融機関，一般・機関投資家，ヘッジファンド，並びに中央銀行は，国内のものと外国のものにそれぞれ二重化する。

すなわち同図に見られるように，第1に信用構造の基底部の第1階層では，産業資本及び商業資本が国境を超えて商業信用を授受し合っている。

第2にその第2階層にある金融機関は，国境を超えた商業信用の代位（輸出手形の買取又は輸入ユーザンス）又は資本信用（対外直接投資資金・外貨証券又は外国不動産の取得資金）を提供し合うほか，国際間にまたがって銀行相互信用の授受（外為銀行間の貸借）をし合っている。

第3に，その上部の第3階層にある一般・機関投資家は，外貨証券を取得し合っている。先進資本主義諸国では資本が過剰になってきている折から，後述するように，投機資本が外国為替相場の変動幅をより大きくするに至っている。

第4に，そのさらに上部の第4階層にあるヘッジファンドは，リスクヘッジを行うほか，ファンドを基にした膨大な借入という梃子作用を利用して，(7)で説明した対象物に対し実需を遙かに上回る種々の投機的行為（尻尾＝投機が躰全体＝経済実態を振り回す行為）をしているから，対象物の相場変動が異常に激しくなって，国際経済の安定が大きく損なわれてきている。

第5にその最上部の第5階層にある中央銀行は，外国為替銀行に対して輸出前貸手形又は輸入決済手形等を対象に担保貸付を行うほか，国の方針の下に，自国通貨との関係における外国為替相場の行き過ぎた変動に対抗するために，自ら当該外国通貨の買手又は売手として市場に介入し合っている。

【外国為替相場と固定制・変動制】

資本主義各国でそれぞれの信用制度により助長される資本蓄積の量的・質的相違は，外国為替相場に対して，基礎的諸条件（ファンダメンタルズ）としての生産性の格差を形成し，好不況の影響の上に財政金融政策の反映としての物価騰貴ないしインフレの格差を加えている。

これらの格差の問題は，外国為替相場が，①固定制の場合には貿易収支の黒字又は赤字を招来し，②変動制の場合には外国為替相場の上昇又は下落を惹起する等という不安定な要素を抱えている。

さらに，外国為替信用では資本の決済手段としての機能を基盤に，投機資本が為替差益を求めて出動することにより，基礎的諸条件（ファンダメンタルズ）等を超えて外国為替相場を変動させるから，世界的な産業資本及び商業資本（機能資本）の運動を混乱させるというマイナスの作用を与える場合も多くなってきている。

【外国為替信用の歴史的必然性】

外国為替信用は，歴史的には中世の商業都市において，①決済までの送金期間の貸付取引と，②2国通貨の両替である売買取引としての二面性を持つものとして行われてきたものが，資本制社会に引き継がれた後，通信技術の発達（電信為替による送金の零期間化）により，②の売買取引の側面のみを残すに至っている[注32]。

⑽　設備投資と住宅投資の信用乗数

信用の企業活動と人間生活に与える影響が大きい折から，ここでは，設備投資と住宅投資の信用乗数についても簡単に触れておくこととする。

企業については，$L_{it}=(D_t+A_t)\times M_{lt}$ 及び $E_{it}=(D_t+A_t)\times M_{et}$

L_{it}：t 年の設備投資貸付信用　　D_t：t 年の減価償却費

E_{it}：t 年の設備投資証券信用　　A_t：t 年の保留利益

M_{it}：t 年の設備投資貸付信用乗数

M_{et}：t 年の設備投資証券信用乗数

家計については，$L_{rt}=Y_t\times M_{rt}$　Y_t：t 年の可処分所得

L_{rt}：t 年の住宅投資貸付信用

M_{rt}：t 年の住宅投資貸付信用乗数

企業の $(D_t+A_t)\times M_{it}$ 及び $(D_t+A_t)\times M_{et}$ は，好況の時には特に信用乗数の増加によりプラス，不況の時には特に信用乗数の減少によりマイナスになるが，金融政策当局は，過熱時には，この傾向を信用収縮によりタイムリーに逆転させることが重要である。更に財政政策当局は，不況時には，財政出動によりこれらをプラスに転換させてＡの減少を補うことになる。

家計の $Y_t\times M_{rt}$ も，企業と同じく，好況の時には特に信用乗数の増加によりプラス，不況の時には特に信用乗数の減少によりマイナスになるが，金融政策当局は，過熱時には，この傾向を信用収縮によりタイムリーに逆転させることが重要であるし，不況時には，信用拡張によりこれをプラスに転換させてＹの減少を補うことになる。

しかしながら，一般的に金融政策は，過熱時には効き方が大きいが，不況時には効き方が小さい。それ故このことから，ケインズ理論による財政政策が出てきたことも最後につけ加えておきたい。

（注1）「広辞苑」では，「信用」を「給付と反対給付との間に時間的なずれのある交換」と定義している（新村出編『広辞苑第4版』岩波書店　1991.11刊）参照。この定義を参考に信用をさらに広義に捉えると，モノの信用（商品信用・不動産信用）とヒトの信用（保証）が存在しているが，ここではモノの信用を除外して述べている。

（注2）川合一郎著作集第4巻『戦後経済と証券市場』及び第6巻『管理通貨と金融資本』（有斐閣　1981.12及び1982.4刊）及び，建部好治論文「経済学として捉えた土地価格の本質と実証—不動産鑑定評価基準の背後にあるもの—」（住宅新報社『不動産鑑定』2005.4～5号）参照。

（注3）公信用は，通常は国等が授与されるものであるが，第2階層では中小企業の信用を補強するために図Ⅵ－1の立体的構造図左側にあるような保証の提供を行う側面を持っていることにも留意しておきたい。

（注4）間接金融のウエイトが大きい日本では，第2階層の金融機関が図Ⅵ－1の立体的構造図の中心に位置しているが，直接金融のウエイトが大きいアメリカでは，第3階層の一般・機関投資家等がその立体的構造図の中心に位置しているという相違がある。

（注5）ヘッジ「信用」は，もっぱら信用を授与される側であるから，その他の信用と区別するためにカギかっこ内に入れてある。

（注6）浜野俊一郎担当「商業信用」（大阪市立大学経済研究所編『経済学辞典』岩波書店　3版　1992年刊）参照。なお，商業信用を含む短期貨幣信用については，楊枝嗣朗教授の最近の研究（同著『近代初期イギリス金融革命』ミネルヴァ書房　2004.3刊）として，歴史的には「イギリス近代の信用制度は，産業資本ではなく，引受信用を与える商人資本を中心に生成発展してきた」という重要な指摘がある。

（注7）ポイント及び地域通貨等もあるが，これらは現金無しで購入する権利を体化するものであるから，銀行等の信用創造と同じく発行銀行券節約になり，通常の消費者信用とは異なり所得残余分からの支払いは不要である。

（注8）阿部真也担当「消費者信用」（川合一郎編『現代信用論（下)』有斐閣　1978.11刊）参照。

（注9）資本主義の発展とともに，金融資産が累積して，それが生み出す擬制資本としての形態も多様化してくる。

擬制資本（Fictitious Capital）については，虚像又は仮想資本（Virtual Capital）の方が分かり易いかも知れない。

擬制資本には，①信用構造を形成する殆どの信用である単純な請求権としての擬制資本，②果実を資本還元して得られる典型的な擬制資本，③資金を提供せずに保証をするだけの創造された信用としての擬制資本，及び④カネ（貨幣資本）でなくモノ（商品資本）の信用としての擬制資本がある（川合一郎著作集第2巻『資本と信用』有斐閣　1981.9刊）参照）。

これらのうち，①の単純な請求権としての擬制資本は，国富の計算において二重計算になるという理由により，相殺されて除外されるものである。

国富の総額は，実物資産総額に対外資産と対外負債の差額としての対外純資産を加えたもの（国民純資産＝国民資本）であり，正味資産と等しいものである。それは，具体的には，再生産可能有形資産に再生産不可能有形資産と金融資産を加えた額（以下総資産という）から，負債と株式を控除した額になるものとされている。そして対外純資産がなければ，金融資産と負債は等しくなり，相殺される（斉藤光雄著『国民経済計算』創文社　1993.1刊，経済企画庁編『国民経済計算年報』，高橋長太郎担当「国富」・山田喜志夫担当「国富統計」大阪市立大学経済研究所編『経済学辞典』岩波書店　2・3版　1979・同92年刊，及び金子孝文担当「国民経済計算」（東洋経済新報社『経済用語辞典』1979.11刊参照）。

これらについて，たとえば図Ⅵ－1で述べると，信用構造の基底部から最上部にかけて，①非金融法人の売上債権は，非金融法人の買入債務と，②家計の預金（債権）は，金融機関の預金（債務）と，③金融機関の貸出金は，非金融法人の借入金と，④金融機関保有の債券（国債等）は，一般政府等の発行する債券（国債等）と，⑤金融機関等の保有する株式は，非金融法人等の発行する株式と，⑥金融機関相互間ではコール（ローン）・買入手形は，コール（マネー）・売渡手形と，⑦日銀貸出金は，金融機関の日銀借入金と，⑧家計等の保有する現金通貨は，日銀の現金通貨（銀行券債務）と，それぞれ相殺されるのである。

これらのうちの⑤から，株式会社の正味資産と異なり，国富の総額の場合，正味資産としては，総資産から負債に加えて株式も控除する必要のあることが分かる。

（注10）川合一郎担当「銀行信用」（大阪市立大学経済研究所編『経済学辞典』岩波書店　3版　1992年刊）参照。

（注11）伊東光晴・根井雅弘著『シュンペーター』（岩波新書　1993.4刊）参照。シュンペーターは，銀行の信用創造の役割りを，新結合のための生産手段の転用をファイナンスすることにあるとしているが，民間の銀行等が，資本蓄積の深化については危険負担が大きいので，それらの資金のうちの必要な全部を賄い得ると期待することは困難である。

（注12）『ダイヤモンド』の記事が，「総資本の増加率以上のスピードで利益が増加すれば問題ないが，将来の利益拡大につながらない総資本の膨張は，できるだけ圧縮しなければならない」と述べているのは，まさにこのことである（「投資対象とタイミングを見極める財務データの使い方」『ダイヤモンド』2005.12.3号参照）。

（注13）楊枝嗣朗著『貨幣・信用・中央銀行』（同文館　1988.5刊）参照。

（注14）総資本としては，需要超過から供給超過への転換になりがちであるが，好況が続くときは，個別資本としては投資の懐妊期間経過後の売り上げ増加による利益増をもたらすことになる。このことは，特定の株価の先行きを読むときに，「企業の先行投資期をしっかり押さえれば，いつ頃から利益回復が本格化するかが読めるはず」ということになる（（注12）の「同」『ダイヤモンド』2005.12.3号参照）。

（注15）膨大なバブルの崩壊の結果，1995年から1998年にかけて大中小を問わず複数の銀行の破綻により，金融システムの危機を招いている。

（注16）アダム・スミス著大河内一男監訳『国富論Ⅱ』中公文庫1997.4刊－初版1978.5刊，上村達男論文「『経営者天国』牽制が必要」（『日本経済新聞』「経済教室」2004.12.30号），同論文「市場経済と法」（『同』「やさしい経済学」2005.4.8～4.19号），及びけいざい楽校「会社の原点朱印船にあり」（『日本経済新聞』「ビジネスレッスン」2005.5.16号）参照。

（注17）古川浩一論文「新会社法と資本コスト経営」（中央経済社『企業会計』2005.12号）参照。

（注18）浜田博男担当「株式市場」（大阪市立大学経済研究所編『経済学辞典』岩波書店　3版　1992年刊）参照。

(注19) 建部好治論文「不動産の証券化」(日本土地法学会関西支部1993年度研究大会『報告概要集』1993.5刊) 参照。

(注20) 長場信夫編著『証券化不動産評価の手法と実践』(日本経済新聞社　2001.11刊) 参照。

(注21)「REIT 急成長の死角」(『日本経済新聞』2006.6.21・22号参照)。

(注22) 北村邦夫論文「不動産の証券化とマネジメント」(社団法人日本建築学会編『マネジメント時代の建築企画』技報堂出版　2004.11刊), 石澤卓二担当「玉石混交の上場ラッシュ　不動産投信の落とし穴」(『週刊東洋経済』2005.4.16号), 及び『日本経済新聞』2005.5.3号参照。

(注23) 投機資本は, 過剰な資金を取り込むファンドを組成し, リスクの分散と移転というヘッジ本来の機能を超えた動きにより, 国境を越えて金融システムの弱みにつけ込んで巨大な利益を稼ぎ, 同時に相手方には巨額の損失を与えている。投機資本の雄であるジョージ・ソロスは,「市場原理主義」に基づくこのような「現下の情勢は不健全かつ継続不可能なものである」とし,「真にグローバルな経済を安定化し, かつ規制するためには, われわれはある種のグローバルな政治的意思決定のシステムを必要とする」としている (ジョージ・ソロス著大原進訳『グローバル資本主義の危機』日本経済新聞社　1999.1刊参照)。

投機資本が引き起こした最近の大混乱としては, 1997年半ばから始まった東アジアの金融危機があるが, それらを救済するためのいわゆる「ワシントン・ウオール街複合体」組織の一つである IMF の対応 (ワシントン・コンセンサスによるもの) の不味さも,「市場原理主義」の考え方に基づくものである。これに対しては, ジョセフ・E・スティグリッツが,「市場がおのずと効率的な結果を生むとする, 時代遅れの仮定を一つの根拠としている IMF」が全体を見ることなしに出した政策の間違いを告発し,「政策の策定にあたっては, 理想的なモデルのなかで考えるだけでなく, それが現実の世界でどのように働くかについても考える必要がある」としていることも重要である (『世界を不幸にしたグローバリズムの正体』鈴木主税訳徳間書店2002.8－初版2002.5刊参照)。

(注24)「ヘッジファンド　1兆ドルの光と影」(『日本経済新聞』2005.1.14～16号) 参照。

例えば, 1998年にノーベル賞経済学者二人を中心にしたヘッジファンドのロングターム・キャピタル・マネジメント (LTCM：レバリッジが30倍超) が破綻して, 奉加帳を回して助けざるを得なかったように, ヘッジファンドは, 不生産的な行為にも拘わらず, リスクが大きくて破綻した場合の影響は経済全体に及ぶのである。今や「世界のヘッジファンドは, 8,000本強」あり (それらの85%の：レバリッジは2倍以下の由であるが),「年間1, 000本が生まれ500本が消える」状態であるのに, 野放しであり, SEC は, 漸く「来年からヘッジファンドに投資会社としての登録を義務づける」という遅れた状態であることに警鐘を鳴らしておきたい。

(注25) 三浦信担当「商品取引所」(大阪市立大学経済研究所編『経済学辞典』岩波書店第　3版 1992年刊) 参照。

(注26) 浜田博男担当「金融先物取引」(同上), 新保恵志著『デリバティブ』(中公新書　1996.10刊), 及び財団法人日本証券経済研究所編『証券会社のデリバティブ取引に関する環境整備のあり方』(1995.7) 参照。

(注27) アメリカのカリフォルニア州オレンジ郡・イギリスのベアリングズ証券・大和銀行及び住

友商事が金融派生商品（デリバティブ）で１千億円超の損失を出している（『日本経済新聞』1996.7.4号参照）。

（注28）「市場揺さぶるヘッジファンド」（『日本経済新聞』2006.6.23・24号参照）。

（注29）「信用保証料率，リスク反映」（『日本経済新聞』2006.2.19号参照）。

（注30）多くのゼネコンが，バブル景気時の保証の乱発により経営難に陥ったために，銀行等の不良債権処理の負担を一層大きくしたことを指摘しておく。

（注31）バブル景気時には，審査機能をないがしろにして，債務者の返済資源を厳格に見ることなく，専ら不動産の担保によりかかった安易な貸出を続けたために，膨大な不良債権を作り出したことは，周知の事実である。

（注32）小野朝男担当「外国為替制度の発達」（川合一郎編『現代信用論（下）』有斐閣　1978.11刊）参照。

Ⅶ．資本の調達（第１段階）目的と調達（第１段階）形態

１．資本の調達（第１段階）目的

資本の調達目的については，その投資目的が，根底においてⅡの「経済の目標」における持続的共生のための「生態系主主義（エコクラシィ）」の理念を踏まえたものを実現するための資本の調達でなければならないことを最初に強調しておきたい。

(1) 設備資金

設備投資には，現在の技術水準のままの設備の拡張と，新技術の採用による設備の深化とがある。設備を購入する場合，設備資金の回収には，長期間を要するから，その資金は，自己資本としての内部留保金（減価償却累計額を含む）又は他人資本としての社債もしくは長期借入金によらなければならない。

【設備の拡張】

現在の技術水準のままの設備拡張は，次の新技術を採用する場合と比べてリスクが小さいから，他人資本による資金の調達にウエイトをおいても差し支えがないといえる。

【設備の深化（技術革新）】

設備の深化に当たっては，新技術を採用する設備の深化ということもあって，単なる設備拡張の場合と比べてリスクが大きくなるから，自己資本による資金の調達にウエイトをおくことになる。

以上は設備を購入する場合のことであるが，次のように，賃借又はリースによる場合もある。

【設備の賃借又はリース】

本社・支店・営業所・店舗・工場等の土地・建物を購入せずに賃借ですます場合もある。バブル崩壊以降の土地の継続的な値下がりを見れば，賃借の方がキャピタルロスのリスクから免れることになる。

リース(注1)には，ファイナンス・リースとオペレーティング・リースとがある。

ファイナンス・リース取引とは，リース契約に基づくリース期間の中途で当該契約を解除できないリース取引又はこれに準ずるリース取引で，借手が，当該契約に基づき使用する物件からもたらされる経済的利益を実質的に享受（フルペイアウト）することができ，かつ，当該リース物件の使用に伴って生じるコストを実質的に負担することとなるリース取引をいうものとされている。この場合，企業は，購入と同様の経理を行う。

オペレーティング・リース取引とは，ファイナンス・リース取引以外の取引で，この場合，企業は，オフバランス取引とすることができる。

(2) 運転資金

運転資金については，Ⅳ 4 で説明した通り，長期と短期に分かれる。

a. 長期

長期運転資金は，その中味は回転しながらも一定の残高を維持されるべき，現金預金・棚卸資産等の部分（流動資産と流動負債の差額として得られる流動資産のうちの固定的な部分）である。それは，一言でいえば，棚卸資産の維持等のために恒常的に保持されるべきものである。

b. 短期

短期運転資金は，棚卸資産が販売・回収されて，支払いにあてられるという，短期間に回転する流動的な部分（流動資産の部分と流動負債の部分）である。それは，一言でいえば，毎月の支払資金として準備されるべきものである。

(3)　その他資金

【M&A】(注2)

M&A（Mergers & Acquisitions）については，前者は再編・統合を，後者は買収を意味するものである。

過去のM&Aブームは，表Ⅶ－１の通りである。

M&Aは，アメリカでは４次の1975年頃から，コングロマリット企業が経営効率化，製品の高付加価値化を目的に，LBO（Leveraged Buyout：買収先企業の資産を担保に資金を借用することにより，少ない自己資金で買収する方法）等の利用により不要部門の売却，高技術を持つ企業の買収として活発に行われたものである。

日本企業の間でも1985年以降行われるようになってきている。2005年時点では，企業再生ファンドのM&Aから，主として自社の足りない部分を手に入れること（シナジー効果）を狙って非ファンド型のM&Aへと移行してきている。

通常，新事業の企画から立ち上げまでにはかなりの資金と期間を要するから，リスクもそれだけ大きくなるが，M&Aの場合には，その事業の実績が見えているから，その分だけリスクが低いというメリットがある。しかし，融和的買収の場合ではなく敵対的な買収の場合には，文化の違いもあって優秀な技術者や顧客に受けの良い営業マンが辞める虞があるというリスクが大きくな

表Ⅶ－１　過去のM&Aブーム表

	時期（年）	特徴	主役の業種・技術
１次	1895～1905	「市場の独占」	鉄道・電力
２次	1920～1929	規模拡大による「寡占」	自動車・ラジオ
３次	1950～1972	コングロマリット化	飛行機・テレビ
４次	1975～1990	海外市場への参入，多国籍化	コンピューター
５次	1996～2000	巨大企業同士，世界シェア拡大	インターネット
６次	2004～	新旧交代，アジアの台頭	IT全般

る。欧米では，買収の50%が企業価値を落とし，国を超える案件では75%が失敗しているという研究もある。それ故，質の異なるMとAとを峻別して，M or Aという議論をすべきであるという注目すべき説（ジェームス・アベグレン）もある。

【「財テク」資金等】

新技術がなかなか現れないために投資機会が減ってくると，企業の成長が鈍化してくるから，企業の余剰資金が多額になって，その資金の安全で効率的な運用が問題となる。

バブル景気時には，このような自己資金としての余剰資金の運用に止まらずに，積極的に他人資本としての借入金等をも取り込んで，それらの資金につきリスクを無視した効率的な運用を図ること（いわゆる特定金銭信託，ファンド・トラスト等）により，一時的にはかなりの利益を上げた企業も存在した。しかし，これらの企業は，バブルの急激な崩壊とともに膨大な損失を抱え込むことになったことは周知の事実である。

2．資本の調達（第1段階）形態

(1) 株式と株価の基礎理論[注3]

資本の調達目的により異なるが，企業としては，長期的安定的なしかも全体として低利の資金を調達する。

各企業は，資金需要に応じて設備資金・運転資金等を調達するが，その企業が産業資本か広義のサービス資本（商業資本・銀行資本・狭義のサービス資本）かにより異なる。すなわち，産業資本の場合には，当然に設備資金のウエイトが高くなる。産業資本以外の場合には設備資金のウエイトが低いが，①本部と営業店の建物が要ること，②IT関係もあるから，広義のサービス資本でも設備資金が必要になる。

企業財務としては，本来，モノとサービスの生産目的の固定資産（土地・建物・機械等）は，その投下資本を長期間維持しなければならず，その回収には長期を要するから，自己資本で賄われるべきものであり，それが不足する場合には他人資本の固定負債でカバーされるべきものである（そのほか在庫金融等のための恒常的に保持されるべき長期運転資金，すなわち正常運転資金が必要となる）。

自己資本は，内部留保利益等（別途積立金・減価償却累計額等）以外は，株式により一般・機関投資家から資本が調達されるもの（直接金融―利益があがらなければ配当をしなくてよいもの）であり，他人資本は，銀行等から資本が調達されるもの（間接金融―利益の有無に拘わらず利息を支払わなければならないもの）である。

このように先ず株式（第３階層）により資本を調達し，それを基に銀行借入等（第２階層）を行い，それらの信用を基に企業間信用（買掛金・支払手形：第１階層）の受け入れも可能になる（もっとも，市中銀行等と当座預金取引をしておれば，銀行借入等がなくても企業間信用を利用することが可能になることもある）。それ故，各企業資本にとっての信用のあり方は，図Ⅵ－１の「信用制度の立体的構造図」の階層を逆に辿ることになる。

このような企業財務の考え方に基づき，産業資本・商業資本及び狭義のサービス資本の企業主体は，Ⅵ２の⑴～⑼で述べた各信用の特質を考慮に入れながら，モノとサービスの生産目的の設備投資のために多様な信用利用の方法，具体的にはその時々の信用市場の状態に応じて，長期でしかも資本コストが最低になるような自己資本（資本金＋法定準備金＋剰余金）と他人資本（固定負債）の組み合わせによりそれらを調達するのである。

したがってここでは先ず，資本の調達の基となる株式と株価の基礎理論について説明する。

a．会社法

【株主権の内容】

会社法は，周知のように，大企業・中小企業を問わず適用されるものである。

会社法では，株式は「株主権」ともいわれている。「株主権」の内容は，株主としての資格において持つ権利義務を一括して含むものであり，共益権と自益権に大別される。

共益権としては，議決権と監督権があり，自益権としては，利益配当請求権・残余財産分配請求権が主要なものである。自益権ではこれらのほかに，投下資本回収のための諸権利等がある（注4）。

これらのなかでは，議決権が基本的なものであり，最高の意思決定機関としての株主総会において，当該会社の，①経営を委託するために取締役を選任又は解任し，②経営を監督するために監査役及び会計監査人を選任又は解任し，③原則として利益配当を決議し，④原則として解散等に当たり清算人が決めた残余財産分配の承認可否を決議する。これらのほか⑤投下資本回収のための主なものとして，株式譲渡制限・事業譲渡及び合併・分割の決議がある（決議反対株主には買い取り請求権がある）。

ここで，①については，取締役として株主自体を選任して経営に当たる場合と，専門経営者を選任して経営を任せる場合とがある。前者では，資本と経営が，分離しておらず，殆どの中小企業がこれに該当する。後者では，資本と経営が，分離しており，殆どの大企業がこれに該当する。

【コーポレートガバナンス】

資本と経営が分離すると，コーポレートガバナンス（企業統治）が問題になる。戦後の日本では，一方において，行政当局・メインバンク及び労働組合が長らくこの機能を果たしていたが，1984年の「円ドル委員会」を契機とする金融市場の自由化・国際化，BIS規制及び組合組織率の低下が，行政当局等の経営者に対する監視機能を後退させてしまっていた（注5）。

他方において，大企業の多くの専門経営者達は，先ず会計責任を負わねばならないことはいうまでもない。それにもかかわらず，特に銀行・生命保険等の専門経営者達は，少しの例外はいるにしても，その他の企業が毎期毎期0からのスタートで収益を積み上げなければならないのに，そのほとんどの収益を過去の遺産により上げさせて貰っていることにも気づくことなく，無責任な甘い経営を続けていたから，コーポレートガバナンスは，一層必要とされていた

（このことは，別の次元でいえば，例えば石油資源が過去の長期にわたる質的変化とその蓄積の結果であるのに，しかも21世紀の半ばで掘り尽くしてしまうおそれがあるというときに，専門経営者達を筆頭として莫大な浪費を続けている現代人のあり方にも類似しているといえよう）。

しかしながら近時には，一方では，大企業において専門経営者に任せっきりにせず，支配的な株主としての年金基金・保険会社又は投資信託等の機関投資家が，コーポレートガバナンスのためにチェック機能を強めて，①では社外重役を送り込むほか，②の監督機能等も重視するようになってきている。このことは，分離した資本と経営が再び結合しようとする傾向を示すものといえよう(注6)。

他方では，国際的には，NGO（非政府組織）が，人権・環境等広範な分野で多国籍企業等に多様な価値観を認めさせ，経営姿勢を改めさせるケースも増えてきている(注6)。このように，コーポレートガバナンスの問題については，今や経営が資本の利益獲得目的にそって行われているかという限定された視点からだけではなく，その経営が人間生活における権利の擁護，自然環境の保全・保護等の目的と両立しうるものであるかという観点も厳しく問われる時代を迎えているのではないか(注7)。

【その他の諸権利】

③の利益処分等の等は，損金処理もあることを意味している。利益処分においては，実際には経営者は，配当等による社外流出よりも資本蓄積促進のために利益の内部留保に努めるから，むしろ税引後利益が重要になってきている。

④の解散は，M&A利用によるその事業の全部の譲渡を含み，解散等の等は，継続企業において，M&A利用によりその事業又は資産の一部を譲渡し，普通・特別配当（財産の一部分配）又は株式の買取償却をすることもあることを意味している。これらのM&A利用時には，株式価格の評価が必要となる。

⑤の主要な自益権以外の投下資本回収のための諸権利等のうちの主なものは，(a)営業譲渡に反対の場合の買取請求権，(b)株式譲渡制限決議に反対の場合の買取請求権，(c)合併に反対の場合の買取請求権があり，これらは何れも支配

的な株主以外の株主の請求権として，株式買取価格の評価が必要となる。

①～④と株式価格との関係について見ると，③は，配当還元価格から，収益還元価格（その還元利回り，すなわち株式益回りの逆数としての株価収益率）への展開の根拠を示し，④は，純資産価格が必ずしも解散時においてのみ顕在化するものではないという根拠を呈示している。

支配的な株主は，既述のように，①においては，その議決権の行使により，②を含めたコーポレートガバナンスの機能を維持し強めてきているほか，③と④において配当還元価格・収益還元価格と純資産価格の形成に重要な影響を与えてきている。実はこれらの③と④とは独立的なものではなく，④のストックとしての純資産価格は，物価変動を除けば年々のフローとしての内部留保利益の累計であるから，③の利益処分の決議によりある程度決定づけられているのである。

それ故，支配的な株主以外の株主は，③の利益処分の方針を左右することができないから，専ら利益配当に預る権利しかないように見えるが，④で継続企業においても，M&A 利用によりその事業又は資産の一部を譲渡した場合に，普通・特別配当（財産の一部分配）又は株式の買取償却に預る権利があることにも留意しなければならないのである。

株式出資価格を求める諸方式としての「フロー・ストック方式」が導出される根拠の一つは，システム（法制度）のこのような側面にあることが重要である。

ところで，商法と次の証券取引法との関係では，証券取引法の提供するシステムの下で形成される，⑵aの「上場株式価格を求める諸方式」における流動化比率 γ，及び⑵bの「上場する場合の株式価格を求める諸方式」における流動化比率 γ と超過リスクカバー価格 h という，非上場株式（出資）価格との量的な相違は，上場株式が非上場株式（出資）と質的に異なる側面を持つことを示唆しているものといえよう(注8)。

b．経済学

【土地価格と株式価格の諸側面】

ここでは，擬制資本について，第１に，典型的な擬制資本として同様のものである土地価格との比較において，株式価格の五つの側面を検討して，それらのうちのⓐ〜ⓓの四つの諸側面の価格がフロー価格に該当し，ⓔの側面の価格がストック価格に該当することを指摘する。第２に，一般商品価格と擬制資本価格との関連が見え難いが，本来，現実資本が付加価値を生み出す過程と擬制資本との関連をも踏まえながら，擬制資本価格，中でもテーマの中心の株式価格について検討する。

自然から与えられた土地は，もともとタダのものであり，そのような土地は，人間とのかかわり合いができて，はじめて価値をもつようになる。すなわち，人間が土地に改良を加える（インプルーブする）ことによってはじめて土地の価値がでてくるものである(注9)。

しかし，そのもとになる土地には，タダの部分（人間が一度も改良を加えていない部分）があるから，土地価格は，理論的には擬制資本の側面からしか説明することができないものであるということができる。

これに対して株式価格は，払い込まれた資本という元になる価値をもっている点において土地価格とは相違している。このような両者の相違は，次のⓐ〜ⓔの諸側面のうちⓔの側面においてだけ両者に類似性がないという形で表われてくる。

土地価格との比較において，株式価格の諸側面をみると，表Ⅶ－２のとおりである(注10)。

これらの価格のうち，ⓐからⓓまでは，フロー価格，ⓔは，ストック価格である。それ故，「株式（出資）価格を求める諸方式」としての**「フロー・ストック方式」**が導出される根拠の一つは，株式と株価の基礎理論のこのような側面にあることが重要である。

日本において，フロー価格とストック価格との大きい開差を生む主要な原因は，土地価格における含み益が大きいことによっている。欧米では，不動産の

表VII－2　地価と株価の諸側面

土地価格	株式価格
ⓐ「収益価格」	「配当・利潤証券価格」
$\frac{R_L}{y_L+r_L}$	$\frac{D}{y_S+r_S}$
$\frac{R_L+CR}{y_L+r_L}$	$\frac{E}{y_S+r_S}$
$\frac{HR-HBR}{y_L+r_L}=\frac{LBR}{y_L+r_L}$	
ⓑ「成長価格」	「成長証券価格」
$\frac{R_L(\text{incl. DP})}{y_L+r_L}$	$\frac{D(\text{incl. OI})}{y_S+r_S}$
$\frac{LBR(\text{incl. DP})}{y_L+r_L-g_L}$	$\frac{E(\text{incl. OI})}{y_S+r_S-g_S}$
ⓒ「投機価格」	「投機証券価格」
$\frac{R_L(\text{incl. DP})}{y_L+r_L-g_L}\pm CG$	$\frac{E(\text{incl. OI})}{y_S+r_S-g_S}\pm CG$
$\frac{LBR(\text{incl. DP})}{y_L+r_L-g_L}\pm CG$	
ⓓ「使用支配権の価格」	「支配証券価格」
$\frac{R_L(\text{incl. DP})+CP}{y_L+r_L-g_L}$	$\frac{D(\text{incl. OI})+CP}{y_S+r_S-g_S}$
$\frac{LBR(〃)+CP}{y_L+r_L-g_L}$	
ⓔ「控除（逆算）価格」	「財産証券価格」

R_L	：期待地代（Expected Land Rent）	D	：期待配当（Expected Dividened）
y_L	：土地期待利回り（Expected yield of land）	y_S	：株式期待利回り（Expected yield of stock）
r_L	：土地危険率（Risk of land）	r_S	：株式危険率（Risk of stock）
HR	：期待家賃（Expected house Rent）	CR	：期待資本利子（Expected capital Return）
LBR	：土地帰属賃料（Land Belonging Rent）	HBR	：建物帰属賃料（House Belonging Rent）
g_L	：賃料成長率（growth rate of land rent）	g_S	：利益成長率（growth rate of Earning）
E	：１株当り年間期待利益（Expected earnings of stock）	incl.	：含む（including）
DP	：開発利益（Development Profit）	OI	：超過収益（Over Income）
CP	：支配利益（Control Profit）	CG	：価格差（Capital Gain）

取引は，主として収益価格を基に行われているから，フロー価格とストック価格とは，物価安定時には日本におけるように大きい開差を生むことがないのではないか？

もっとも，日本においてもバブルの崩壊以降十数年を経て，その間に下落を続けた土地価格が漸く収益価格に収斂しつつあるから，今後は欧米並みにフロー価格とストック価格との開差が少なくなるのではないか？

ただし，システムとしてのカバーが次のように不十分であるから，まだまだその開差が一般的に縮小するとは言い難い状態にある。

① 中小企業と事業用以外の土地は，土地再評価法の対象外であった。

② 対象とされた大企業でも土地再評価を実施できていない企業がかなりある。

③ 「減損会計」も，証券取引法が適用される大企業に強制されるに過ぎない。

⑵ 株式（出資）価格

上場株式（出資）価格を求める諸方式，上場する場合の株式（出資）価格を求める諸方式，及び非上場株式（出資）価格を求める諸方式については，次のように結論づけることができる。

全体としての景気変動の下で，株式価格は，一方でフローとしての配当還元法又は収益還元法によるⓐの配当・利潤証券価格と，収益還元法によるⓑの成長証券価格に規定されながら，収益還元法によるⓓの支配証券価格においては相対的に独自な動きを示し，他方でストックとしての，土地価格と異なる側面である，再調達原価法によるⓔの財産証券価格をも反映し，さらにそれらのうえに，収益還元法によるⓒの投機証券価格の側面としての投機的な動きをも加えている。

これらの方式は，フロー価格を求める収益還元法又は配当還元法と，ストック価格を求める再調達原価法によっているから，**「フロー・ストック方式」**と呼ぶのが相応しいということができる。

【株式（出資）価格の算定方式】

a. 上場株式価格を求める諸方式

上場株式の場合には，市場性に応じて流動性が高まるから，その価格水準は，通常次の通り，c「非上場株式（出資）価格を求める諸方式」の❺式又は❾式で求める価格よりも流動化比率γの割合だけ高いものとなる。

（収益還元法）　（再調達原価法）

（1株当たり収益価格×α＋1株当たり時価純資産価格×β）×γ　❶

（配当還元法）　（再調達原価法）

（1株当たり配当還元価格×α＋1株当たり時価純資産価格×β）×γ　❷

（α+β＝1，以下同じ）

非上場株式（出資）価格を求める諸方式では，❶式前者の収益還元法により求める価格のなかには，ⓐの配当・利潤証券価格だけが入り込むことが可能である。

というのは，ⓑの成長証券価格・ⓒの投機証券価格およびdの支配証券価格も収益還元法により求める価格であるが，それらは，既述の通り非上場株式価格を求める諸方式には採用することが困難だからである。ただし，M&A時には非上場株式（出資）価格においても支配証券価格が実現する可能性がある。

しかしながらそれらの価格は，上場株式価格を求める諸方式としての，❶式又は❷式の流動化比率γのなかに入り込むことが可能である。

具体的には，上場株式は，不況時には，利益の減少（又は損失）を反映して，配当のある間は配当証券価格を下限（継続企業ですぐに解散する訳ではないから，財産証券価格を割り込むことも間々ありうる）とし，好況時には，①配当の増加期待を反映する配当証券価格と資産の値上がり期待を反映する財産証券価格の両者から求めた価格，又は②利益の増加期待を反映する利潤証券価格と資産の値上がり期待を反映する財産証券価格の両者から求めた価格を超えた成長証券価格，支配証券価格，さらには投機証券価格を上限として，その価格形成をしてきているということができる。

b．上場する場合の株式価格を求める諸方式(注11)

株式は，景気状況との関連では，概ね好況時（近い将来の好況を期待する不況時の第２段階には金融相場になるからその時期を含む）に上場することになる場合が多いといえる。

それ故，上場する場合の株式価格を求める方式は，通常次の通り，①配当の増加期待を反映する配当証券価格と資産の値上がり期待を反映する財産証券価格の両者から求めた価格に流動化比率γを乗じた価格，又は②利益の増加期待を反映する利潤証券価格と資産の値上がり期待を反映する財産証券価格の両者から求めた価格にγを乗じた価格をもとに，さらに超過リスクカバー価格ｈを加減して求めることになる。

株式上場する市場としては，第１部・第２部のほかに，ベンチャーが上場しやすいように新市場として，ジャスダック・マザーズ・ヘラクレス・セントレックス・G–Board・アンビシャスの市場が設けられている。後者の新市場については，審査基準が緩やかであるから，企業が上場後に業績悪化により破綻する確率が高くなる。それ故，株式投資をする側は，多数の銘柄を保有することによるリスクの分散を計らなければならないことになるから，かなりの資金量を持つ機関投資家等でないと，超過リスクのカバーが困難である。

超過リスクカバー価格の＋ｈは，そのような意味で－ｈの超過リスク（通常のリスクを超える部分）をカバーしなければならないことを示す数値である。

（収益還元法）　　　　　　　　　（再調達原価法）

（１株当たり収益価格×α＋１株当たり時価純資産価格×β）×γ±ｈ　❸

（配当還元法）　　　　　　　　　（再調達原価法）

（１株当たり配当還元価格×α＋１株当たり時価純資産価格×β）×γ±ｈ　❹

株式を上場すれば，❸式前者の収益還元法により求める価格としての表Ⅶ－2ⓑの成長証券価格・同ⓒの投機証券価格および同ⓓの支配証券価格は，既述の通りすべて実現可能となる。特に成長証券価格については，創業者利得は株式上場により初めて入手することが可能となるから，株式の上場は，①資金調達の容易化，②知名度と信用の上昇，③人材採用の容易化等とともに，④創業者利得の実現をねらって行われる。

c．非上場株式（出資）価格を求める諸方式

①経営支配の可能な株主の所有する株式の価格，及び②経営支配とは関係がない株主の所有する株式の価格を具体的に求める諸方式については，それぞれ次のように結論づけることができる。

(a) 経営支配の可能な株主の所有する株式の価格

この株式価格は，表Ⅶ－2のうちⓐ（分子を経営権に基づく税引後利益Eにしたもの）とⓔ（残余財産分配請求権に基づくもの）の両者を加味して求める。

この場合の具体的な諸方式は，次のとおりである(注12)。

（収益還元法）　　　　　　（再調達原価法）

1株当たり収益価格×α＋1株当たり時価純資産価格×β　❺

1株当たり収益価格＝収益価額÷発行済株式数　❻

$$\text{収益価額}\ P_E = \frac{\text{平均経常利益}}{\text{平均利回り}} \qquad (❻1)$$

平均（又は標準，以下同じ）経常利益＝平均営業収益－平均営業費用
－平均販売費及び一般管理費＋平均営業外収益－平均営業外費用　(❻2)

$$\text{平均利回り} = \text{平均自己資本経常利益率} = \frac{\text{平均経常利益}}{\text{平均自己資本}} \qquad (❻3)$$

1株当たり時価純資産価格＝時価純資産価額÷発行済株式数　❼

$$\text{時価純資産価額}P_A=\text{時価総資産}-\text{実質総負債}-\text{含み益課税額} \quad (❼1)$$

$$\text{含み益}=\left(\begin{array}{c}\text{時価}\\\text{総資産}\end{array}-\begin{array}{c}\text{実質}\\\text{総負債}\end{array}\right)-\left(\begin{array}{c}\text{簿価}\\\text{総資産}\end{array}-\begin{array}{c}\text{簿価}\\\text{総負債}\end{array}\right) \quad (❼2)$$

$$\text{含み益課税額}=\text{含み益}\times\frac{\overset{(\text{実効税率})}{\text{法人税率}(1+\text{住民税率})+\text{事業税率}}}{1+\text{事業税率}}+\text{土地譲渡税額} \quad (❼3)$$

既述の通り，ここで平均経常利益を採用するのは，株式評価の場合には，一般企業用不動産評価の場合と異なり，株式を売買したときは，そのままの資本構成で引継ぐことを想定するので，営業利益に，さらに営業外収益・費用を加減した後の平均経常利益を求めるのである。

一般企業用不動産評価の場合には，土地建物等を売買したときは，平均的な資産と資本の構成をもつ企業が引継ぐことを想定するので，営業利益から，「正常運転資金利息相当額」および「その他純収益を求めるために差し引くことを必要とする額」（不動産を除く固定資産等に帰属する利益）を控除した後の純収益を求めるのである。

平均経常利益と平均使用総資本経常利益率は，本来，価格時点後３～５期間のＰ／Ｌ及びＢ／Ｓの期待数値をもとに求めるべきものである。その場合には，その企業の属する産業の動向および日本経済全体としての公表された予測数値と実際の動向との関連において，その企業の将来計画を批判的に検討して求める。

実際には，このような作業は，それらのデータを得て始めて可能となるが，それが５年分も作られていない場合が多いし，作られていても不正確であるから，一般的には価格時点前３～５期間をとったうえ，将来の動向を予測してそれらを標準化した数値を使うことは，次善の方法としてやむを得ないのではないか（DCF 法についても同じことがいえる）。

平均利回りは，原則として対象企業と類似の規模で同業種の平均自己資本経常利益率を適用する。

資本還元に用いる利回りについては，これまで殆んどの場合に根拠の説明し難い達観的な利回りを採用しているが，そのような利回りでは，短期的な好・不況及び金融情勢等に左右される利回りの変動，及び中・長期的なその趨勢を反映することが困難であり，したがって，説得力に欠けているといえる。

資本は原則として自由に移動するものであり，産業一般等にどこへでもより高い利益を求めて移ってゆき，その結果として，産業一般等を通じての平均利益率（又はその分配としての平均配当率）が形成されるものである。

したがって，数字が入手可能である場合は，製造業および当該産業等のほかに，産業一般等の数字をも検討したうえ，そこで得られた利益率（又は配当率）のなかで，そのケースに最も適応すると判断される，単独又はそれらの平均の利益率（又は配当率）を採用するように努めるべきである。

平均自己資本経常利益率は，企業の経理が取得原価主義に基づいて行われているから，原価と時価との差額分だけ高く求められる。したがって，このような状態の下では，株価は実際よりも低く求められるという問題が残されている。保有損益の開示の必要性は，この面からみても非常に高いのである（現在は企業経営における意志決定の情報は取得原価に基づいているから，当面は，当該差額分を反映しない平均自己資本経常利益率を採用することはやむを得ないのではないか。しかしながら，国内的・国際的に時価情報の開示が必要とされている折から，それが開示されれば，この問題は解決する）。

時価総資産は，土地・有価証券等については，価格時点における時価を求め，受取手形・売掛金・貸付金・棚卸資産等については，内容を分析して必要な評価減を行う。

実質総負債は，退職金等について，価格時点における簿外負債を加算する。

含み益は，時価総資産の実質総負債を超える差額が簿価総資産の簿価総負債を超える差額を上回る額である（前者が後者を下回る額は，含み損になる）。

含み益課税額は，含み益に価格時点の有効税率を乗算して求める（土地譲渡益重課税がある場合には，その土地譲渡税額を加算する）。

この税額について，課税当局が，2000年に法人税と所得税の基本通達を変更（9−1−14⑶と59−6⑷）し，上場有価証券以外の株式の評価において評価差額に対する法人税額等を控除しないとしたことは，次の理由により間違いであるから，早急に改めるべきである。

課税当局は，①半永久的な将来の税金の現在価値は，限りなく０に等しいこと，及び②株式の実際の取引価額（貸方側）は，時価純資産価額（借方側），すなわち実効税率40％（バブル時は51％）控除前の額のおおむね10％程度低いことを理由にあげているようである。

しかしながら，①については，産業構造の変化に応じ，一部の土地を売却して，リストラ又は配当等を行う企業が後を絶たないこと，②については，その10％控除した取引水準というのは，企業が半永久的にリストラを必要としないというバブル時における右肩上がり信仰に基づく取引であったこと，加えて③株式売却法人又は個人（旧株主等）がその評価差額（含み益）に課税されたうえに，当該株式等購入法人又は個人（新株主等）がM&A等により近い将来に土地を売却する場合（決して稀なことではない）に，当初の売却法人又は個人（旧株主等）に属する利益（課税済み部分）にまで課税されるから，配当課税と同様の二重課税の側面があること，しかも④当該課税分だけ資産が減額されるのに，株式購入法人又は個人（新株主等）の有価証券の簿価が当該課税対象分だけ高いままに残ることが無視されて，誤った税通達により高価売買が強制されることを指摘したい。

③④については，時価会計において税効果を見ると一層明確になる。すなわち，借方側は土地評価増分を計上するが，貸方側は負債として評価差額に対する繰延税金負債を計上し，純資産として当該土地評価増分から当該繰延税金負債控除後の額（純資産増分という）を純資産に計上するのである。したがって，時価純資産価額（貸方側）としての株式価額（純資産の額）は，評価増前の純資産の額に当該純資産増分を加えた額になることは自明である。

たとえば，時価会計において，簿価が１億円，時価が２億円の土地については，次の仕訳をすることになる（実効税率を40％とする）。

（借方）土地　100,000千円　（貸方）繰延税金負債　40,000千円
純資産　60,000千円
（土地評価益）

さらにいえば，この場合には，解散を前提としないから，清算所得に対する税金分ではなく，各事業年度の所得に対する税金分を控除しなければならないのである。（土地重課のあるときは，さらに別途控除する必要も生じてくる）。

α・βは，原則的には0.5を採用する。

しかしながら，たとえば業界全体が赤字で回復見込みが乏しい場合，又は年齢的に引退の時期が近づいて後継者がいない場合には，βのウエイトを大きくして求めることになる。この場合には，βのウエイトを大きくする代わりに，次の算式のように収益還元法において有期限の方法を採用し，予想される引退時点迄の収益価格に引退時点の期待譲渡価格（税引後自己資本）の現在価値を加算した価格を求めるのも一法である（ただし，M&Aの可能性が高ければ0.5のままでよいときもある）。

$$\underset{\text{(収益価額)}}{P_E} = E \times \overbrace{\frac{(1+y)^n - 1}{y(1+y)^n}}^{\text{(複利年金現価率)}} + S \times \overbrace{\frac{1}{(1+y_P)^n}}^{\text{(複利現価率)}} \qquad ❽$$

E：標準経常利益

y：平均自己資本経常利益率

S：n年後税引後自己資本

y_P：現価算出利回り

(b)　経営支配とは関係がない株主の所有する株式の価格

この株式価格は，表Ⅶ－2のうち(a)（分子をDにしたもの）と(e)の両者を加味して求める。

この場合の具体的な諸方式は，次のとおりである。

（配当還元法）　（再調達原価法）

1株当たり配当還元価格×α＋1株当たり時価純資産価格×β　❾

$$１株当たり配当還元価格＝配当還元価額÷発行済株式数\quad 又は，\quad ❿$$

$$１株当たり配当還元価格=\frac{１株当たり平均配当}{平均配当利回り}\quad (❿１)$$

$$配当還元価額\ P_D=\frac{平均配当金額}{平均配当利回り}\quad (❿２)$$

$$平均配当金額＝平均税引（前）後経常利益×平均配当性向\quad (❿３)$$

平均配当金額は，対象企業の期待税引後経常利益に対象企業と類似の規模で同業種の平均配当性向を適用して求める。(a)の経常利益について述べたことと同じ理由で期待税引後経常利益を得ることが困難な場合には，平均税引前経常利益に基づく標準的な数値によることは，次善の方法としてやむを得ないのではないか（ゴードン・モデル(注13)についても同じことがいえる)。

平均配当利回りは，対象企業と類似の規模で同業種の平均資本金配当率を採用する。

１株当たり時価純資産価格は，(a)と同じものである。

α・βについては，含み益実現との関連において，一般にはβのウエイトを低くして求めることになる。

将来M&Aが予測される場合には，M&A時点には時価純資産価格が実現する可能性があるから，βのウエイトを低くする代わりに，次のように有期限の割引再調達原価法により当該M&A時点の現在価値としての時価純資産価格を求めるのも一法である。

$$P_{DA}=D\times\underbrace{\overbrace{\frac{(1+y_P)^n-1}{y(1+y_P)^n}}^{\text{(複利年金現価率)}}}_{\text{(n 年間の年々の配当還元価額)}}+\underbrace{A_n\times\overbrace{\frac{1}{(1+y_P)^n}}^{\text{(複利現価率)}}}_{\text{(n 年後時価純資産価額の現在価値)}}\quad ⓫$$

D：平均配当金額

A_n：n 年後時価純資産価額

y_P：現価算出利回り

この場合等には，簿価純資産価格が時価純資産価格を上回ることもありうるから，時価純資産価格の把握が困難であれば，簿価純資産価格によることも便法として認められよう。

具体的には，配当還元価格とこの簿価純資産価格にα・βを適用して得られた価格が，配当との関連においてその時点の利回りとバランスがとれているかどうか，逆にいえば，その時点の利回りとバランスのとれるα・βを採用して株価を求めることが重要である。

この方法においても，持株会員等の貢献の結果としての留保利益が反映されるから，社員等の勤労意欲の向上に役立つというメリットも得られることになる。

以上の量的側面の検討に当っては，監査の手順による財務諸表の各項目の検証のほか，実質的関係会社との連結・同関連会社に対する持分法の適用が必要である。

さらに，これらの前提として，質的側面，特に日本と世界の経済動向，対象企業の属する業界事情等及び対象企業そのものの調査研究が必要であることをつけ加えさせて頂く(注14)。

表Ⅶ－3　株価分析諸比率

$$\text{PER}=\frac{\text{株価}}{\text{EPS(利益)}}=\text{株価収益率}$$

$$\text{PBR}=\frac{\text{株価}}{\text{BPS(簿価純資産)}}=\text{簿価純資産倍率}$$

$$\text{PMR}=\frac{\text{株価}}{\text{時価純資産}}=\text{Q レシオ}$$

$$\text{BPS}=\frac{\text{総株主資本}}{\text{株数}}=\text{簿価純資産}$$

$$\text{EPS}=\overset{\text{(ROE)}}{\frac{\text{利益}}{\text{株主資本}}}\times\overset{\text{(BPS)}}{\text{株主資本}}=\text{利益}$$

$$\text{Ps}=\overset{\text{(PER)}}{\frac{\text{株価}}{\text{利益}}}\times\overset{\text{(EPS)}}{\text{利益}}=\text{株価}$$

（注）株主資本＝自己資本＝純資産

ただし，改正「財務諸表規則」によると，株主資本≦自己資本になる（V（注５））。

(3) 株価分析諸比率[注15]

株式価格との関連で，表Ⅶ－３の株価分析諸比率について説明すると，次の通りである。

【PER（株価収益率）】

経済が成長を続けて，株価が値上がりするようになると，期待配当Ｄを期待配当利回りで資本還元した配当証券価格の公式では株式価格の説明がつかなくなるから，証券業界は，配当Ｄを税引後利益Ｅに置き換え，Ｅを益回りで資本還元した公式$\frac{E}{y+r}$を展開して，次の株価収益率（PER=Price Earnings Ratio）をその新しい指標として開発している。

この配当・利潤証券価格の側面は，神武景気の1958年頃までは，上場株式平均配当利回りが定期預金（１年）利率よりも高かった時期にはっきりと現われていた。当時は，期待配当利回りは定期預金利率よりも株価の値下りの危険率だけ当然に高いものとされ，株式投資は専ら配当とりを目的に行われていたのである。

PERは，$P_S=\frac{D}{y}$において，ＤをＥにおきかえたものから導きだすことができる（r_Sは省略）。

P_S：株式価格　　　y：株式期待利回り

D：期待配当　　　E：１株当り年間税引後期待利益（EPS）

R：PER

$P_S=\frac{E}{y} \rightarrow y=\frac{E}{P_S} \rightarrow \frac{1}{y}=\frac{P_S}{E}$において$\frac{1}{y}=R$とすると，

$R=\frac{P_S}{E} \quad \therefore P_S=ER$　　⓬　　となる。

すなわち，株式価格P_Sは，⓬式のように１株当たり年間期待利益ＥのＲ倍としてとらえられる。

【PBR（簿価純資産倍率）】

株価の簿価純資産倍率（PBR=Price Book-Value Ratio）は，次の通り株価が1株当たり簿価純資産価格の何倍かを示す指標である。

$$PBR=\frac{P_S}{B} \qquad ⓭ \qquad B：1株当たり簿価純資産価格（BPS）$$

バブル崩壊以降，株価の暴落によりPBRが1を割り込む企業がかなりの数に上って問題視されていたことは，周知の事実である。

しかしながら，この算式の分母が簿価純資産になっていることは，それ以上に問題である。というのは，土地再評価法と減損会計の利用により，上場会社の一部は時価に評価替えされているが，その他の上場会社と土地再評価法の対象外とされた非上場会社は，減損会計（原則として2005年4月1日以後開始事業年度から実施）の利用により評価損は計上されるが，評価益は計上されないままとなる（非上場会社は，減損会計も強制されない）。

【PMR（Qレシオ）】(注16)

バブル景気時には，高い株価を説明する指標として，時価純資産倍率としての次のようなPMR（＝Price　Market-Value　Ratio：Qレシオ）が登場するに至っていた。

$$PMR=\frac{P_S}{M} \qquad ⓮ \qquad M：1株当たり時価純資産価格$$

これは，バブル景気時に，地価の高騰により異常に高くなったMに対して，PMRが1になるまで株式を買い進むことができるという説である。

このqレシオは，リストラクチュアリングの可能性との関連において，バブル景気時の高株価を説明する有力な指標とされていたが，次の理由により，この指標のみにより株価を説明するのは合理性に欠けるものである。

この公式における分母のMについて，

① 不動産鑑定業界では一般に積算価格（資産価格）は収益価格よりも高過ぎるとみられていること

② バブル崩壊後は不動産鑑定価格，特に収益価格によらない時価は，根拠が

薄弱であること

③　バブル景気時の地価高騰は，過剰流動性の下での，付加価値とのバランスを無視した，行き過ぎたものであったこと

【BPS（簿価純資産）】

PMR（時価純資産倍率）に対して，BPS（＝Book-value Per Share：簿価純資産）は，⓭式の通り，総株主資本を株数で除したものである。

$$\text{BPS} = \frac{\text{総株主資本}}{\text{株数}} = \text{株主資本} = \text{簿価純資産} \quad ⓭$$

多くの企業は，バブル景気時以前には，一般的に簿価純資産価額と比べて時価純資産価額が高かったから，それらの企業に含み益が生じていて，大きい担保余力を生み出していた。しかし，バブルが崩壊してからは，その前とは逆に含み損が生じていて，「減損会計」[注17]により簿価を減額せざるを得なくなってきている。

したがって，現時点では土地再評価の可能な間にそれと同時に減損を行った企業の簿価は，時価に近づいてきている。しかし，①一部の地域を除いて，土地再評価時点以後さらに地価が下落していること，②「減損会計」ではグルーピングが認められているから，単体としてはかなり下落しているものがあること，③「減損会計」だけで，含み益のある土地について再評価をしていないものがあること等の理由により，まだまだ簿価が時価とほぼ等しいといえるところまではきていないのではないか？

【EPS（利益）】

EPS（＝Earnings Per Share：利益）は，⓮式の通り，ROE に BPS を乗じたもの，すなわち１株当たり期待利益をいう。

$$\text{EPS} = \overset{\text{(ROE)}}{\frac{\text{利益}}{\text{株主資本}}} \times \overset{\text{(BPS)}}{\text{株主資本}} = \text{利益} \quad ⓮$$

【P_S（株価）】

P_S（＝Stock　Price：株価）は，⓯式の通り，PER に EPS を乗じたもの，すなわち１株当たり株式価格をいう。

$$P_S = \frac{\overset{(PER)}{株価}}{利益} \times \overset{(EPS)}{利益} = 株価 \quad ⓯$$

3．資金の具体的調達形態

ここでは，企業資本が資金を具体的に調達する各形態，すなわち第3階層の直接金融，第2階層の間接金融，第1階層の商業信用，及び第1階層から第4階層にまで関係する外国為替信用のそれぞれについて説明する。

⑴ 直接金融（第3階層）による資金の具体的調達

【直接金融の種類】

株式会社の直接金融による資金の具体的調達については，株式・社債・CP，及びその他（証券化商品）がある。

この直接金融としての証券信用は，産業資本・商業資本・又はサービス資本の金融過程（表Ⅲ－2❺式の「産業資本等と人間生活の循環過程の明細表」における資本の循環の第1段階）で各企業資本が資金を具体的に調達するものである。

直接金融のうち，株式と証券化商品の一部（不動産投資信託）は，原則として返還する必要がないが，社債・CP等は償還・返済等が必要であるから，表Ⅲ－2❺式の「産業資本等と人間生活の循環過程の明細表」における資本の循環の第5段階も関係がある。

【直接金融の効果】

直接金融の種類のうち，中心になるのは株式発行による資金調達である。それにより事業が順調に立ち上がれば，株式以外の直接金融による資金の調達が容易になるほか，間接金融としての銀行等からの資金の調達も同じく容易になる。

ただし，バブル景気時のように資金需要を超えてまで過大に増資等を行うと，①資金の運用が安易になるほか，②その運用効率が悪化して配当が重荷になってしまうことになる。

【直接金融のリスク】

「直接金融の効果」のただし書きで述べたように，①時価発行増資過大の場合にその運用効率が低下したときは，配当負担に耐えられなくなる虞があるし，②転換社債・新株予約権付社債の場合に株価が転換予定価格まで上昇しないときは，高利率の社債利息を支払わなければならないから，かえって資金コストが高くつくというリスクがある。

a．株式発行

【増資】

増資には，額面価格による増資と時価発行増資がある。戦後の日本では，長らく額面価格による増資が行われていたが，1969年に日本楽器が時価発行増資を始めたのを嚆矢として株価の高い企業が株式の時価に対する配当利回り並みの資金コストで資金を調達することが可能になった。しかし，既述の通り，株式配当は，課税上損金算入が認められていないから，借入金利息よりも不利である（たとえば，税率が50%であれば，実質的な配当コストは倍になる）。

このような時価発行増資ができるのは，上場会社であることが大前提になる（近時には，創業者利得の獲得を目指して，近い将来に上場が可能な企業の株式を取得することも行われてきているが，これはあくまでも例外的なケースである）。

【IPO と株式市場】（注18）

新規株式公開（IPO=Initial Public Offering）については，各証券取引所の敷居が高かったのが，「ジャスダック」「マザーズ」「ヘラクレス」「セントレックス」「G-Board」「アンビシャス」の各市場ができることにより，非上場の企業（株式会社）の新規株式公開がかなり容易になってきている。

具体的には，2004年に175社が IPO を実施している。

【配当政策と資金コスト】

自己資本としての株式は，長期的安定的な資金であるが，課税後の配当になるから，その支払利息を損金に算入できる他人資本としての借入金又は社債よりも資金コストが高くつく。それ故，戦後の日本では長い間，一方では株式の配当性向を低く抑え，他方では長期借入金のウエイトを高くして，全体としての資金コストを低めていた（借入金の梃子作用）。

【上場企業】

上場企業のメリットは，①知名度の向上による人材確保，②資金調達，及び③M&Aにおける買収通貨の確保等がそれぞれ容易になることである。

上場企業の場合には，配当政策を含めた株価対策と会社乗っ取りの防止が重要になる。

最近には上場企業のメリットよりも後者を重視して，株式を当初から非公開化しているサントリー，竹中工務店等のほかに，株式の上場を止めて非公開化したワールド，ポッカ等の企業資本も出てきている(注19)。

【非上場企業】

上場企業のメリットの反面として，非上場企業は，①人材確保，②資金調達，及び③M&Aにおける買収通貨の確保等がそれぞれより困難になる

【アナリスト】

アナリストは，主として上場株式企業の経営者との面接，経営分析等を通じて，当該企業の株価の将来動向を予測することを業とする者である。

b. 社債発行

【資金コスト】

既述の通り，社債利息は，借入金に対する支払利息と同じく，損金に算入することができるから，資金コストとしては，株式配当よりも有利である。

【上場企業】

上場企業の場合には，格付けを得ることにより，社債発行による資金の調達，又は銀行借入金もより容易になる。

【非上場企業】

中小企業の場合には，格付けがないから，市場から資金を集めることが困難である。しかし，中堅企業の場合には，銀行の引受による発行も可能である。

【格付けと格付機関】(注20)

格付けとは，「契約によって償還や支払いを約束したものが約束通りに返済されるかどうか」という「信用リスク」を判定することであり，トリプルB以上の債券が「投資適格」とされている。

その評価対象は，「もともとは債券だけ」であり，「株式はもともとリスクを負担する資本であり，格付けの対象にはならない」ものである。

格付機関は，主として上場株式企業の経営者との面接，経営分析等を通じて，当該企業の社債の償還可能性の程度を予測することを業とする機関である。アメリカには，ムーディーズ，S&P，フィッチ－BCA，ダフ・アンド・フェルプス，トムソン・バンク・ウオッチの五大格付機関がある。日本には，日本公社債研究所，日本格付研究所，日本インベスターズサービスの三格付機関がある。

c．CP発行(注21)

コマーシャル・ペーパー（CP=Commercial Paper）は，企業が運転資金調達を目的として振り出す短期の無担保約束手形である。CP市場は，1987年にCPの取引市場として創設されており，又，1988年5月には日本銀行がCPを対象としたオペ（公開市場操作）も実施している。

d．その他（証券化商品）発行

その他，すなわち証券化商品の代表的なものには，債権の証券化及び不動産の証券化（J-REIT＝不動産投資信託と不動産共同投資事業）等がある。

⑵　間接金融（第2階層）による資金の具体的調達

間接金融による資金の具体的調達については，銀行借入・公的金融機関からの借入等がある。

この間接金融としての銀行信用は，産業資本・商業資本・又は狭義のサービス資本の金融過程（表Ⅲ－2❺式の「産業資本等と人間生活の循環過程の明細表」における資本の循環の第1段階と第5段階）で各企業資本が資金を具体的に調達するものである。

【資金コスト】

既述の通り，借入金利息も，社債に対する支払利息と同じく，損金に算入することができるから，資金コストとしては，株式配当よりも有利である。

【手形割引と借入金】

一般の企業資本は，銀行等に対して，①商業手形の割引，及び（又は）手形又は金銭消費貸借契約による借入を行うことにより，割引料及び（又は）借入金利息を支払うが，これらの割引料・借入金利息は，既述の通り，課税上損金算入が認められているから，株式配当よりも有利である。

【間接金融の効果】

間接金融は，借入利息というコストのかかる他人資本ではあるが，企業資本が自己資本で資金需要を賄えない場合に効果を発揮する。特に成長過程では，レバレッジ（梃子）効果があり，間接金融を得られない場合と比べて，企業資本の成長を一層促進する。

ただし，その資金需要を生み出した利益計画が予定通りの売上げと付加価値をもたらさなければ，極端には赤字に転落し，利息の支払いどころか，元本の返済も覚束なくなるから，ここでも企画の重要性を指摘することができる。

【間接金融のリスク】

「間接金融の効果」のただし書きで述べたように，①当該企画が甘い場合のほか，②当該企業の属する産業が不振に陥る場合と，③産業全体の景気低迷の場合には，債務と金利の負担が重くのしかかることになるという，間接金融のリスクに留意しなければならない。

a．銀行借入

【メインバンクとモニタリング】

1980年代の後半までは，かなりの企業資本がメインバンクを持っており，メインバンクは，各企業資本をモニタリング（監視）していた。それ故，メインバンクが当該企業に対して融資を決定すれば，それ以外の銀行等は，メインバンクに追随して融資を行うだけでもリスクをかなり回避することができた。

しかしながら，1980年代の後半になり，資金需要に比べて資金供給が過剰になりだすと，各企業資本は自立性を強めるから，メインバンクでも密度の濃いモニタリングが困難になっていた。

【担保・保証と返済資源】

間接金融については，担保・保証と返済資源が必要になる場合が多いが，それらについては，Ⅵ２⑻で説明済みである。

【借入（ローン）】

他人資本としての利払いを必要とする借入については，戦後に長らく蓄積不足であった影響により，１行取引ではなく，メインバンクを決めたうえで数行と取引をする場合が殆どであった。

シンジケートローンは，メインバンクが中心になって協調融資を行うものである。

バブル崩壊以降に実施されだしたノン・リコースローンは，倒産時に担保の不足分について更に債務者に対して返済要求を行うリコースローンとは異なり，倒産時に担保の不足分があっても債務者に対してその返済要求を行わないものである。

【期間】

一般に長期と短期との区分は，１年が基準になる（ワン・イヤー・ルール）。

設備資金と在庫を支える資金等については，前者は，その投資の回収に長期間を要するから，当然に借入期間が長期になり，後者も，在庫を支える資金及びその他の経常的な支払い資金の１ヶ月分程度の準備資金を必要とするから，借入期間が長期になる。

生産期間，仕入れ期間・販売期間に対する取引先との信用授受のあり方，季節的変動，及び経費支払い等の理由により１年以内の短期資金が必要になる場合もある。

b. 公的金融機関からの借入

公的金融機関としては中小企業金融公庫・国民生活金融公庫・商工組合中央金庫等がある。

これらの金融機関は，中小企業の法人又は個人に対して設備資金又は運転資金の低利融資を行うものである。これらの融資は，設備資金又は運転資金の区別に応じて貸付金額の上限や貸付期間等の限定はあるが，中小企業者に対するセーフティネットの一つとしての役割を果たしている（最近にはこれらの機関の統合がもくろまれている）。

⑶　直接金融・間接金融の資本コスト

【直接金融と間接金融との比較】

【実務界の概念】

資本コストの概念については，「実務界とアカデミズムの世界の間には，大きな隔たりがあるといわれている」(注22)。具体的には，次の通りである。

実務界では，資本コストは，「資本利用に伴う現金支出」，すなわち，株式に対しては配当が，負債に対しては利子が，それぞれ資本供給者への報酬として支払われるが，留保利益に対しては資本コストが０であるとされている。

これについて詳述すれば，直接金融のうち株式については，利益を上げるまでは無配でもやむをえないが，その本来的な姿は，株主に対して全産業又はその企業の属する業種の平均的な配当利回り水準にほぼ等しい配当をしなければならない。しかし，配当は，法人税等が利益に課税された後の額から行わねばならないものであるから，配当コストは，配当／（１－法人税等割合（現在の実効税率は約40%））となる。つまり法人税等割合だけ高いものとなる。

これに対して，間接金融の銀行借入利息（直接金融の社債・証券化商品利息を含む）は，営業外費用として税法上の損金になるから，その支払利息がそのまま借入コストになるというものである。

【「近代財務論」の概念】

これに対して，アカデミズムの世界における「近代財務論」では，資本コストは，負債に対しては実務界と同じく，支払利子率であるとされている。しかし，株式に対しては，「単に配当を求めているのではなく，資本利得（キャピタルゲイン）をも含んだ形で一定の収益率を期待している」。更に，留保利益に対しても，株主の機会費用，すなわち株主が配当を分配されないことにより，その運用益を得る機会をなくしているから，「企業は株式の資本コスト以上の収益率をあげる義務を負う」から，これがその資本コストになるものとされている。

「近代財務論」の概念については，資本コストをこのように捉え，収益率を向上させて株価を上げておけば，時価発行により，低利で多額の資本調達が容易になる。それ故，高成長の会社には，この概念を当てはめやすくなるといえる。

⑷　商業信用（第１階層）の利用

商業信用は，各企業資本が製品・商品・サービスの仕入れと売上げに当たり，相互に企業間信用を授受し合うものであり，商業信用の信用制度としての機能は，Ⅵ２⑴で述べた通りである。

この商業信用は，商業的流通（産業資本・商業資本・又は狭義のサービス資本に対する仕入れ）の仕入れ過程（表Ⅲ－２❺式の「産業資本等と人間生活の循環過程の明細表」における資本の循環の第２段階）と，商業的流通（産業資本・商業資本・又は狭義のサービス資本に対する販売）の販売過程（同資本の循環の第４段階）で各企業資本が相互にキャッシュを節約して将来の収入を引き当てに売掛金・受取手形等の企業間信用を授受し合うものである。

(5) 消費者信用（第１階層）の利用

消費者信用は，大量生産された商品を大量販売するために生み出されたものであり，消費者信用の信用制度としての機能は，Ⅵ２(2)で述べた通りである。

この消費者信用は，一般的流通（最終消費者に対する販売）の販売過程（表Ⅲ－２❺式の「産業資本等と人間生活の循環過程の明細表」における資本の循環の第４段階）でキャッシュがなくても将来の収入を引き当てにカード・つけ等により製品・商品，又はサービスの販売を行うものである。

(6) 外国為替信用（第１階層～第４階層）の利用

外国為替信用の信用制度としての機能は，Ⅵ２(9)で述べた通りである。

この外国為替信用は，①第１階層では，対外的商業的流通（産業資本・商業資本・又は狭義のサービス資本に対する仕入れ）の仕入れ過程（表Ⅲ－２❺式の「産業資本等と人間生活の循環過程の明細表」における資本の循環の第２段階）と，同商業的流通（産業資本・商業資本・又は狭義のサービス資本に対する販売）の販売過程（表Ⅲ－２❺式の「産業資本等と人間生活の循環過程の明細表」における資本の循環の第４段階）でキャッシュがなくても将来の売上金回収を引き当てに売掛金・受取手形等を対価として製品・商品，又はサービスの販売を行うものである。

②第２階層と第３階層では，産業資本等の循環過程の第１段階と第５段階において対外的な銀行信用等と「証券信用」を利用するものである。ただし，既述のように，「証券信用」のうち，株式とJ-REITは，原則として第５段階には関係しないものである。

③第４階層では，各企業資本は，リスクのヘッジ又は余剰資金を梃子とする積極運用等を求めて対外的な「ヘッジ」信用を利用するものである。

（注１）会計制度委員会1994.1.18の「リース取引の会計処理及び開示に関する実務指針」二１参照。

（注２）「M&A」（日本経済新聞社編『経済新語辞典』1995.5刊），「非ファンド型M&A活発」（日本経済新聞2005.7.21号），及び「シンポ会社とは何か　M&A成長戦略に有効」（日本経済新聞2005.7.21号），表Ⅶ－１は，「会社とは何か」（『日本経済新聞』2005.11.11号）参照。

（注３）建部好治著『上場・非上場株式評価の基礎理論と具体例』（清文社2000.8刊）参照。なお，この図書については，『証券経済研究』2001.5号に日本証券経済研究所佐賀卓雄主任研究員の，『資産評価政策学』2003.2号に筑波大学品川芳宣教授の，各書評が掲載されているから併せて参照されたい。

（注４）我妻栄編集代表『新法律学辞典』（有斐閣1976－初版1967刊）の項目「株式」「株主権」参照。

（注５）安宅川佳之論文「日本における機関投資家とコーポレート・ガバナンス」（『証券経済研究』日本証券経済研究所1999.11刊）参照。

（注６）菱山隆二論文「企業，NGOなどと連携急げ」（『日本経済新聞』1999.12.8号）及び吉富勝著『日本経済の真実』（東洋経済新報社1999.3－初版1998.12刊）参照。

（注７）渋谷博史教授は，アメリカの現実を踏まえ，コーポレートガバナンスの問題について「「儲けの分け前」の分析とはせず，会社の規律と社会の規律のズレを修正し，一致させるという民主主義的な問題意識の土俵に乗せて議論されるという面も見逃してはならない」とされている。同教授論文「アメリカの機関投資家とコーポレート・ガバナンス：研究資格設定の試み」（『証券経済研究』1999.11号）参照。

（注８）上村達男教授は，このような側面を捉えて，企業法制変革（証券取引法適用株式会社だけではなく，公的規制の対象株式会社とそれらのない株式会社との株式会社法理のあり方の相違を踏まえたものにすること）の重要性を論じている（上村達男論文「企業ビッグバンとコーポレートガバナンス—企業法制変革の視点は何か—」第一法規出版『JICPAジャーナル』1999.5号参照）。「経営多様化に商法も対応を」（『朝日新聞』2000.5.2号）参照。

（注９）このことは，砂漠の中に造られた街のラスベガスに典型的に見ることができる。

（注10）（注３）の建部著前掲書参照。

（注11）「株式公開に際して行う最低入札価格算定基準に関する考え方」（引受部長会1989.3.1）は，次のとおり類似会社の株価を基にしているから，類似会社の株価の根拠（基礎理論に基づく諸方式）をａで求めたのである。

適当な類似会社（原則として２社以上）を選定し，公開会社と類似会社の１株当たり純利益及び純資産についての比率の平均を求め，当該平均比率を類似会社の株価に乗じて，公開会社の最低入札価格を算定する。

（注12）１．中小企業株価研究会著『中小企業の株式評価』清文社（1973刊）参照。

２．戦前の日本発送電と日本製鉄の合併は，再調達原価法と収益還元法の平均価格により行われたとされている（井上達雄著『例解会計簿記精義』白桃書房（1960刊）参照）。

（注13） ゴードン・モデルは，次の算式で株式投資価値 P_S を求めるものである。

$$P_S=\frac{D}{i-rb}$$

D：１株当たり配当金

i：配当利回り

r：投資利益率

b：利益の内部留保率

（日本公認会計士協会経営研究調査会編『株式等鑑定評価マニュアル Q&A』商事法務研究会1995．9刊参照）

これは，次のように期待配当が年々増加する場合と同じになる。すなわちこれは，

$P_S=\frac{D}{y_S-g_S}$ の公式で書くこともできる。 y_S：期待配当利回り　g_S：期待利益成長率

（r_S は省略－小野二郎『証券価格論』同文館（1979．4刊）参照）。

「証明」

$$P_S=\frac{D_1}{1+y_S}+\frac{D_2}{(1+y_S)^2}+\cdots\cdots+\frac{D_n}{(1+y_S)^n}+\frac{S_S}{(1+y_S)^n}$$

（DCF 法）において，$D=D_1=D_2=\cdots\cdots=D_n$ とすると

$$P_S=\frac{D\cdot\frac{1}{1+y_S}\left\{1-\frac{1}{(1+y_S)^n}\right\}}{1-\frac{1}{1+y_S}}+\frac{S_S}{(1+y_S)^n}$$

$$=\frac{D\cdot\frac{1}{1+y_S}\left\{1-\frac{1}{(1+y_S)^n}\right\}}{\frac{y_S}{1+y_S}}+\frac{S_S}{(1+y_S)^n}$$

（有期限）

$$=\frac{D}{y_S}\left\{1-\frac{1}{(1+y_S)^n}\right\}+\frac{S_S}{(1+y_S)^n}$$

（無期限）

$n\rightarrow\infty$ の場合，$\frac{1}{(1+y_S)^n}\rightarrow 0$，$\frac{S_S}{(1+y_S)^n}\rightarrow 0$，$\therefore P_S=\frac{D}{y_S}$

以上の算式に g_S を導入すると，次のようになる。

$$P_S=\frac{D}{1+y_S}+\frac{D(1+g_S)}{(1+y_S)^2}+\cdots\cdots+\frac{D(1+g_S)^{n-1}}{(1+y_S)^n}+\frac{S_S}{(1+y_S)^n}$$

$$=\frac{D\cdot\frac{1}{1+y_S}\left\{1-\frac{(1+g_S)^n}{(1+y_S)^n}\right\}}{1-\frac{1+g_S}{1+y_S}}+\frac{S_S}{(1+y_S)^n}$$

$$=\frac{D\cdot\frac{1}{1+y_S}\left\{1-\frac{(1+g_S)^n}{(1+y_S)^n}\right\}}{\frac{y_S-g_S}{1+y_S}}+\frac{S_S}{(1+y_S)^n}$$

（有期限）

$$=\frac{D}{y_S-g_S}\left\{1-\frac{(1+g_S)^n}{(1+y_S)^n}\right\}+\frac{S_S}{(1+y_S)^n}$$

（無期限）

n→∞の場合で $y_S > g_S$ のとき $\frac{(1+g_S)^n}{(1+y_S)^n} \to 0$ $\frac{S_S}{(1+y_S)^n} \to 0$

$\therefore P_S = \frac{D}{y_S - g_S}$

（注14）対象企業の属する業界事情等及び対象企業そのものの調査研究には，次の内容を開示した，それぞれの「有価証券報告書」（2006．４．25・26改正の「企業内容等の開示に関する内閣府令」第２・３・４号様式）の３～５期分及び「利益計画」の今後３～５年分と，金融財政事情研究会編の『業種別貸出審査辞典』等を検討する。

中小企業の場合には，「有価証券報告書」の代わりに，「会社概況」及び「財務諸表」等添付の「法人税申告書」等（「諸資料」という）の３～５期分及び「利益計画」の今後３～５年分と，同研究会編の同書等を検討する。そして，子会社のないときは，「連結」ではなく，「単独」の「諸資料」を対象とする。

A．企業情報

１．企業の概況

⑴　主要な経営指標等の推移

⑵　沿革

⑶　事業の内容

⑷　関係会社の状況

⑸　従業員の状況

２．事業の状況

⑴　業績等の概要

⑵　生産，受注及び販売の状況

⑶　対処すべき課題

⑷　事業等のリスク

⑸　経営上の重要な契約等

⑹　研究開発活動

⑺　財政状態及び経営成績の分析

３．設備の状況

⑴　設備投資等の概要

⑵　主要な設備の状況

⑶　設備の新設，除去等の計画

４．提出会社の状況

⑴　株式等の状況

⑵　自己株式の取得等の状況

⑶　配当政策

⑷　株価の推移

⑸　役員の状況

５．経理の状況

⑴　連結財務諸表等

(2) 財務諸表等

6．提出会社の株式事務の概要

7．提出会社の参考情報

B．提出会社の保証会社等の情報

(1) 保証会社情報

(2) 保証以外の会社の情報

(3) 指数等の情報

(注15)「決算書の読み方」(『ダイヤモンド』2005.12.3刊）参照。

(注16) 紺谷典子，若杉敬明，丸　淳子，米沢康博他著『日本の株価水準研究グループ報告書』(財団法人日本証券経済研究所　1988年刊）参照。

(注17) Ⅷ（注6）2参照。

(注18)（注3）の建部著前掲書，「IPO 銘柄の投資術」及び「IPO 投資の基礎」(『日本経済新聞』2005.7.10号及び7.24号）参照。ただし，投資家の側から見ると，後者は，2005年上期に上場した75社のうち，2005.7.24現在の株価が初値を下回っているのが6割以上ということを指摘しているから，注意が必要である。

(注19)「非上場という選択肢」，及び「問われる上場の意味と価値」(『日本経済新聞』2005.8.1号，及び『同』夕刊2005.8.2号）参照。

(注20) 黒沢義孝著『〈格付け〉の経済学』(PHP 新書　1999.2刊）参照。

(注21) 島　謹三担当「短期金融市場」(大阪市立大学経済研究所編『経済学辞典』岩波書店第3版　1992年刊)，及び日本経済新聞編「CP オペ」(『日本経済新聞』1999.12.8号）参照。

(注22) 森　昭夫，赤石雅弘編『構造変革期の企業財務』(千倉書房1998.2刊）参照。

Ⅷ．個別資本＝企業資本の運用のチェックと経営・財務技術論

1．運用実施後の経営全体のチェック

【経営理念に基づくチェック】

企業資本の運用実施後に先ず重要なことは，Ⅱの「経済の目的」における持続的共生のための「生態系主主義（エコクラシィ）」の理念を踏まえた経営理念に基づく経営計画が，お題目や対外的なポーズに留まらずに，新 CEO や新 CFO の意図した通りに各部新執行役員や財務担当新執行役員の指揮の下に，新社員や財務部新社員により本当に実施されているか否かということである。

したがって，以下に述べる使用総資本利益率や ROE 等の利益関連諸比率は，そのような経営計画の実施の下で得られたものでなければならないのである。

【計画・期間比較】

時系列の経営分析により，当初計画及び過去 3 ～ 5 期間の比較を行い，当企業の現時点におけるキャッシュ・フローを含めた財政状態・経営成績の位置づけを行う。

【使用総資本利益率】

使用総資本利益率は，利益の使用総資本に対する割合であり，使用総資本の経営効率を示すものである。利益は，経営分析の目的に応じて営業利益・経常利益・税引前利益又は税引後利益を用いる（特定しなければ以下同じ）。使用総資本は，株主資本としての自己資本と銀行借入を主とする他人資本からなるものであり，厳密には期中におけるそれらの平均残高によるが，殆どの場合，

便法として期首と期末の平均によっている。

使用総資本利益率の算式は，分解すると，典型的には次の❶式の通り，売上高との関係を捉えた，売上高利益率に総資本回転率を乗じたものとされている。

$$\text{使用総資本利益率} = \frac{I}{TA} = \overset{\text{(売上高利益率)}}{\frac{I}{NS}} \times \overset{\text{(使用総資本回転率)}}{\frac{NS}{TA}} \quad ❶$$

I（Income）　：利益

TA（Total Assets=Total Capital）：（使用）総資産＝（使用）総資本

NS（Net Sales）　：売上高

ちなみに小生は，使用総資本利益率（この指標は，ミクロのものであるが，それらを集計したマクロの指標としても有用である）に着目して，今回の不況を，他人資本としての借入資本と自己資本としての株主資本の両者が期待利益に対して過剰であるという「**過剰総資本不況**」（Ⅸ 3の実証参照）と名付けた報告を行っている(注1)。

❶式において利益を税引後のものとし，売上高に加えて，固定資産と純付加価値との関係を捉えると，使用総資本税引利益率は，次の❷式又は❸式として展開することができる。

$$\overset{\text{(使用総資本税引後利益率)}}{\frac{NI}{TA}} = \overset{\text{(使用総資本固定資産比率)}}{\frac{FA}{TA}} \times \overset{\text{(固定資産純付加価値率)}}{\frac{AV}{FA}} \times \overset{\text{(純付加価値税引後利益率)}}{\frac{NI}{AV}} \quad ❷$$

$$= \overset{\text{(使用総資本固定資産比率)}}{\frac{FA}{TA}} \times \overset{\text{(売上高税引後利益率)}}{\frac{NI}{NS}} \times \overset{\text{(固定資産回転率)}}{\frac{NS}{FA}} \quad ❸$$

NI（Net Income）　：税引後当期純利益

FA（Fixed Assets）　：固定資産

AV（Added Value）　：純付加価値

【使用総資本純付加価値率】

使用総資本純付加価値率は，純付加価値の使用総資本に対する割合である。

純付加価値は，最終的な利益に分配される前の「分配前利益」と「人件費」との合計であり，それは，人件費とともに最終的な利益の前提として重要なものであるから，使用総資本の運用により，まずどれだけの利益を上げたかという次の❹式の使用総資本純付加価値率とその内訳も重要な指標であるということができる。

$$\text{使用総資本純付加価値率} = \frac{AV}{TA} = \underset{\text{(売上高純付加価値率)}}{\frac{AV}{NS}} \times \underset{\text{(使用総資本回転率)}}{\frac{NS}{TA}} \qquad ❹$$

使用総資本純付加価値率は，自己資本純付加価値率を含めて，❺式のように捉えることもできる（金利控除後純付加価値が有用である：⓬式も同じ）。

$$\underset{\text{(総資本純付加価値率)}}{\frac{AV}{TA}} = \underset{\text{(自己資本比率)}}{\frac{SE}{TA}} \times \underset{\text{(自己資本純付加価値率)}}{\frac{AV}{SE}} \qquad ❺$$

SE（Shereholders' Equity）　：自己資本

【利益分析比率表】

表Ⅷ－１の利益分析諸比率について説明すると，次の通りである。

表Ⅷ－１　利益分析比率表

$$ROE = \frac{\text{利益}}{\text{株主資本}} = \underset{\text{(ROA)}}{\frac{\text{利益}}{\text{総資産}}} \times \underset{\text{(財務レバレッジ)}}{\frac{\text{総資産}}{\text{株主資本}}} = \text{株主資本利益率}$$

$$ROA = \frac{\text{利益}}{\text{総資産}} = \underset{\text{(使用総資産回転率)}}{\frac{\text{売上高}}{\text{総資産}}} \times \underset{\text{(売上高利益率)}}{\frac{\text{利益}}{\text{売上高}}} = \text{総資産利益率}$$

$$ROI = \frac{\text{営業利益} + \text{受取利息} + \text{受取配当金}}{\text{有利子負債} + \text{株主資本}} = \text{投資利益率}$$

【ROE】

この使用総資本利益率に対してROE（Return on Equity＝株主資本利益率）は，次の自己資本利益率のうち税引後利益の株主資本に対する割合だけを捉えるものである。この指標は，株主の出資に対する利益の稼得割合を示しているから，株主にとっては有用であるが，株主資本（自己資本）は，負債（他人資本）とともに運用されて利益を稼得するものであるから，企業経営にとっては，使用総資本利益率の方が有用である。ROEを求める算式は，次の❻式の通りである。

$$ROE=\frac{利益}{株主資本} \quad ❻$$

ROE は，バブル崩壊後アメリカを模範として，強調されだしたものである。その数値は，アメリカでは平均15%近く，日本では上場企業のそれは，漸く2005年３月7.6%，2006年３月8.9%（予定）に回復してきている（ドイツ・イギリスでは，10%台である）。しかし，アメリカ（ドイツ・イギリス）と日本とでは，会計制度や税制が異なるから，単純な比較は困難である(注2)。

この ROE については，①社債の大量発行と自社株買いによる❻式分母の引き下げ，②ストックオプションによる人件費の引き下げを通じた❻式分子の押し上げ等に基づく作為のほか，③ROE は，株価下落による財務リスク（負債が相対的に多いリスク）を反映していないし，④株主資本は簿価であるが，重要なのはその時価に対する投資収益であるという批判がある(注3)。

更に会社法の改正を受けて，今回，企業会計基準委員会が資本の部を廃止し，純資産の部を新設して４分類（第②案：Ⅴの（注５）Ⅰ～Ⅳ参照）することにより，分母の株主資本が従来の内容と変わることになるから，期間比較又は内外の企業との相互比較に当たっては株主資本ⅠにⅡ～Ⅳの何れを加え何れを除くかを検討しなければならない(注4)。

【自己資本利益率】

自己資本利益率は，ROE と類似の比率ではあるが，種々の利益の自己資本（株主資本より範囲が広いもの(注5)）に対する割合であり，自己資本の経営効率を示すものである。利益は，使用総資本の場合と同じく，経営分析の目的に応じて営業利益・経常利益・税引前利益又は税引後利益を用いる（特定しなければ以下同じ）。自己資本は，やはり厳密には期中におけるそれらの平均残高によるが，殆どの場合，便法として期首と期末の平均によっている。

自己資本税引後利益率の内訳は，分解すると，典型的には次の❼式，❽式，❾式又は❿式の通り，固定比率・固定資産土地比率・土地純付加価値率・純付加価値税引後利益率を乗じたもの，自己資本純付加価値率・純付加価値税引後利益率を乗じたもの，売上高税引後利益率・自己資本回転率を乗じたもの，又は自己資本負債比率・使用総資本税引後利益率・負債使用総資本比率を乗じたもので得られる。

$$\overset{\text{（自己資本税引後利益率）}}{\frac{NI}{SE}} = \overset{\text{（固定比率）}}{\frac{FA}{SE}} \times \overset{\text{（固定資産土地比率）}}{\frac{L}{FA}} \times \overset{\text{（土地純付加価値率）}}{\frac{AV}{L}} \times \overset{\text{（純付加価値税引後利益率）}}{\frac{NI}{AV}} \quad ❼$$

$$= \overset{\text{（自己資本純付加価値率）}}{\frac{AV}{SE}} \times \overset{\text{（純付加価値税引後利益率）}}{\frac{NI}{AV}} \quad ❽$$

$$= \overset{\text{（売上高税引後利益率）}}{\frac{NI}{NS}} \times \overset{\text{（自己資本回転率）}}{\frac{NS}{SE}} \quad ❾$$

$$= \overset{\text{（自己資本負債比率）}}{\frac{D}{SE}} \times \overset{\text{（使用総資本税引後利益率）}}{\frac{NI}{TA}} \times \overset{\text{（負債使用総資本比率）}}{\frac{TA}{D}} \quad ❿$$

L（Land）　：土地

D（Debt）　：負債

【ROA】

使用総資本又はROEは，貸借対照表の貸方側，すなわち負債と資本とに対する利益の割合を求めるものであるが，ROA（Return on Asset＝使用総資産利益率）は，貸借対照表の借方側，すなわち使用総資産に対する利益の割合を求めるものである。一般的には総資産利益率といわれているが，総資産ではなく，使用総資産というのは，遊休資産を除かねばならないからである。

使用総資本と同じく使用総資産も，厳密には期中におけるそれらの平均残高によるが，殆どの場合，便法として期首と期末の平均によっている。使用総資産には簿価か時価かという重要な問題もある。国際会計基準により時価会計を要請され，「土地の再評価に関する法律」と「減損会計」によりかなりの資産が取得原価から時価に評価替えされてきているが，まだ全部の資産についてではないことに留意する必要がある（注6）。

ROAを求める算式は，次の⓫式の通りである。

$$ROA = \frac{\text{利益}}{\text{使用総資産}} \quad ⓫$$

ROEの数値を上げるためには，使用総資産を効率よく運用して，使用総資産に相応しい利益を上げなければならない。

【ROI】

ROI（Return on Investment＝投資利益率）は，投下資本（資本コストの要るもの）に対する利益の割合を求めるものである。

ROIを求める算式は，次の⓬式の通りである。

$$\mathrm{ROI}=\frac{営業利益+受取利息+受取配当金}{有利子負債+株主資本} \qquad ⓬$$

分子で営業利益に受取利息と受取配当金を加算するのは，分母の有利子負債と株主資本の中から，営業以外にも，余剰資金を預入れて運用するほか，関係企業との株式の持ち合いに資金を運用しているからである。

【相互比較】

当企業と同業の競争企業との関係について，過去3～5期間の比較を行い，当企業の現時点におけるキャッシュ・フローを含めた財政状態・経営成績の同業における位置づけを行う。これにより，当企業のシェアーの変化の方向を捉えて，次期の資本の循環に備えることになる。

2．運用実施後の直接的な資金面のチェック

a．資本の循環過程の第5段階のチェック

表Ⅲ－2❺式，表Ⅲ－3❽式，及び表Ⅲ－4❾式における資本の循環過程の第5段階，すなわち返済・償還過程での元金と利息の支払いに無理がないかどうかをチェックする。

b．資本の循環過程の第1段階のチェック

⑴との関係において，同資本の循環過程の第1段階，すなわち資本調達過程での自己資本と他人資本との組合せが適当であったかどうかということを，資本コスト・担保・返済方法・及び返済期限等についてチェックを行う。

3．運用実施後の間接的な資金面のチェック

a．資本の循環過程の第2段階のチェック

表Ⅲ－2❺式，表Ⅲ－3❽式，及び表Ⅲ－4❾式における資本の循環過程の第2段階，すなわち投資・仕入過程での企業間信用を含めての所要資金が量・質ともに相応しいものであったかどうかのチェックを行う。

b．資本の循環過程の第3段階のチェック

同資本の循環過程の第3段階，すなわち生産過程での設備が量・質ともに相応しいものであったかどうか，そして原材料と人件費の支払い資金としての運転資金が十分に確保されていたかどうかのチェックを行う。

c．資本の循環過程の第4段階のチェック

同資本の循環過程の第4段階，すなわち販売過程での企業間信用を含めての資金の回収が十分かどうかのチェックを行う。

4．財務報告における内部統制の評価(注7)

最近，ディスクロージャーを巡り不適切な事例が相次いで発生している折から，内部統制が有効に機能しなかったと伺われる等の問題が指摘され，次のような内部統制の充実を図る方策が出てきている。内部統制の充実は，①個々の開示企業に業務の適性化・効率化等を通じた様々な利益をもたらし，②ディスクロージャーの全体の信頼性，ひいては証券市場に対する内外の信頼を高め，③開示企業を含めたすべての市場参加者に多大な利益をもたらすものとされている。

内部統制は，基本的に次の4つの目的の達成のために企業内のすべての者によって遂行されるプロセスである（「簡単には，不正防止のための基準や手続きを定め，それに基づいて監視・評価を行う仕組み」のことであり，「必ず複数の上司の承認を得る」ことも含めるものである(注8)）。

① 業務の有効性及び効率性，
② 財務報告の信頼性，
③ 事業活動に関わる法令等の遵守，
④ 資産の保全。

そしてその基本的要素は，次の6つから構成されるものである。

① 統制環境，
② リスクの評価と対応，
③ 統制活動，
④ 情報と伝達，
⑤ モニタリング，
⑥ ITの利用。

経営者は，自社のすべての活動及び社内のすべての従業員等の行動を把握することは困難であるから，それに代わって，企業内に有効な内部統制のシステムを整備・運用することにより，財務報告における記載内容の適正性を担保する。

具体的には，「業務プロセスを定義し，標準化する」，すなわち「標準化された業務プロセスにITを組み込んで業務処理を行うことで，人手による属人的な業務遂行が持つ恣意性や判断基準のブラックボックスをなくすことができ，統制力や意志決定までのスピードを飛躍的に向上する(注9)」ことができるものとされている。

そして経営者は，財務報告に係る内部統制の有効性を自ら評価し，その結果を報告するのである。その評価範囲は，財務報告に対する金額的及び質的影響を考慮して合理的に決定する。

その評価の順序は，①連結ベースでの財務報告全体に重要な影響を及ぼす内部統制につき評価し，その結果を踏まえて，②業務プロセスに係る内部統制につき評価を行う。

次に，会計監査人は，効果的・効率的な監査を実施するために，内部統制監査と財務諸表監査とを一体として行い，「内部統制監査報告書」と「財務諸表監査報告書」とを合わせて記載する。

具体的には，関係者の過度の負担にならないよう，次の方策を講ずるものとされている。

① トップダウン型のリスク・アプローチの活用，
② 内部統制の不備の区分（「重要な欠陥」と「不備」），
③ ダイレクト・レポーティングの不採用，
④ 会計監査人と監査役・内部監査人との連携等。

しかしながら，「業務プロセスを定義し，標準化する」には，膨大な時間と費用がかかる。それ故問題化していることに対しては，理念面において，①経営理念が末端まで行き届いている企業では，これまでも不祥事はほとんど起きていないこと，②その他の企業でもⅠで述べた経営理念の公表の普及促進とCSR等アセスの点数化すること，実践面において，「例外管理の原則」（ルーティン・ワークの範囲を決めて，その範囲内のものは任せておき，その範囲を超えるもの―内外のトラブル等の諸問題―を漏れなく報告させて責任者がその諸問題を解決すること）を末端まで行き届かせることにより，アメリカのSOX法（企業改革法）の真似をするよりも財務諸表に対する信頼性を高める効果が大きいのではないか？

更に，重要なのは，業務プロセスには常に改善の余地があるのに，「業務プロセスを定義し，標準化する」ことが，業務プロセスの流れを創意工夫により一層合理的なものにする余地をむしろ狭めるおそれもあるのではないかということである。

5．経営・財務技術論とその指標

【MM理論】(注10)

MM理論は，1958年にモディリアーニとミラーが，それまでの純利益法に基づく通説に反して，営業利益法に基づき，無課税の世界では「営業利益の含む危険が同質的な企業集団ごとに平均資本コストが一定に落ちついていく資本市場の均衡成立の過程を説明することによって，総資本の平均コストは資本構成と無関係であり，最適資本構成は存在しない」という命題を提示したものである。

しかし，この理論は，無課税の仮定を設けており，「流動性の破綻あるいは危険が評価に及ぼす影響を考慮していない」から，非現実的なものであるといわざるをえない。

更にいえば，この理論は，利潤極大化原理の下のものであるから，成長率極大化原理の下では，「経営者が企業成長にさいして自己の地位を安全に維持しようとする側面が重視され」るから，「経営者にとっての主観的な資本コストは，投資資金が内部留保を超えて借入に依存するにつれて急激に上昇する」というカレッキ等の危険逓増原理が説得力をもってくる。

【CAPM】(注11)

CAPM（Capital Asset Pricing Model＝資本資産評価モデル）は，株式市場がリスクを伴うものであるから，株主資本コストをリスクを含んだ次の算式で捉えるものである。

株主資本コスト＝無リスク資産利回り＋株式市場リスク・プレミアム×β
＝国債利回り＋３％前後（東証１部）×β

β：株式市場全体の動き（β＝１）に対する個別株式の動き

【ALM】(注12)

ALM（Asset and Liability Management＝資産負債管理）は，アメリカでモルガン銀行が1960年代に資産と負債を関連づけて管理するようになったことから始まったものとされている。一般企業も新規投資に当たり，このALMの手法により，その資金の調達について，その時点における自己資本（増資）と他人資本（社債・借入又はCP）との最適な組合せを探ることになる。このことは，もともと企画の段階で必要になるものである。

【WACC】(注13)

WACC（Weighted Average Cost of Capital＝加重平均資本コスト）は，次の算式で捉えられるモノである。

WACC＝株主資本のウエイト×株主資本コスト
＋有利子負債のウエイト×有利子負債コスト×（１－実効税率）

WACCでは支払利息から受取利息が控除されず，他の営業外損益の影響も受けるから精度が低くなるという面があること，CAPMにおける株主資本コストのβについては，①市場ポートフォリオとして株式・公社債・不動産等すべての資産の組合せを作るのは不可能であり，更に②30年間にわたるデータの調査でβ値と収益率との相関については殆ど何の関係もないという面があることに留意する必要がある(注14)。

【平均固定負債・自己資本平均運転資金利息等控除後営業利益率】

現実には企業者は，図Ⅷ－１に見られるように，その設備投資に当り通常自己資本と他人資本の両方を調達するから，一般企業用不動産の収益価格を求める場合の期待還元利回りは，期待平均固定負債・自己資本平均運転資金利息等控除後営業利益率（期待純収益率という―期待平均営業利益から同「正常運転資金利息相当額」（同長期運転資金利息）と同「その他差引必要額」((不動産を除く固定資産等(注15)に帰属する期待利益)：両者を**平均運転資金利息等**という）を控除した額を同固定負債に同自己資本（株主資本：評価換算差額等と新株予約権は省略）を加えた額で除算したもの）として捉える。

【一般企業用不動産評価の場合】

一般企業用不動産評価の場合には，土地建物等を売買したときは，平均的な資産と資本の構成割合をもつ企業主体が引継ぐことを想定するので，期待営業利益から，期待平均運転資金利息等を控除した後の期待純収益を求める（図Ⅷ－２）。

期待営業利益からこれらの期待平均運転資金利息等を差し引くのは，最終的に，使用総資産のうちの不動産に帰属する期待純収益を求めなければならないからである。

期待営業利益は，使用総資本を源泉とする使用総資産(注16)の運用によりあげられる期待利益であるが，使用総資産のうち，正常運転資金を源泉とする正常運転資産以外の流動資産部分は，流動負債によってまかなわれているから，それらの流動資産部分および流動負債をともに無利息と仮定（この仮定は，平均的な資産と資本の構成を持つ企業主体という考え方と軌を一にしている）する

図Ⅷ－1　貸借対照表

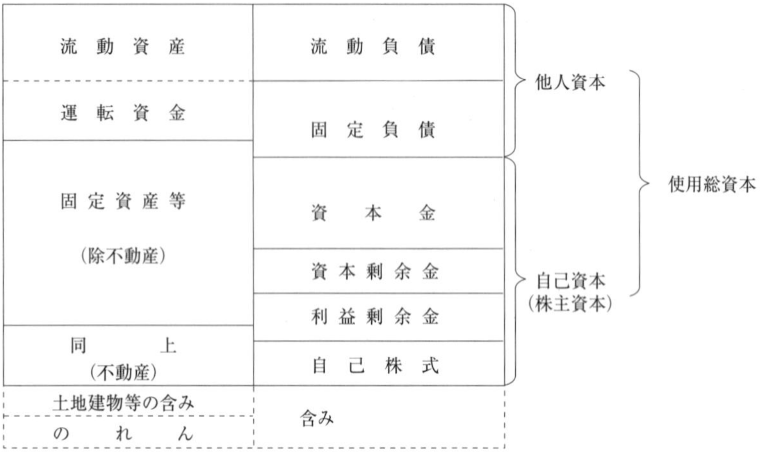
流動資産
運転資金
固定資産等
（除不動産）
同上
（不動産）
土地建物等の含み
のれん
流動負債
固定負債
資本金
資本剰余金
利益剰余金
自己株式
含み
他人資本
自己資本
（株主資本）
使用総資本

図Ⅷ－2　営業利益内訳表

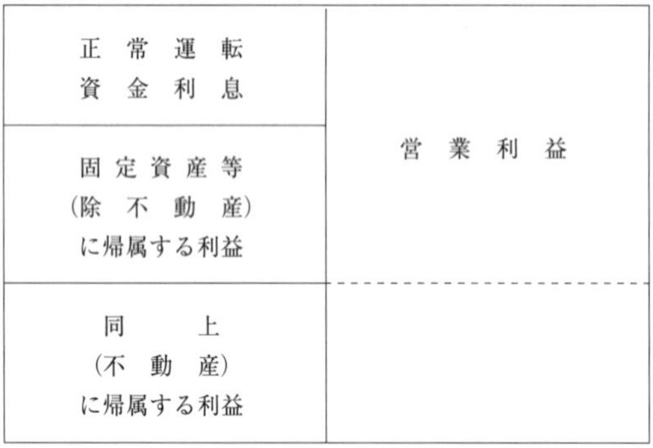
正常運転
資金利息
固定資産等
（除不動産）
に帰属する利益
同上
（不動産）
に帰属する利益
営業利益

ことにより，図Ⅷ－2のように，営業利益から正常運転資金利息等を控除する考え方につなぐことが可能となるのである。

運転資金は，製造業の場合には，製造に要する原材料の仕入資金及び労務費・経費の支払資金，並びに販売に要する人件費・物件費等の支払資金のこと（Ⅳ４）であり，サービス業の場合には，商業・金融業では，商品等の仕入資金や人件費・物件費等の支払資金のことであり，運送業等狭義のサービス業では，人件費・物件費等の支払資金のことである。(注17)（ただし，狭義のサービス業には棚卸資産がないことに留意しておきたい)。

ちなみに「基準」は,「純収益の意義」のところで,「純収益とは,不動産に帰属する適正な収益をいい,収益目的のために用いられている不動産とこれに関与する資本（不動産に化体されているものを除く),労働,及び経営（組織）の諸要素の結合によって生ずる総収益から,資本（不動産に化体されているものを除く),労働,及び経営（組織）の総収益に対する貢献度に応じた分配分を控除した残余の部分をいう」と規定しているから,このように人件費・租税公課控除後の営業利益から運転資金利息等を控除した後の利益を不動産に帰属させるのである。そして,土地・建物等の積算価額を超える部分は,のれん（営業権(注18)）を形成するものである（図Ⅷ－１)。

さらに「基準」は,「純収益の算定」のところで,「純収益は,…償却前のものと償却後のもの等,総収益及び総費用の把握の仕方により異なるものであり,それぞれ収益価格を求める方法及び還元利回り又は割引率を求める方法とも密接な関連があることに留意する必要がある」という規定もおいている。

それ故,平均営業利益をそのままに平均償却後営業利益として捉える方法と,キャッシュ・フローの考え方により平均営業利益に平均減価償却費を加算した平均償却前営業利益として捉える方法の両者がある(注19)。

【一般企業用不動産の収益価格を求める方式と株式の収益価格を求める方式との比較】

一般企業用不動産の収益価格を求める方式は,株式の収益価格を求める方式(注20)と比較すると,求めるものの借方側と貸方側の相違により,次の⓭式及び⓮式のように分子の期待純収益の内容及び分母の期待還元利回りの内容がそれぞれ異なることに留意する必要がある。

$$\text{一般企業用不動産の収益価格}=\frac{\text{期待純収益（平均運転資金利息等控除後営業利益）}}{\text{期待還元利回り（期待純収益率）}} \quad ⓭$$

$$\text{株式の収益価格}=\frac{\text{期待純収益（平均経常利益）}}{\text{期待還元利回り（平均自己資本経常利益率）}} \quad ⓮$$

しかしながら,不動産,特に土地と株式との間には,価格を求めるこのような算式の差を超えて，次のように決定的に重要な相違点がある。

すなわち，土地は，何よりも自然環境の重要な部分を形成しているものであり，人間のほか生態系全体の生命の持続にとって欠くことのできない重要な基盤を提供するものである。それ故，今回のバブル景気時のように土地を投機の対象にしてはならないのである。

それに対して，株式は，資本蓄積のうちの資本の集中の役目を果たすに過ぎないものである。それ故，資本を増やそうとする企業にとっては，重要なものであるが，土地とは，その重みが量的・質的に相違することに留意しなければならない（それどころか，企業は，株式により調達した資本による活動により，自然環境の破壊を続けてきたが，漸くその間違いに気づいてきている）。

【株式の収益価格（企業価値）を求める場合】

株式（上場株式と非上場株式）の収益価格（企業価値）を求める場合の（期待還元）自己資本利回りは，一般企業用不動産の収益価格を求める場合のそれと異なり，期待平均自己資本経常利益率（同平均経常利益を同自己資本で除算したもの）として捉える。

株式の収益価格（企業価値）を求める場合に期待平均経常利益を採用するのは，株式評価の場合には，一般企業用不動産評価の場合と異なり，株式を売買したときは，そのままの資本構成割合（自己資本と他人資本の構成割合）で引継ぐことを想定するので，期待営業利益に，さらに同営業外収益・費用（主たるものは利息）を加減した後の期待平均経常利益を求めるのである。

（注１）建部好治論文「土地価格の回復策は？」（資産評価政策学2004.1号）参照。

（注２）「株主資本利益率上場企業最高の8.9％」（『日本経済新聞』2005.12.24号）参照。

（注３）「ROE 経営の落とし穴」（『日本経済新聞』1999.10.24号）参照。

（注４）桜井久勝論文「新資本制度下の財務諸表分析」（中央経済社『企業会計』2005.9号）参照。

（注５）Ⅴ（注５）参照。

（注６）１．時限立法である日本基準の土地再評価の特徴と問題点は，次の通りである。

①対象企業は，監査特例法適用の全業種にわたる大企業であるから，その他の企業は実施できない。

②再評価実施期間は，1998年３月31日から３年を経過する日（2001年３月30日：これより１年延長された）までのうちの１会計期間であるから，この機会を逃すと実施できない。

③対象土地は，事業用土地（有形固定資産と投資不動産）に限定しているから，販売用土地・遊休土地は再評価を実施できない。

④再評価の実施は，任意であるから，各企業間の経営比較が一層困難になる。

⑤時価について明記していないから，再評価額の客観性に欠けることになる。時価の基準としては，地価形成が漸く欧米並の収益価格水準になったこの際，収益価格を基準にするべきである。そのためには，公示価格と同時に収益価格を発表できるものにしなければならないという問題も残されている（醍醐聡論文「土地の再評価と自己資本評価」中央経済社『企業会計』1998.6号，青木茂男論文「会計情報利用者から見た「土地の再評価に関する法律」」（同）及び建部好治著Ⅱ（注14）の図書参照。

2.減損会計の特徴と問題点は，次の通りである。

①減損の兆候とは，資産又は資産グループに減損が生じている可能性を示す事象をいう。

②減損については，次の場合に認識する。

帳簿価額＞割引前将来キャッシュ・フローの総額

見積期間は，主要資産の経済的残存使用年数と20年のいずれか短い方とする（21年超の場合は21年目以降に見込まれる将来キャッシュ・フローに基づき20年経過時点の回収可能価額を算定し20年目までの割引前将来キャッシュ・フローに加算する）。

③減損の測定については，次の何れか高い額まで帳簿価額を減額する。

(a)正味売却価額＝時価－処分費用見込額

時価は，ⓐ公正な評価額＝観察可能な市場価格，又はⓑ合理的に算定された価額とする（ⓐⓑとも不動産鑑定評価額による―重要性が乏しい場合を除き代替的な手法は適当ではない―適用指針111）。

処分費用見込額は，ⓐ仲介手数料，ⓑ測量費，及びⓒその他（印紙代等）である。

(b)使用価値

これは，資産又は資産グループの継続的使用と使用後の処分により生ずると見込まれる将来キャッシュ・フローの現在価値をいう。

問題は，第１に，減損会計というマイナスと土地再評価（特に含み益の顕在化）とをセットで行うようにしていないことである（土地含み益のある企業は，法律上可能な間に，早い目に減損をも同時に実施している）。

第２に，①の資産グループについてである。資産のグルーピングの方法は，「複数の資産が一体となって独立したキャッシュ・フローを生み出す場合には，減損損失を認識するかどうかの判定及び減損損失の測定に際して，合理的な範囲で資産のグルーピングを行う必要がある。そこで，資産のグルーピングに際しては，他の資産又は資産グループのキャッシュ・フローから概ね独立したキャッシュ・フローを生み出す最小の単位で行うこと」（企業会計審議会の2002.8.9付け「固定資産の減損に係る会計基準の設定に関する意見書四２(6)①」）としている。しかし，例えば営業所・支店等は，本来独立した存在であり，それを単独に売却すれば大幅な損失が出るのが明らかであるにも拘わらず，他の場所にある利益力のある工場の商品を扱うという理由に基づきその工場と組み合わせて減損の対象外とすることも行われているようであるが，これは，資産のグルーピングについての行き過ぎた拡大解釈である。

第3に，使用価値という言葉も不適当である。使用価値は，本来経済学において，「モノの有用性又は効用」を意味するものとして使用されてきている。所有権の内容は，使用・収益，及び処分の権利をさす（民法206条）から，(a)が処分権，(b)が継続的使用中の使用権と収益権（及び使用後の処分権）をさすものといえる。それ故，使用収益価値という方が分かり易く，しかも正確になるのではないか？

（注7）企業会計審議会「財務報告における内部統制の評価及び監査の基準（公開草案）の公表について」2005.7.13参照。

新「会社法」は，アメリカのSOX法を真似て，内部統制システムの構築と整備を大会社と委員会設置会社に義務づけている。この「会社法」等と，各方面で行き過ぎを招いている「個人情報保護法」とが相まって，「理念なき管理強化が社員と会社を蝕む」事態を増やしつつあるが，Ⅱで述べた持続的共生のための「生態系主主義」の理念こそが，最重要なものであることに思いをいたすべきである（「社員が壊れ，会社が壊れる憂鬱なオフィス　何のための管理強化か」『日経ビジネス』2006.5.1号参照）。

（注8）「会計不信」（『ダイヤモンド』2006.6.17号）参照。

（注9）「財務報告の信頼性を担保」（『日本経済新聞』2006.2.22号）参照。

（注10）高橋昭三担当「資本コスト論争」，瀬岡吉彦担当「企業行動の原理」（大阪市立大学経済研究所編『経済学辞典』第3版）岩波書店　1992.3刊，及び高橋昭三編『経営財務の基礎理論』（同文館　1984.11刊）参照。

（注11）津森信也著『財務部』（日本能率協会マネジメントセンター　2004.5刊－初版2003.4刊）参照。

（注12）津森信也著『企業財務』（東洋経済新報社　1999.8刊）参照。

（注13）野口悠紀雄著『金融工学，こんなに面白い』（文春新書　2000.10－初版2000.9刊）参照。

（注14）①②については野口悠紀雄著前掲書参照。

（注15）固定資産等は固定資産および繰延資産を総称したものである。それ故，正確には，固定資産等（除不動産）＝固定資産＋繰越資産－固定資産（不動産）となる。

（注16）使用総資産のなかに遊休資産があればそれを除いた経営資産としてとらえるのが理論的である（経営統計資料においても経営資産として分類されていなければ対象企業だけ経営資産としてとらえても一貫性に欠けるという困難な問題もある）。なお，期待営業利益は，使用総資本を源泉とする使用総資産の一体としての運用によりあげられるものであるから，それは，損益計算書だけではなく，貸借対照表との関連において，原則としては，その使用総資産の各寄与内容に基づき，一体としての期待平均固定負債・自己資本営業利益率（固定資産等投資時に求められる平均固定負債・自己資本に対する期待平均正常運転資金利息等控除後営業利益率）により配分されるべきものであることに留意する必要がある。

（注17）Ⅳ4参照。なお，ここでの正常運転資金は，①と②とのうちの前者（①の流動資産と流動負債の差額として得られる流動資産のうちの固定的な部分），それ故長期運転資金に該当するものであることに留意する必要がある。

（注18）のれん（いわゆる営業権）は，①会計学及び商法では「超過収益力説」とされ，②「企業

結合に係る会計基準の設定に関する意見書」(2003.10.31) では「差額概念説」(この場合には営業権とのれん（連結調整勘定）との範囲が異なる）とされ，③法人税法基本通達７－１－５［織機の登録権利等］では「営業機会取得説」とされている（高井　寿，宮川和也論文「「営業権」の理論と実務」税務研究会『週間税務通信』2005.3.21号参照)。

(注19) CF（キャッシュ・フロー）又はFCF（フリー・キャッシュ・フロー）の考え方を取り入れることが主流になっているが，次のように必ずしも万能ではないことに留意する必要がある（(注４）の第１論文参照)。

⑴会計利益に対してFCFはある種の歪みをもつ。

⑵FCFの予測は，３年後のものでも十分な信頼性を欠く。

⑶残余利益モデルによりFCFモデルと理論的には同値の計算が可能になる。

⑷企業価値モデルとしては，理論的な合理性よりも現実的な有効性が大事である。

(注20) Ⅶ（注３）の建部著図書参照。

Ⅸ. 各経済主体の行動変化と激変した地価・株価と関連経済諸指標，経営・財務諸比率の実証

1．土地・株式に対する企業・生活主体等の行動変化（ミクロ）

周知の通り，バブル景気時までとバブル崩壊以降で，ミクロで見た土地に対する企業と生活主体等の行動は，大きく変化してきている。

このことは，土地価格形成の現象としての土地（不動産）市場の需要と供給について，企業と生活主体等の如何に関係なく，需要主体と供給主体の，バブル景気時までとバブル崩壊以降の行動の顕著な変化として捉えることができる（表Ⅸ－１）。

しかしながら，このような企業と生活主体等の行動変化は，新 CEO 又は新生活者がⅡの「経済の目的」における持続的共生のための「生態系主主義」の理念を踏まえたところまできているとは，まだまだいえない状態にある。

【バブル景気時まで】

表Ⅸ－１の現象から分るように，バブル景気時まで，土地価格は，現象的には常に収益価格よりはかなり高い比準価格の水準を保ちながら上昇を続けていた。その時期には，殆どの需要主体は，リスクを無視し，専ら CG（キャピタルゲイン：投資的でなく投機的 CG）を求めて過大な期待に基づく過大な投資及び過高な投機買いをするから，悪い土地も採算を度外視して高くなっていた。それに対して殆どの供給主体は，売手市場化している下で売惜しみをするから，ますますその傾向に拍車をかけることになっていた。それ故土地価格は，供給者価格的に見られていた。

しかしながら，２で述べるように，土地の供給者価格としての個別的価格

表Ⅸ－１　土地価格形成の現象の変化と本質

		バブル景気時まで	バブル崩壊以降
現象	価格	比準価格（供給者価格）＞収益価格	比準価格≒収益価格（需要者価格）
	需要	（悪い土地も高い） 投機（CG）買（リスク無視）	買手市場 投資（IG）買（リスク過大視）
	供給	売手市場 売惜しみ	（良い土地も「安い」） 低未利用地処分
本質	価格	$収益価格(P)=\frac{地代(R)}{還元利回り(y)}$ ❶	同　　左
	需要	地代の支払い財源としての人・税控除後純付加価値と可処分所得	同　　左
	供給	稀少（用途の移行と転換でカバー）	同　　左

（表注）１．CG はキャピタルゲイン，IG はインカムゲインの略である。

２．収益価格の公式は，最も簡単な永久還元式で代表させてある。

DCF 法は，次による。

$$P=\frac{R_1}{1+y}+\frac{R_1}{(1+y)^2}+\cdots\cdots+\frac{R_n}{(1+y)^n}+\frac{P_R}{(1+y)^n}$$ ❷

P_R：復帰価格

３．地代，還元利回り，人・税控除後純付加価値及び可処分所得は，何れも将来期待される数値による（期待還元利回りにはリスクを含む）。

は，客観性のある社会的価格でないことが重要である（一般商品についても国際化している折から一国内の供給者価格ではなく，需要者価格，すなわち国際的な供給者価格になってきている）。

【バブル崩壊以降】

しかし，バブル崩壊以降，土地価格は，現象的には毎年下落を続けて，比準価格は収益価格とほぼ等しいところまでその水準を低めてきている。その時期には，殆どの需要主体は，金融超緩和下におけるファンド等の過剰な需要により期待リスクを過大視し，専ら IG を求めて厳しい採算に基づく投資買いをするから，良い土地もバブル時より大幅に安くなってきている（しかし，東京都心部等において一部の海外有名店舗用・建売用及びマンション分譲用の土地等は，金融超緩和下におけるファンド等の過剰な需要により早くも割高になりつつある)。それに対して殆どの供給主体は，買手市場化している下で低未利用地処分を急ぐから，ますますその傾向に拍車をかけることになっている。それ故土地価格は，需要者価格的に見られていた。

このような需要主体と供給主体の行動の顕著な変化が何故生じたのかということが重要であるが，それは，土地価格の本質（擬制資本価格＝収益価格，それ故理論的には地価ではなく地代が先であることに留意すること）を捉えることで，より一層明らかになる。

2．激変した地価・株価・関連経済諸指標の実証（長期と地価等のバブル景気時以降）(注1)

a．バブル景気時まで

【戦後の長期的趨勢】

(a)　㈶日本不動産研究所の地価指数によると，六大都市の宅地価格は，戦後の長期的趨勢（特に1970年度中以降）では，純付加価値更には人・税控除後純付加価値（純付加価値から人件費・租税公課を控除したもの）の方が一般的にいわれている名目 GNP（又は GDP）よりも関係が深かった（図Ⅸ－１：末尾の（図注）１．参照。以下同様)。というのは，名目 GNP（又は GDP）には，原材料費・減価償却費等の前給付費用が含まれるからである。図Ⅸ－１からは，更に株式価格との相関も指摘することができる。その理由は，土地価格と株式価格の両者がともに，①典型的な擬制（又は架空）資本の性格を持っていること，及び②資産価格として裁定取引により関係づけられていることによる。

しかしながら，可処分所得には，顕著な動きが見られていない。

【戦後の長期的変動】

このことは，戦後の長期的変動についても，同様であった（図Ⅸ－２)。図Ⅸ－２から，ここでも趨勢におけるのと同じく，若干のタイムラグはあるが，株式価格との相関をも指摘することができる。

この期間の変動については，次の３期に分けることができる。

①　岩戸景気時─宅地価格特に工業地価格は，1935年度中にピークを印した。

図Ⅸ－1　地価・株価・名目GNP・純付加価値等趨勢率推移図

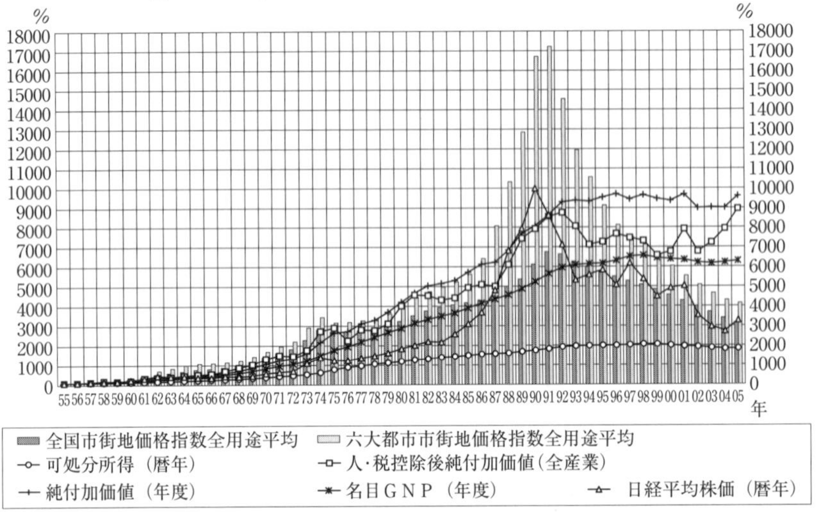

図Ⅸ－2　地価・株価・名目GNP・純付加価値等変動率推移図

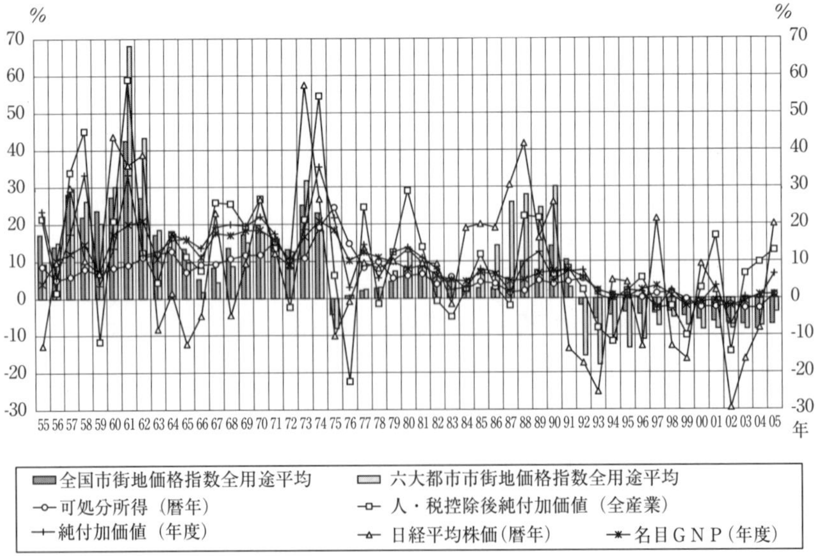

当時全産業の人・税控除後純付加価値も，同じ動きを示していた。しかし，可処分所得には，顕著な動きが見られていない。

② 列島改造景気時―宅地価格特に住宅地価格は，1972年度中にピークを印した。当時全産業の人・税控除後純付加価値が１年遅れで，可処分所得が２年遅れでそれぞれピークを示しているのが，興味深く見られる。

③ バブル景気時―宅地価格特に商業地価格は，1985年度中～1989年度中にピークを印した。しかし，当時全産業の人・税控除後純付加価値は，1987年度中及び1988年度中にのみ同じ動きを示していた。しかし，岩戸景気時と同じく，可処分所得には，顕著な動きが見られていない。

更に貸付信用乗数に接近するために，人・税控除後純付加価値（全産業）の借入金(注2)に対する倍率を見ると，これらの①～③の何れにおいても上昇しており，一部の時期（1966年度中）を除いて人・税控除後純付加価値乃至純付加価値の動きと比例的であるのが興味深く見られる（図Ⅸ－３）。このように比例的になるのは，好況期には，エクィティ・ファイナンスが増えることにより借入金の増加程度が相対的に減少すること，及び借入金の増加程度に比べて人・税控除後純付加価値乃至純付加価値が著しく増加することによるのではないか？（このことは，借入金の梃子作用を示すものである）。

【宅地の「輸出」】

日本の場合，宅地の割合については，2004年１月の民有地面積162,302km^2（総面積は377,873km^2：2000年）のうち宅地面積は15,962km^{2}で宅地化率は9.8％(注3)という非常に少ない自然的条件の下におかれている。

そのような条件の下で，重要なことは，1985年９月の「プラザ合意」を分岐点として，それ以降製品輸入が急増してきていることである。その具体的な転換点は，図Ⅸ－４における「製品輸入比率（暦年）」の動向の通りである。

図Ⅸ－４から分かるように，製品輸出については，岩戸景気時・列島改造景気時には製品輸出が多かったのに「製品輸入比率」が少なかった。それ故，輸出用製品を製造するための工場用地（宅地）に対する需要は，他国への宅地「輸出」と同様の効果を持ち，付随的にそれに関係する流通・金融部門の建

図Ⅸ－3　地価，株価，人・税控除後純付加価値倍率等変動率推移図

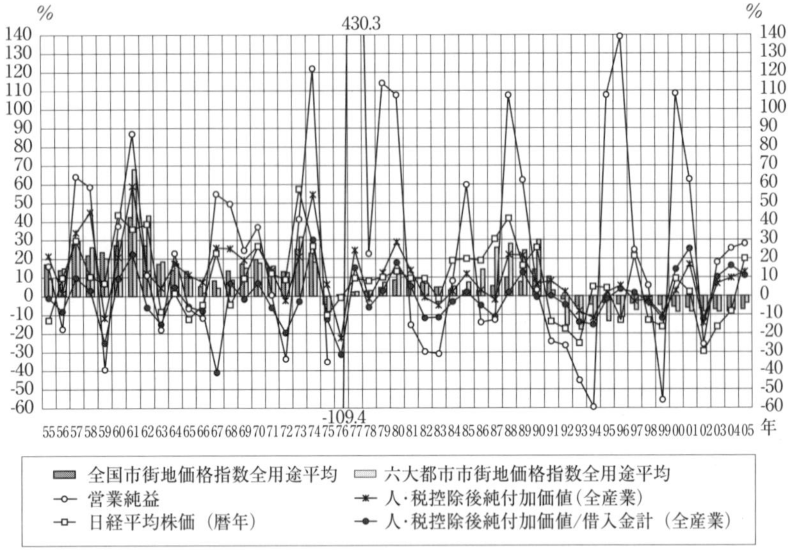

図Ⅸ－4　地価・ドル相場・製品輸入比率推移図

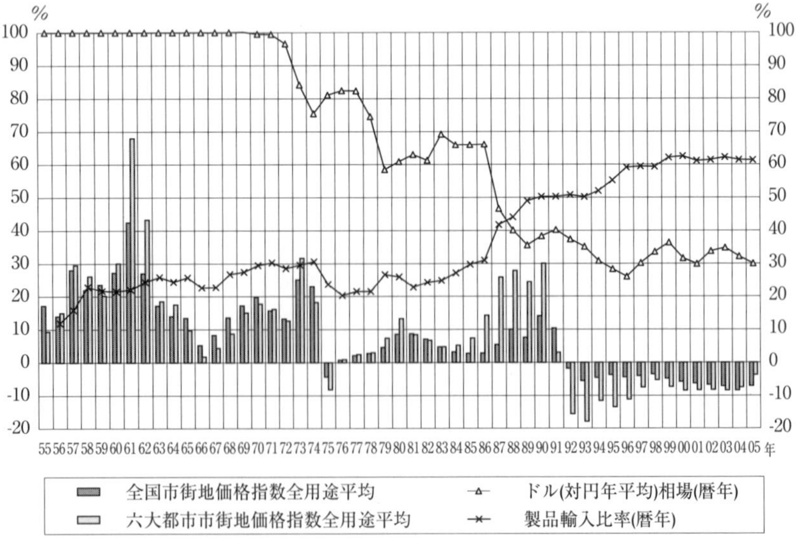

物，及びインフラ施設のための宅地需要とそれらの業務に携わる人間の住宅への宅地需要をも継続的に生み出していた。

このような継続的宅地「輸出」は，もともと平地の少ない日本の土地のうちの宅地をその輸出品消費国の人達のために提供していた（日本国民用の宅地がその分だけ痩せ細っていた）ことになる。

それ故，この宅地「輸出」分は，宅地需要の超過分を継続的に積み上げていて，宅地の希少供給に対するその需要超過分が，日本型土地システム（土地所有権の絶対視・地主優遇の土地税制等）の下でバブル景気時前も常に宅地の地価を収益価格以上の水準に押し上げて，キャピタルゲインを可能にしていたのである。

列島改造景気時以降については，ドル（対円年平均）相場が急落した73年中及び79年中は丁度第１次石油危機時と第２次石油危機時に該当している。そして製品輸入比率は，前者では目立った上昇をせず，後者ではかなりの上昇をしているが，水準としては前者よりも低い状態にあった。ただし，73年中以降ドル（対円年平均）相場と製品輸入比率とは反比例的になってきていることに注目したい。

バブル景気時には図Ⅸ－４で明らかなように，1985年９月の「プラザ合意」を契機とする半値近くへのドル（対円年平均）相場の下落（倍近くへの円高）によるアジアNIEs(注4)等への工場移転とそれらの工場等からの製品輸入を反映して，「製品輸入比率」は，1986年中に前年中よりも10ポイント強増加の41.3％を示していた。すなわち，この時期に既に宅地の需給関係が逆転する兆しが表面化していたのを見逃したことが重要である(注5)。

それ故，このバブル景気時に金融を超緩和にしてバブルを作り出したのは全く逆の間違った政策だったのであり，実は「プラザ合意」で円がドルに対し倍近くまで上昇した時から，宅地の需給関係の逆転を見越して，土地含み依存経営から脱却することが必要とされていたのである。

【用途別地価平均の趨勢】

(b)　公示価格の全国及び三大圏における用途別地価平均の趨勢について，今回のバブルが始った1983年から1992年中までの推移を見ると,次の通りである。

① 非製造業の人・税控除後純付加価値乃至純付加価値と比べて,全国の商業地価平均はともかく,三大圏平均のそれは,1987年中から1992年中まで大幅に上回っていた(図Ⅸ－5)。

② 製造業の人・税控除後純付加価値乃至純付加価値と比べて,三大圏の工業地価平均は,1986年中から1996年中まで長期にわたりかなり上回っていた(図Ⅸ－6)。

③ 可処分所得と比べて,全国及び三大圏の住宅地価平均は,1987年中から1997年中まで長期にわたり上まわっていた(図Ⅸ－7)。

①～③の結果として土地価格は,人・税控除後純付加価値乃至純付加価値とのバランスを回復するのに長期を要することになった。

b. バブル崩壊以降

【六大都市の宅地価格の趨勢】

(a) 六大都市の宅地価格の趨勢は,1990年度中をピークに下落を続けている(2004年度中から漸く東京都心部で反転の動きが出てきている)。全産業の純付加価値は,1991年度中以降ほぼ横ばいを続けているが,その人・税控除後純付加価値は,1991年度中をピークに反落し,2000年度中に一旦回復して反落した後は,上昇を続けている(図Ⅸ－1・2)。

【宅地の「輸出」から「輸入」への転換】

図Ⅸ－4に見られるように,バブル崩壊以降大不況時には「製品輸入比率」は,1989年中以降50％台と輸入総額の半分を超し続けたうえ,1995年4月の1ドル80円を割り込む超円高による中国・ASEAN 等への工場移転とそれらの工場等からの製品輸入時には,同年中に前年中の3ポイント強よりも更に大きい4ポイント弱増加の59.1％を示し,1998年中以降は60％台を記録するに至っている。

バブル景気時・バブル崩壊以降大不況時に「製品輸入比率」を増加させたことは,製品輸出とは逆に,他国からの宅地「輸入」(注6)と同様の効果を持ち,製

図Ⅸ－5　商業地価関連指標推移図

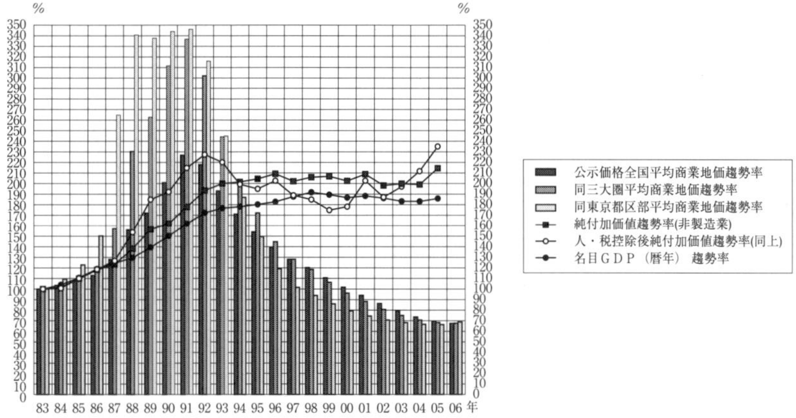

図Ⅸ－6　工業地価関連指標推移図

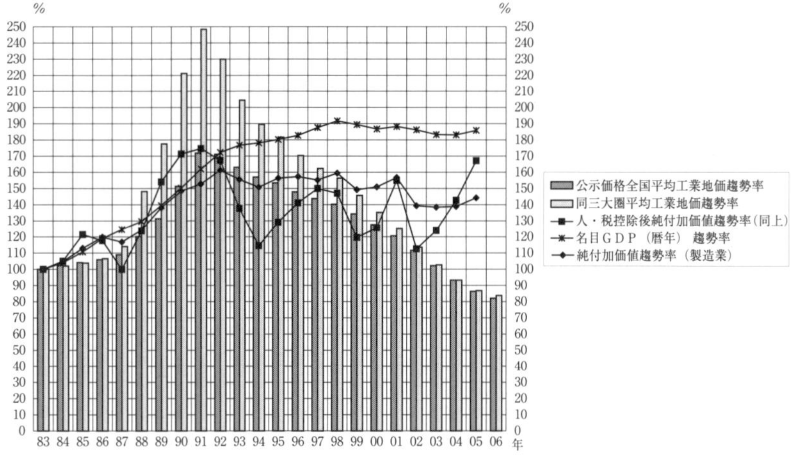

品輸出の場合と比べて相対的に影響の度合いが低いとはいえ，付随的にそれに関係する建物・施設のための宅地供給をも継続的に生み出しているのである。

バブル景気時における過剰投資とその結果としてのバブル崩壊以降大不況時における過剰生産の顕在化が本来の宅地需要を減退させているときに，このような継続的宅地「輸入」が加わったことは，もともと平地の少ない日本の土地のうちの宅地を補う，輸入品消費国のわれわれのための宅地の提供である（日本国民用の宅地がその分だけ太りつつある）から，その衝撃は非常に大きいものがある。

そして，このような継続的宅地「輸入」は，中国(注7)・ASEAN 等からの極めて安い労働用役付のものであるから，日本経済に宅地の地価下落によるキャピタルロスをはじめとし，価格破壊によるモノとサービスのデフレをも惹起して，不良債権問題からの脱却を更に困難にしていた。日本型土地システムのうちバブル規制のために強化された土地税制については，税調委員と旧大蔵官僚等の無理解によりかなりその緩和措置が遅れたうえ，今なお遅れているもののあることも問題である。

したがって，本質的には宅地価格の変動率が人・税控除後純付加価値又は名目 GNP（又は GDP）のそれを超え続けるわけにはいかないことに加えて，「製品輸入比率」の増加が宅地の現象的な需給関係を決定的に変えてきているのである。

しかしながら，現在の宅地「輸入」は，工場跡地の余剰部分の修復（臨海部等のミチゲーション）と汚染土壌の浄化，近い将来の人口・世帯数の減少は，ハードの面では遠隔住宅の余剰，及びショッピング・センター跡等の放置と中小ビルの空室，ソフトの面では年金・ゴミ処理等という自然環境と社会環境への対策問題を惹起していることにも留意しなければならない。

【用途別地価平均の趨勢】

(b) 公示価格の全国及び三大圏における用途別地価平均の趨勢について，今回のバブルが崩壊した1991年度中から2005年中までの推移を見ると，次の通りである。

① 全国及び三大圏の，商業地価平均がともにバブル景気開始時の1983年の水準よりもかなり下まわってきている（67.5%と67.7%：図Ⅸ－５）。

② 全国及び三大圏の，工業地価平均もともにバブル景気開始時の1983年の水準よりもかなり下まわってきている（82.1%と83.8%：図Ⅸ－６）。

③ 全国及び三大圏の，住宅地価平均は，かなり下落したとはいえ，ともに1983年の水準をまだ上まわっている（図Ⅸ－７）。

【土地価格下落の原因】(注8)

(c) 土地価格下落の原因は，次のようにいうことができる。

宅地価格の全般的な上昇まではきていないのは，バブル景気時における宅地価格高騰の調整が全面的にはまだ終わっていないということができる。

その調整がまだ終わっていないのは，全産業の人・税控除後純付加価値を六大都市の宅地価格が上回る部分の棒グラフ面積合計が，1999年中以降の全産業の人・税控除後純付加価値が六大都市の宅地価格を上回る部分の推定棒グラフ面積合計よりもまだまだ大きいことから伺い知ることができる。

この期間の変動については，全産業の人・税控除後純付加価値が，1995年度中，2000年度中に回復し，2001年度中に底を打ってから，本格的な回復過程に入っているにもかかわらず，宅地価格の全般的な上昇には繋がっていない。

しかしながら，この間資産価格仲間である株式価格は，1996年中，1998年中に回復し，底値の2001年中から本格的な回復過程に入っている。

【全国及び三大圏における用途別地価平均下落の調整】

これらのことを公示価格の全国及び三大圏における用途別地価平均について見ると，次の通りである。

① 非製造業の人・税控除後純付加価値を三大圏平均の商業地価格が上回る部分の棒グラフ面積合計が，1994年中以降の非製造業の人・税控除後純付加価値が三大圏平均の商業地価格を上回る部分の推定棒グラフ面積合計よりも小さくなっているのに，その調整がまだ終わっていないのは，いわゆる二極化（大都市中心部の開発に容積率の割増分を無償供与すること等による中心部の繁栄と周辺部の衰退）に基づくものであると考えられる。

図Ⅸ－7　住宅地価関連指標推移図

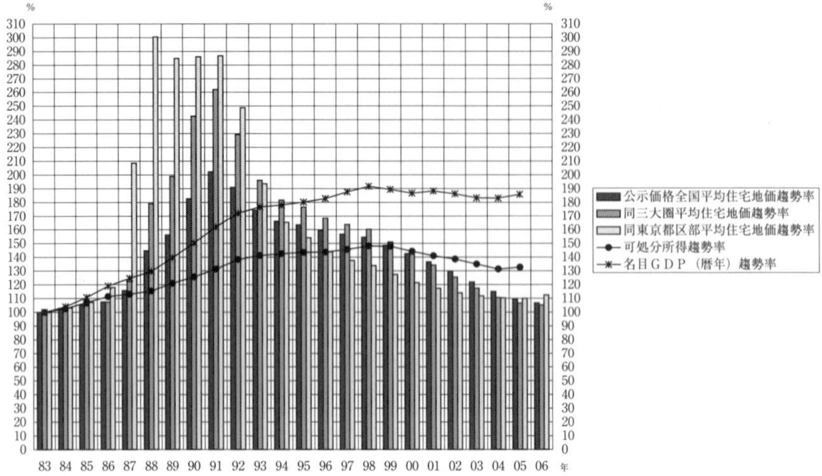

図Ⅸ－8　純付加価値・同内訳趨勢図（全産業）

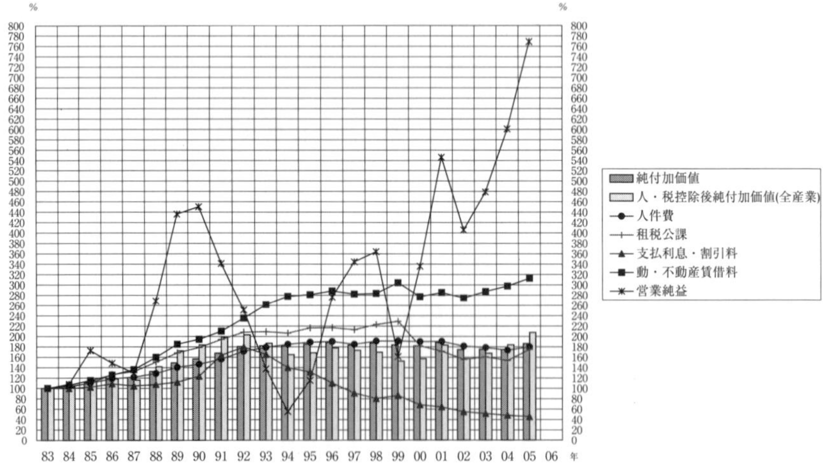

② その調整がまだ終わっていないのは，製造業の人・税控除後純付加価値を三大圏平均の工業地価格が上回る部分の棒グラフ面積合計が，2000年中以降(2001年中を除く)の製造業の人･税控除後純付加価値が三大圏平均の工業地価格を上回る部分の推定棒グラフ面積合計よりもまだまだ大きいからである。

③ このことは，住宅ローンの支えによるが，その調整は，まだ終わっていない状態にある。

その調整がまだ終わっていないのは，可処分所得を三大圏平均の住宅地価格が上回る部分の棒グラフ面積合計が，2000年中以降の可処分所得が三大圏平均の住宅地価格を上回る部分の推定棒グラフ面積合計よりもまだまだ大きいからである。

【土地価格と全産業の純付加価値内訳との関連】

このことについて，更に土地価格と全産業の純付加価値内訳との関連を見ると，次の通りである。

① 全産業の，純付加価値と人件費がともにほぼ同等の伸びを見せているのに対して，人・税控除後純付加価値は，1992年度中以降純付加価値と人件費の伸びを下回って，1991年度中の200％超から1998年度中には150％台まで落ちた後2004年度には再び200％台まで回復してきている。この間に，営業純益も1993年度中（ボトムを形成）・1998年度中・2001年度中に下落した後2002年度中から持続的な回復を見せている（図Ⅸ－８）。

② 純付加価値（非製造業）の内訳としての構成比率の推移では，人・税控除後純付加価値は，バブル時の1988～1990年度中に30％近くまで上昇していたものが，1998年度中には20％を割り込むところまで後退し，その後は，リストラと減税等により，再び25％近くにまで回復してきている（図Ⅸ－９）。

③ 純付加価値（製造業）の内訳としての構成比率の推移では，人・税控除後純付加価値は，バブル時の1988～1990年度中に30％近くまで上昇していたものが，1993年度中には20％を割り込むところまで後退し，その後は，リストラと減税等により，1998年度中を除いて再び30％近くにまで回復してきている（図Ⅸ－10）。

図Ⅸ－9　純付加価値（非製造業）構成比率推移図

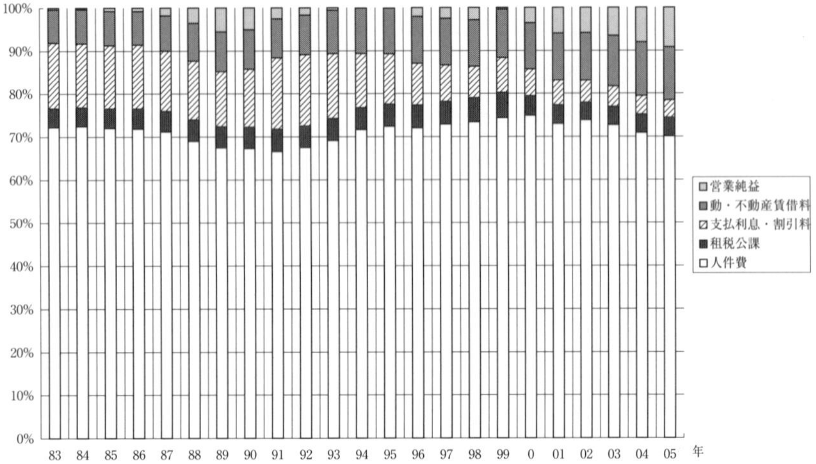

図Ⅸ－10　純付加価値（製造業）構成比率推移図

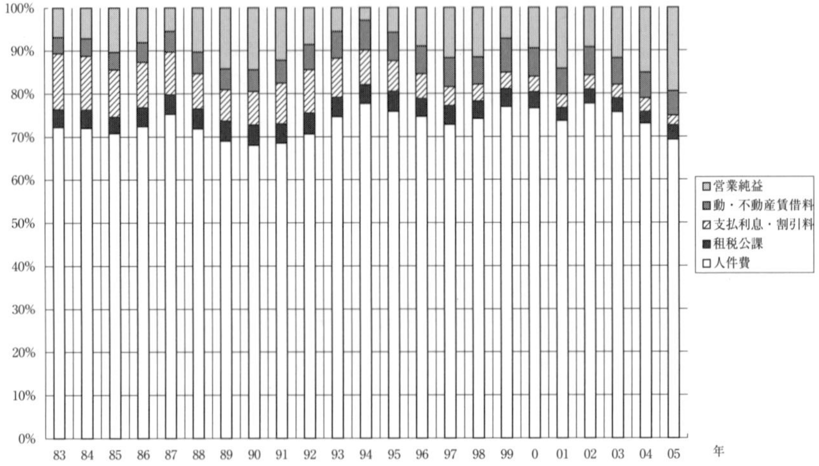

c．現在（2004年以降）

【土地価格回復の二極化と土地バブル説の検討】

(c)の①で述べた土地価格回復の二極化(注9)が目立ってきている。

主要都市の中心部における土地価格の回復は，①それらの土地における収益性の回復，②大規模開発に伴う容積率の割増分の無償供与，③低金利下，収益資産投資を目的とする私募及びリート等ファンドへの遊休貨幣・遊休貨幣資本（地方銀行等）による資金供給(注10)に基づくものである。

二極化現象は，地方都市の間でも広がっていることにも注目したい。例えば，その地域の振興に努めること等に成功して収益性・利便性の増えた三重県伊勢市・滋賀県草津市・北海道伊達市等の地価が，上昇し始めている。

一部にバブル説があるが，①土地価格の回復した地域は，ごく一部であり，②それらの地域でも土地価格が収益価格水準乃至それに近い水準で取引されている場合に，バブルというのは，時期尚早である。

資産バブル，特に土地バブルについては，各経済主体がこの著書のⅢ 4で述べた土地価格の基礎理論を分かっておれば，バブルを招かずに済むはずである。

すなわち，還元利回りを一定とすれば，中長期的には宅地価格上昇率＜付加価値（全産業）上昇率，商業地価格上昇率＜付加価値（非製造業）上昇率，工業地価格上昇率＜付加価値（製造業）上昇率，住宅地価格上昇率＜可処分所得上昇率となるからである。

3．資本調達内訳，株価・付加価値指標等と経営・財務諸比率の実証（バブル景気時以降）

【資本等の過剰調達】

ここでは先ず，名目GDPとの関連において，資本調達内訳としての国内銀行貸出金（借入金調達）と上場会社株式調達との関係について説明する。

中小の信用金庫・信用組合・生損保及び政府系金融機関を除いた，国内銀行（信託を含むもの，メイン・バンクの殆どがこの中に入る）の貸出増加額(c)と上場会社株式調達額(d)との推移を見ると，次の通りである。

図Ⅸ－11によると，バブル景気を境に間接金融から直接金融へウェイトの移行を始め，さらにバブル崩壊を契機として限界的には直接金融にウェイトを大きく移してきていることが分かる。このことは，「不動産の証券化」とともに，一層の不安定化を意味することに留意したい。

① 直接金融がウェイトを高めている時期は，バブル景気時の1988～1990年中，及び1993年中以降である（特に1994年中以降は，1995年中と1997年中を除いて，国内銀行貸出増加額(c)がマイナスを示している）。図Ⅸ－12の調達資金上場株式割合では，1989年中に一旦盛り上がりを見せた後，1993年中以降は，既述の通り，国内銀行貸出増加額のマイナスもあって直接金融のウェイトをかなり高めてきている（そのマイナスのところは，当該割合のグラフ表示が不可能である）。

② 国内銀行貸出残高の名目GDPに対する比率は，バブル景気の起点である1982年中の約70％弱から増加を始めて1987年中から1996年中までは100％を超えていた（ピークは，1989年中及び1990年中の108％）が，バブル崩壊以後漸減して2004年中に漸く80％を割り込んできている（図Ⅸ－12）。

この図Ⅸ－12によると，総資本分配前利益率と総資本税引前利益率は，バブル景気時には，総資本付加価値率の下落を総資本人件費率の下落でカバーをしていたので，辛うじてともに僅かの上昇を見せたが，バブル崩壊後は，1998年中まで下落傾向を続けていた。

そして総資本分配前利益率は，2003年中以後，総資本税引前利益率は，2002年中以後，それぞれ漸く上昇傾向を見せている。

【過剰総資本不況】

資産価格の暴落は，B／S（貸借対照表）の借方側の大幅な収縮をもたらし，それに見合って，B／S貸方側の資金の出し手としての株主と銀行等の資産を大幅に収縮させるに至っていた。それ故，それらを早急に処理しない限り使用総資本に対する諸利益率が回復しないから，新規投資は，三つ（「債務」だけではなく，次に述べる貸方側の「資本」と借方側の設備及びそれらに付随

図Ⅸ－11　国内銀行貸出金・上場会社株式調達額等推移図

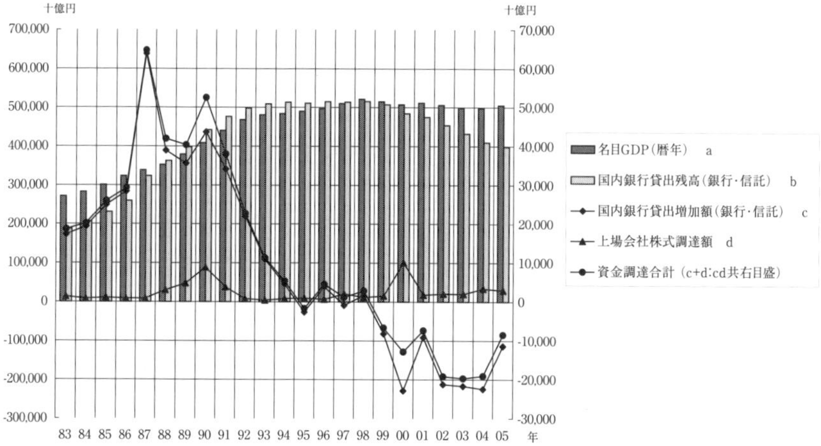

図Ⅸ－12　付加価値値・同内訳等対総資本比率推移図

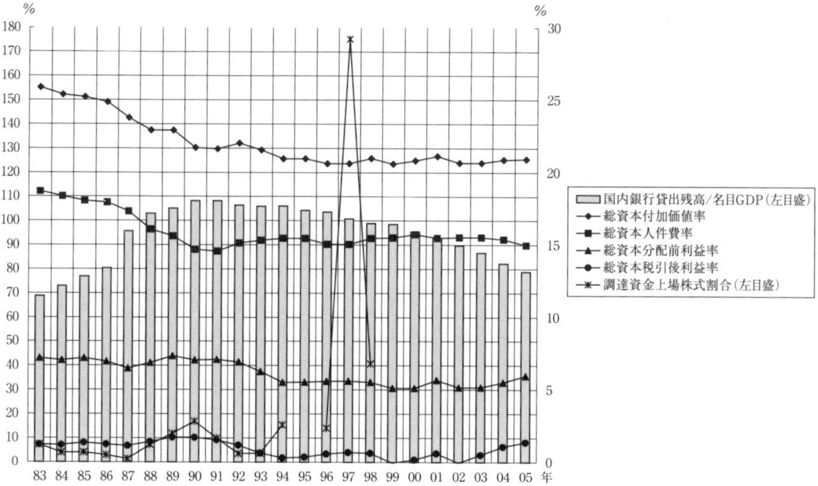

する雇用）の過剰の下で，長い間困難な状態におかれていたのである（図Ⅸ－12）。

既存の理論は，「過剰生産＝供給の過剰」又は「過小消費＝有効需要の不足」をいうが，今回の不況はそれらとは原因が異なっている（原因をしっかりと捉えていないから，的確な対策がとれていない）。

つまり，今回の不況は，**他人資本としての借入資本と自己資本としての株主資本の両者が期待利益に対して過剰であった**という**「過剰総資本不況」**というべきものであり，そして，デフレであったことも含めてこれまでとは違う意味合いの不況だったのである。

次に，２の地価・株価・関連経済諸指標の実証（バブル景気時以降）において見てきたことが，株価・付加価値指標等と経営諸比率との関係ではどうなのかということを見て行きたい。

それらの諸指標のうち，株価については株価日経平均ではなく，東証株価指数平均を，付加価値指標（全産業）及び経営諸比率（全産業）のうち使用総資本利益率については，財務省（旧大蔵省）と三菱総研両者のデータを，その他の経営諸比率（全産業）については，三菱総研のデータをそれぞれ用いることにする。

【株価と付加価値】

図Ⅸ－13－１によると，純付加価値，人・税控除後純付加価値，営業純益及びドル（対円年平均）相場のなかで，株価の趨勢に一番近いのは，既述の通り，株価の先見性等によるタイムラグはあるが，人・税控除後純付加価値のそれである。前者は後者の趨勢をかなり上回り続けて，2003年中に漸く両者がほぼ等しくなってそこから本格的な反発局面に入っていること，それを牽引しているのが営業純益であることが読み取れる。

図Ⅸ－13－２によると，純付加価値等（営業純益を税引後当期純利益に変えてある）のなかで，株価の趨勢に一番近いのは，タイムラグはあるが，税引後当期純利益である。このことは，PER（株価収益率）が株価指標の有用な一つとして利用される理由を示すものであるが，やはり株価の趨勢が税引後当期純

図Ⅸ－13－１　株価関連指標推移図

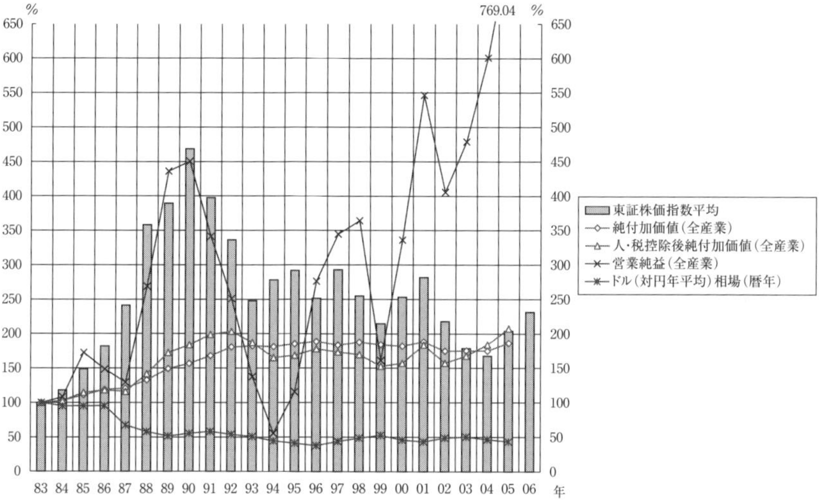

図Ⅸ－13－２　株価関連指標推移図

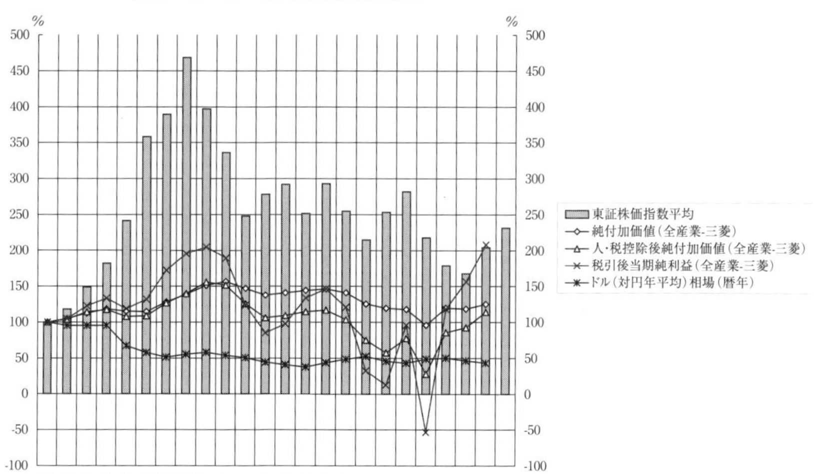

図Ⅸ－13－3　株価関連指標変動図

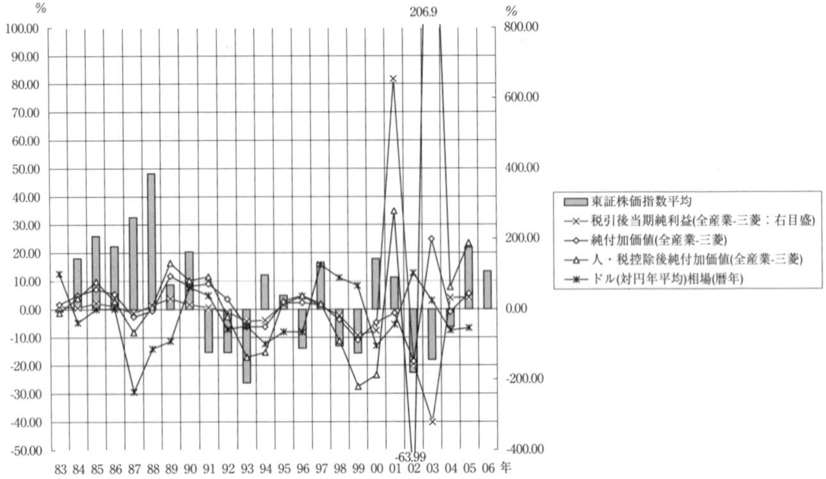

図Ⅸ－14　株価指数と PER・PBR・ROE 推移図

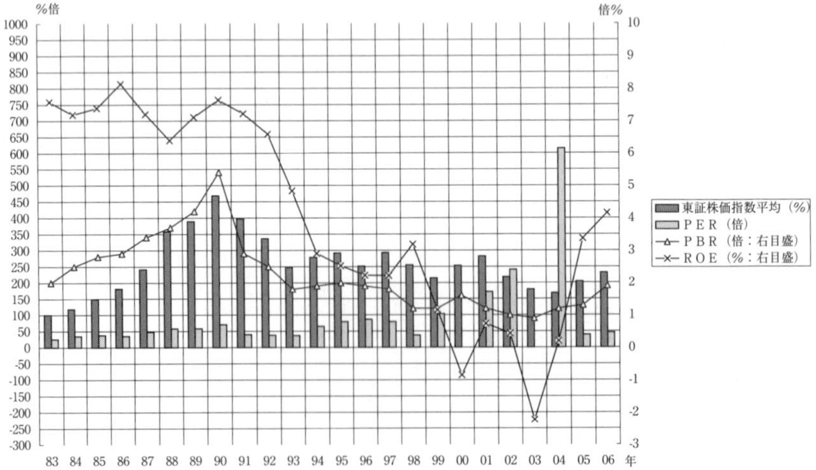

利益のそれをかなり上回り続けていたという問題があったことが分かる。

このことについて，より詳しく分析するために変動について見ると，図Ⅸ－13－３の通りである。

この図によると，バブル景気時に税引後当期純利益と人・税控除後純付加価値との変動率がそれほど増えていない（1984年中と1988年中～1990年中に株価よりも低い上昇を示している）のに，株価が1983年から1989年にかけてかなり根拠のない上昇をしたことに無理があったことが明らかである。更に，1985年９月のプラザ合意による1986年中～1988年中の円高時における超金融緩和が株価高（及び地価高）を招いたことも読み取ることができる。

そのような結果として，バブル崩壊以降大不況時の株価変動率は，PKO（株価維持操作）にもかかわらず，低迷する税引後当期純利益と人・税控除後純付加価値との変動率の下で，一進一退を繰り返した上，2004年中以降漸く上昇気運に乗りつつある。

【株価と PER・PBR・ROE】

図Ⅸ－14によると，図Ⅸ－13－２のところ等で述べた通り，バブル景気時の株価の趨勢は，高水準が続き過ぎたので，PER に対して比例的な動きはしていない。当時は，地価も異常に高かったから，むしろ PBR（簿価純資産価格）の方が株価のそれと比例的な動きをしている。ROE（株主資本利益率）は，1992年中以降下落傾向を強めて1999年中と2002年中にマイナスを記録した後，2003年中以降回復傾向を見せている。

【株価と経営諸比率】

Ⅷで述べた経営諸比率と株価との関連について見ると，図Ⅸ－15－１～図Ⅸ－18－３の通りである。

図Ⅸ－15－１（財務省）と図Ⅸ－15－２（三菱総研）とは，ともに経営諸比率のうちのもっとも基本的な使用総資本営業純益率・同内訳又は使用総資本税引後利益率・同内訳と株価変動率との関係を描いてある（Ⅷ１❶式）。

両図では，バブル景気時には使用総資本営業純益率と売上高営業純益率が，タイムラグはあるが，株価（東証株価指数）の変動にかなり近い比率を示している。しかし，これらの図によると，株価変動率は，1983年中から1987年中にかけて，図Ⅸ－15－１では使用総資本営業純益率又は売上高営業純益率と比べて，図Ⅸ－15－２では使用総資本税引後利益率又は売上高税引後利益率と比べて，高い率（前者はより高い率）を見せているから，このことが各営業純益率又は各税引後利益率の1990年中から1992年中にかけての急落による株価変動率の急落を招いたことを明らかにしている。

両図を比較すると，後者の三菱総研（上場企業）の各税引後利益率の方が，財務省（上場企業以外の企業も含む）のそれよりも落ち込みが大きいことが目立っている（総資本回転率は，両者ともに低下傾向を見せている）。

図Ⅸ－16は，使用総資本税引後利益率と同内訳としての使用総資本固定資産比率・固定資産純付加価値率及び純付加価値税引後利益率又は売上高税引後利益率及び固定資産回転率との関係を描いてある（Ⅷ１❷式及び❸式—三菱総研のもの。以下同様）。

この図によると，使用総資本税引後利益率と比べて，売上高税引後利益率が一番近い動きを示し，純付加価値税引後利益率も動きがやや緩やかになるが，類似した動きを見せている。この図で特記しなければならないのは，固定資産純付加価値率がバブル景気時も含めて下落傾向を続けていることと，使用総資本固定資産比率がバブル崩壊以降上昇を続けていること，その結果として固定資産回転率が下落を続けていることである（三者ともに2002年中以降漸くそれらの傾向に歯止めがかかっている）。

図Ⅸ－17は，使用総資本純付加価値率と同内訳としての売上高純付加価値率及び使用総資本回転率又は使用総資本純付加価値率及び自己資本純付加価値率との関係を描いてある（Ⅷ１❹式及び❺式）。

この図によると，使用総資本純付加価値率と比べて，やはり売上高純付加価値率が一番近い動きを示している。この図で特記しなければならないのは，やはり自己資本純付加価値率がバブル景気時も含めて下落傾向を続けていることと，その結果として使用総資本回転率が下落を続けていることである（前者は2001年中以降，後者は2003年中以降漸くそれらの傾向に歯止めがかかってい

図Ⅸ－15－１　株価変動率と使用総資本営業純益率・同内訳推移図

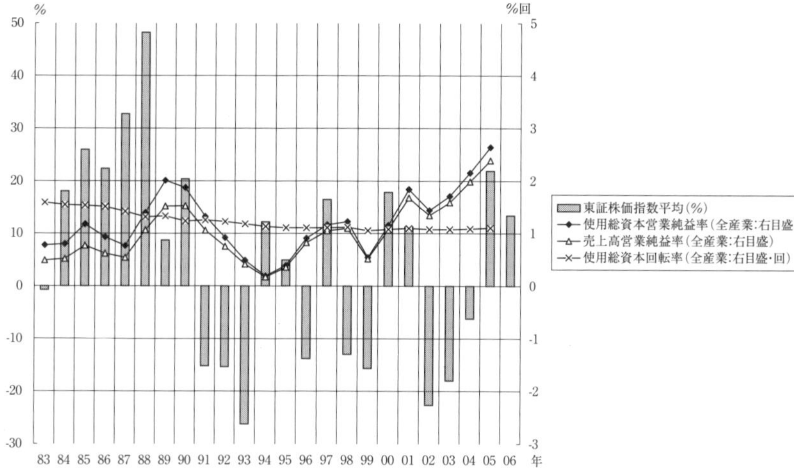

図Ⅸ－15－２　株価変動率と使用総資本営業純益率・同内訳推移図

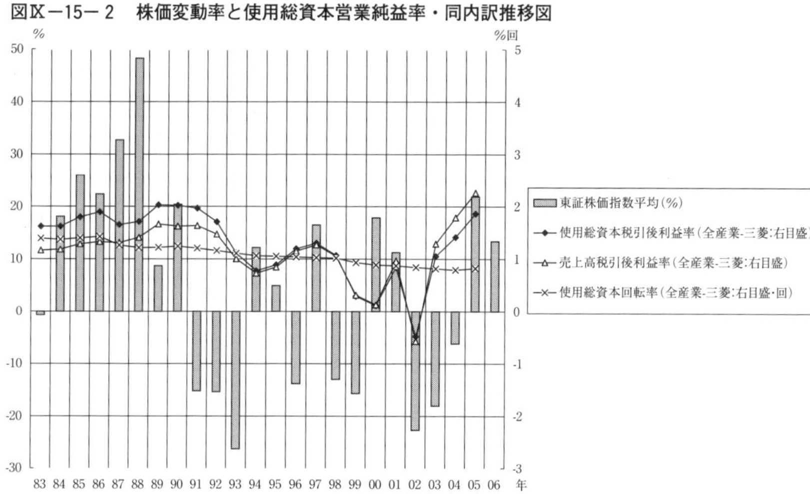

図Ⅸ－16　使用総資本税引後利益率・同内訳推移図

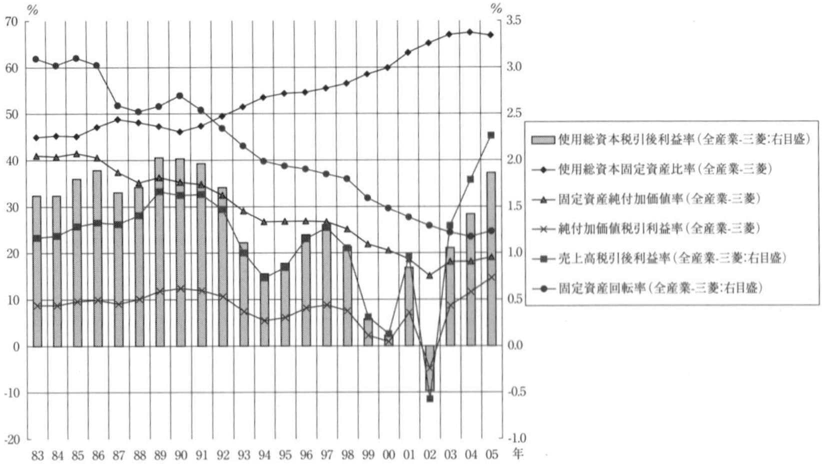

図Ⅸ－17　使用総資本純付加価値率・同内訳推移図

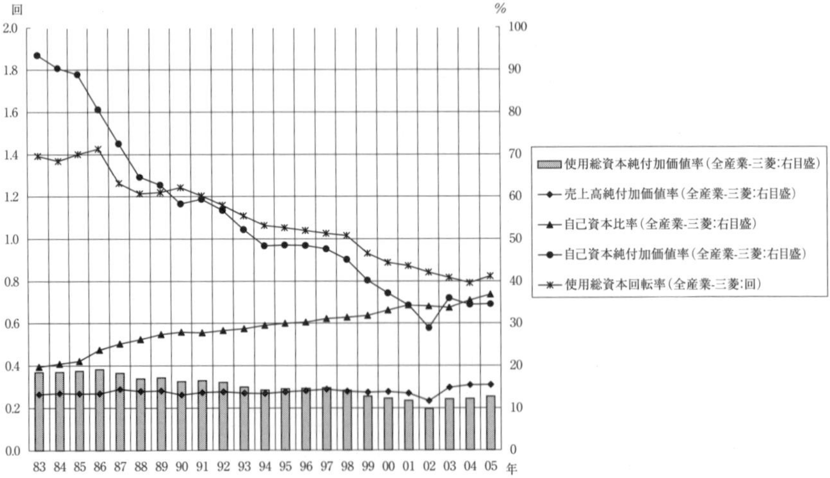

る)。この間に自己資本比率が上昇しているのは，図Ⅸ－18－３の自己資本負債比率の低下に見られるように，一貫して負債（借入金）の返済が進んだことによる。

図Ⅸ－18－１～図Ⅸ－18－３は，自己資本税引後利益率と同内訳としての固定比率・固定資産土地比率・土地純付加価値率及び純付加価値税引後利益率，自己資本純付加価値率及び純付加価値税引後利益率，売上高税引後利益率及び自己資本回転率，又は自己資本負債比率・使用総資本税引後利益率及び負債使用総資本比率との関係を描いてある（Ⅷ１❼式❽式❾式及び❿式)。

先ず図Ⅸ－18－１によると，自己資本税引後利益率と比べて，純付加価値税引後利益率が，変動が大きいものの一番近い動きを示している。この図で特記しなければならないのは，土地純付加価値率がバブル景気時も含めて下落傾向を続けていることである（2001年中以降漸くそれらの傾向に歯止めがかかっている)。自己資本に対する固定比率は，バブル景気時には旺盛なエクィティ・ファイナンスにより低下傾向を見せていたが，バブル崩壊以降は，若干上昇気味である。固定資産土地比率は，一貫して上昇傾向にあり，特に2001年中から2002年中にかけてその上昇傾向を強めている。

次に図Ⅸ－18－２によると，図Ⅸ－18－１での説明済分を除いて，自己資本純付加価値率は，2001年中まで一貫して下落し続ける中で，バブル景気時の1984年中～1987年中の傾斜が一番大きいことが，その期間中に如何に無理をしていたかということを表しており，興味深いものがある。売上高税引後利益率は，1991年中のバブル崩壊以降2001年中までの低迷期を脱して2002年中以後漸く上昇しつつある。自己資本回転率も，最近まで一貫して下落し続ける中で，バブル景気時の1985年中～1987年中に顕著な下落を見せている。

最後に図Ⅸ－18－３によると，自己資本税引後利益率と比べて，純付加価値税引後利益率と同様に，使用総資本税引後利益率が一番近い動きを示している。自己資本負債比率は，自己資本回転率と同様に，最近まで一貫して下落し続ける中で，バブル景気時の1985年中～1988年中に顕著な下落を見せている。負債使用総資本比率は，バブル景気時からバブル崩壊以降2004年中に至るまで

図Ⅸ－18－1　自己資本税引後利益率・同内訳推移図

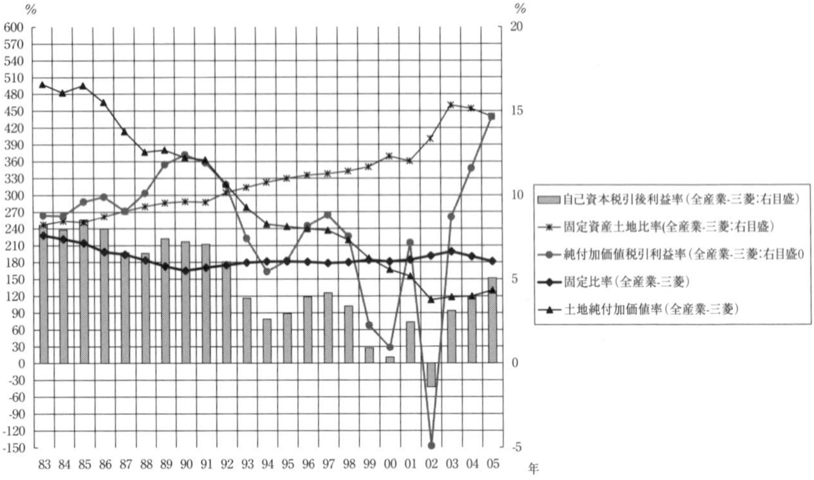

図Ⅸ－18－2　自己資本税引後利益率・同内訳(2)推移図

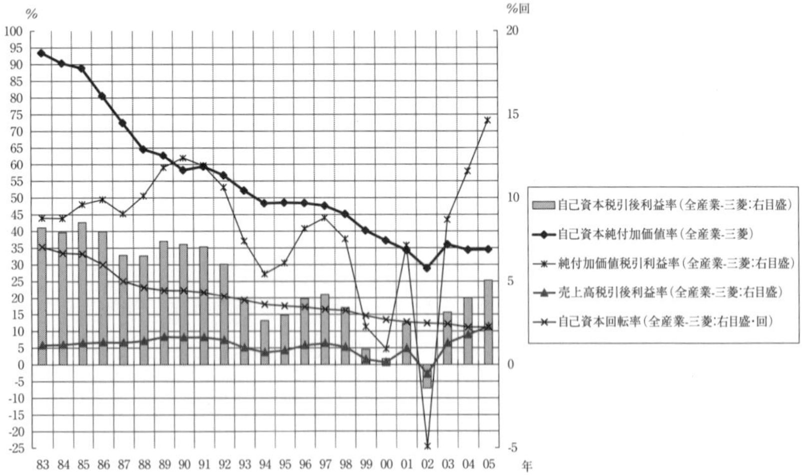

図Ⅸ－18－3　自己資本税引後利益率・同内訳(3)推移図

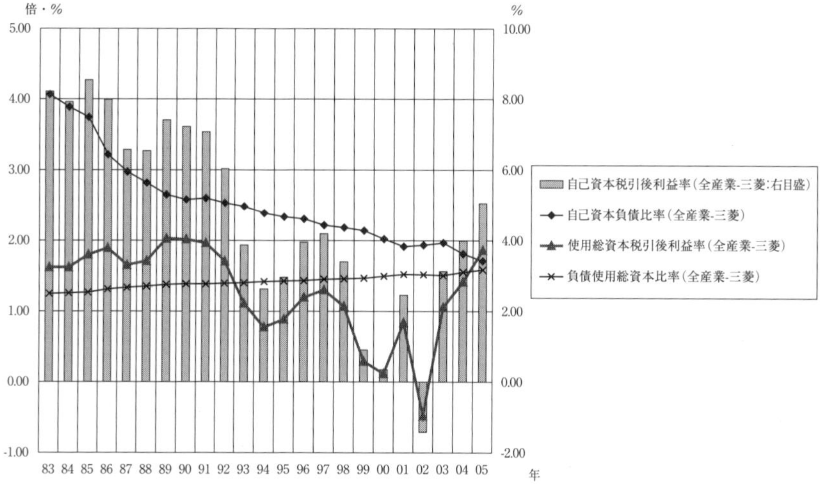

ほぼ一貫して微増してきている。

以上で見てきたように，これらの図から，バブル景気時からバブル崩壊以降にかけての動きの問題点，すなわち借入とエクィティ・ファイナンスによる，付加価値増・利益増を問わない固定資産投資，特に土地投資の大失敗を，企業資本の経営諸指標からもはっきりと読み取ることができる。いやむしろ，正確にいえば，金融機関を含めての甘い経営判断によるこのような企業資本の投資の失敗が，日本経済全体を金融危機を含めた未曾有の長期不況に陥れたということである。そうであるとすれば，重要なことは，今後二度とこのような大失敗を繰り返すことのないように，投資のための融資・増資の経営・財務判断については，このような因果関係を十分に弁えてこれを行わなければならないということである。

バブル景気時には，自然環境破壊を一層進めるほか，それを顧みないカネ至上主義を助長してきたが，それらのことが今日まで尾を引いてきている折から，今後はこの著書で述べた持続的共生のための「生態系主主義」の理念を踏まえた「経営哲学＝経営理念」によるCEO（経営者）とCFO（財務担当重役）の目的意識の追加・変革が強く求められているのである。

表Ⅸ-1 地価・株価・関連経済諸指標推移表

(単位%)

	55	56	57	58	59	60	61	62	63
全国市街地価格指数全用途平均	100	114	146	178	220	280	399	507	594
六大都市市街地価格指数全用途平均	100	115	149	188	226	294	494	708	839
名目GNP（年度）	100	110	124	142	151	178	213	257	285
人・税控除後純付加価値（全産業）	100	102	136	197	174	211	335	376	393
可処分所得（暦年）	100	105	111	120	128	138	151	168	188
日経平均株価（暦年）	100	110	142	157	168	241	328	455	417
純付加価値（年度）	100	106	124	165	171	194	259	290	326

(注) 出典は、次による。市街地価格指数は、（財）日本不動産研究所。名目GNPは、内閣府。純付加価値は、財務省。可処分所得は、総務省。

78	79	80	81	82	83	84	85	86	87	88	89	90	91
2,847	2,977	3,231	3,512	3,760	3,938	4,065	4,177	4,296	4,529	4,983	5,360	6,116	6,751
3,367	3,614	4,094	4,440	4,738	4,965	5,224	5,611	6,411	8,072	10,324	12,848	16,712	17,221
2,429	2,668	2,881	3,136	3,327	3,495	3,655	3,907	4,160	4,354	4,573	4,882	5,239	5,644
2,766	3,110	4,010	4,536	4,312	4,419	4,943	5,097	5,001	6,109	7,436	7,921	8,562
1,064	1,122	1,191	1,269	1,317	1,393	1,429	1,492	1,552	1,576	1,608	1,685	1,750	1,829
1,476	1,625	1,841	2,016	2,204	2,171	2,583	3,099	3,687	4,813	6,822	7,934	9,994	8,638
3,288	3,698	4,207	4,668	5,034	5,152	5,302	5,720	6,122	6,221	6,835	7,688	8,067	8,650

表Ⅸ-2 地価・株価・関連経済諸指標変動表

	55	56	57	58	59	60	61	62	63
全国市街地価格指数全用途平均	17.2	14.0	28.1	21.9	23.6	27.3	42.5	27.1	17.2
六大都市市街地価格指数全用途平均	9.4	15.0	29.6	26.2	20.2	30.1	68.0	43.3	18.5
名目GNP（年度）	4.0	10.3	12.1	14.5	7.0	17.2	19.9	20.9	10.6
人・税控除後純付加価値（全産業）	21.5	1.6	34.0	45.1	-11.7	20.9	58.9	12.3	4.3
可処分所得（暦年）	8.6	5.0	5.9	7.9	6.6	8.3	9.0	11.1	12.1
日経平均株価（暦年）	-12.8	9.7	29.8	10.4	6.8	43.6	35.9	38.7	-8.4
純付加価値（年度）	23.5	5.7	17.4	33.3	3.5	13.5	33.3	11.8	12.6
営業純益	16.1	-17.5	64.1	58.6	-39.4	37.6	87.0	11.2	-18.0
人・税控除後純付加価値／借入金計（全産業）	-0.9	-8.2	9.7	3.0	-25.1	9.3	22.4	-6.1	-15.0
ドル（対円年平均）相場（暦年）	100	100	100	100	100	100	100	100	100
製品輸入比率（暦年）		11.9	15.9	22.9	21.7	21.5	22.1	24.5	25.9

(注) 出典は、次による。営業純益・借入金は、財務省。ドル（対円年平均）相場（暦年）は、東洋経済。製品輸入比率は、総理府。

78	79	80	81	82	83	84	85	86	87	88	89	90	91
2.8	4.6	8.5	8.7	7.1	4.7	3.2	2.8	2.8	5.4	10.0	7.6	14.1	10.4
3.0	7.3	13.3	8.5	6.7	4.8	5.2	7.4	14.3	25.9	27.9	24.4	30.1	3.0
11.0	9.9	8.0	8.9	6.1	5.0	4.6	6.9	6.5	4.7	5.0	6.8	7.3	7.7
-1.4	12.5	28.9	13.8	-0.6	-5.0	2.5	11.9	3.1	-1.9	22.2	21.7	6.5	8.1
9.8	5.4	6.1	6.5	3.8	5.8	2.6	4.4	4.0	1.6	2.1	4.8	3.8	4.5
8.1	10.1	13.3	9.5	9.3	-1.5	19.0	20.0	19.0	30.5	41.7	16.3	26.0	-13.6
5.5	12.5	13.8	11.0	7.8	2.4	2.9	7.9	7.0	1.6	9.9	12.5	4.9	7.2
22.7	114.2	107.7	-15.4	-29.7	-30.8	8.1	59.7	-14.0	-12.7	107.5	62.2	3.3	-24.2
-5.9	2.8	17.8	5.2	-11.7	-11.3	-3.0	2.1	-5.0	-11.1	2.1	12.6	-0.6	0.2
74.6	58.5	60.9	63.0	61.3	69.2	66.0	66.0	66.1	46.7	40.1	35.6	38.4	40.2
21.5	26.7	26.0	22.8	24.3	24.9	27.2	29.8	31.0	41.8	44.1	49.0	50.3	50.3

64	65	66	67	68	69	70	71	72	73	74	75	76	77
677	768	808	875	994	1,165	1,395	1,614	1,827	2,286	2,812	2,691	2,712	2,770
986	1,082	1,101	1,149	1,249	1,437	1,692	1,965	2,213	2,914	3,444	3,163	3,192	3,270
334	387	430	506	592	700	829	960	1,058	1,234	1,491	1,766	1,945	2,187
461	513	551	693	870	1,038	1,316	1,493	1,458	1,768	2,731	2,901	2,251	2,804
212	227	247	270	299	334	373	430	475	526	627	780	895	969
423	371	353	434	414	453	574	644	700	1,102	1,397	1,255	1,245	1,365
377	438	498	594	712	871	1,062	1,247	1,352	1,603	2,172	2,643	2,722	3,116

92	93	94	95	96	97	98	99	00	01	02	03	04	05
6,631	6,265	5,978	5,757	5,503	5,280	5,093	4,847	4,567	4,280	3,993	3,709	3,397	3,156
14,547	11,938	10,560	9,140	8,120	7,512	7,118	6,595	6,037	5,534	5,078	4,651	4,304	4,144
5,960	6,091	6,145	6,168	6,314	6,522	6,571	6,442	6,385	6,348	6,219	6,167	6,226	6,289
8,764	8,062	7,122	7,265	7,671	7,467	7,315	6,582	6,769	7,910	6,776	7,229	7,932	8,956
1,926	1,967	1,985	1,998	2,002	2,028	2,064	2,059	2,009	1,963	1,929	1,879	1,829	1,847
7,129	5,334	5,601	5,845	5,093	6,184	5,389	4,507	4,926	5,036	3,551	2,969	2,730	3,277
9,302	9,387	9,337	9,543	9,711	9,446	9,655	9,471	9,370	9,688	8,997	9,031	9,017	9,603

64	65	66	67	68	69	70	71	72	73	74	75	76	77
14.0	13.4	5.2	8.3	13.6	17.2	19.7	15.7	13.2	25.1	23.0	−4.3	0.8	2.1
17.5	9.7	1.8	4.4	8.7	15.1	17.7	16.1	12.6	31.7	18.2	−8.2	0.9	2.4
17.4	15.8	11.1	17.6	17.0	18.3	18.4	15.8	10.2	16.6	20.9	18.4	10.2	12.4
17.4	11.3	7.5	25.8	25.5	19.3	26.8	13.5	−2.3	21.2	54.5	6.2	−22.4	24.6
12.7	7.1	9.1	9.3	10.7	11.6	11.8	15.3	10.3	10.8	19.1	24.4	14.7	8.3
1.5	−12.3	−4.7	22.9	−4.5	9.4	26.6	12.1	8.8	57.4	26.7	−10.2	−0.8	9.6
15.7	16.1	13.6	19.2	19.9	19.5	22.0	17.4	8.4	18.6	35.4	21.7	3.0	14.5
22.9	−6.6	−11.7	54.8	49.5	24.5	37.1	0.6	−33.6	41.4	122.0	−35.2	−109.4	430.3
4.7	−5.6	−7.9	−41.0	6.7	−1.6	6.9	−6.2	−19.7	−2.9	30.1	−12.3	−31.2	15.2
100	100	100	100	100	100	99.5	99.5	96.6	84.2	75.5	81.1	82.4	82.4
24.5	25.8	22.7	22.8	26.8	27.5	29.5	30.3	28.6	29.6	30.6	23.7	20.3	21.5

92	93	94	95	96	97	98	99	00	01	02	03	04	05
−1.8	−5.5	−4.6	−3.7	−4.4	−4.1	−3.5	−4.8	−5.8	−6.3	−6.7	−7.1	−8.4	−7.1
−15.5	−17.9	−11.5	−13.4	−11.2	−7.5	−5.2	−7.3	−8.5	−8.3	−8.2	−8.4	−7.5	−3.7
5.6	2.2	0.9	0.4	2.4	3.3	0.8	−2.0	−0.9	−0.6	−2.0	−0.8	1.0	1.0
2.4	−8.0	−11.7	2.0	5.6	−2.7	−2.0	−10.0	2.9	16.9	−14.3	6.7	9.7	12.9
5.3	2.1	0.9	0.6	0.2	1.3	1.7	−0.2	−2.4	−2.3	−1.7	−2.6	−2.7	1.0
−17.5	−25.2	5.0	4.4	−12.9	21.4	−12.9	−16.4	9.3	2.2	−29.5	−16.4	−8.1	20.0
7.5	0.9	−0.5	2.2	1.8	−2.7	2.2	−1.9	−1.1	3.4	−7.1	0.4	−0.2	6.5
−26.4	−45.2	−59.5	107.6	139.1	24.7	5.6	−55.7	108.4	62.6	−25.7	18.0	25.5	28.0
−4.6	−13.9	−15.3	−1.6	3.7	1.7	−3.1	−11.8	14.3	25.2	−12.3	10.2	16.2	10.9
37.4	35.2	30.9	28.4	26.1	30.2	33.6	36.4	31.7	29.9	33.8	34.8	32.2	30.0
50.8	50.2	52.0	55.2	59.1	59.4	59.3	62.1	62.5	61.1	61.4	62.2	61.4	61.3

表Ⅸ－3　地価関連経済諸指標と付加価値・同内訳の推移表

（単位%）

	83	84	85	86	87	88	89	90	91	92
公示価格全国平均商業地価趨勢率	100	103.5	107.4	112.9	128.0	156.1	172.2	200.9	226.8	217.8
同三大圏平均商業地価趨勢率	100	104.5	110.6	120.7	157.1	230.3	262.7	311.6	336.8	302.2
同東京都区部平均商業地価趨勢率	100	100.0	100.0	100.0	100.0	100.0	100.0	100.0	100.0	100.0
純付加価値趨勢率（非製造業）	100	101.7	109.7	118.2	123.4	138.3	156.6	162.0	177.9	193.4
人・税控除後純付加価値趨勢率（同上）	100	100.8	110.1	118.6	126.8	153.8	184.8	192.1	214.7	227.3
名目 GDP（暦年）趨勢率	100	104.0	110.7	119.0	124.6	129.7	139.5	150.3	161.9	172.2
公示価格全国平均工業地価趨勢率	100	102.3	104.1	105.9	108.9	120.2	131.4	151.3	171.8	171.1
同三大圏平均工業地価趨勢率	100	102.0	103.8	106.5	114.0	148.2	177.5	221.2	248.4	230.0
純付加価値趨勢率（製造業）	100	104.7	113.0	119.8	116.8	124.2	138.1	148.4	152.8	161.2
人・税控除後純付加価値趨勢率（同上）	100	105.0	121.4	117.6	99.9	123.7	154.1	171.2	174.6	167.4
公示価格全国平均住宅地価趨勢率	100	103.0	105.3	107.6	115.8	144.7	156.1	182.7	202.2	190.9
同三大圏平均住宅地価趨勢率	100	102.6	104.7	107.5	122.2	179.1	198.9	242.6	262.0	229.3
同東京都区部平均住宅地価趨勢率	100	100.0	100.0	100.0	100.0	100.0	100.0	100.0	100.0	100.0
可処分所得趨勢率	100	102.6	107.1	111.4	113.1	115.4	121.0	125.6	131.3	138.2
純付加価値	100.0	102.9	111.0	118.8	120.7	132.7	149.2	156.6	167.9	180.5
人・税控除後純付加価値（全産業）	100.0	102.5	114.6	118.2	116.0	141.7	172.5	183.7	198.6	203.3
人件費	100.0	103.0	109.9	118.6	121.6	128.7	140.5	146.5	156.4	171.5
租税公課	100.0	104.4	109.8	126.8	132.4	150.6	168.4	178.5	194.3	208.4
支払利息・割引料	100.0	99.7	102.3	108.7	104.6	107.4	112.0	123.4	163.8	179.6
動・不動産賃借料	100.0	106.3	115.2	125.8	136.0	159.8	185.0	194.5	210.1	235.3
営業純益	100.0	108.1	172.6	148.4	129.6	268.9	436.2	450.4	341.3	251.2

（注）出典は，次による。公示価格は，国土交通省。純付加価値・同内訳は，財務省。

表Ⅸ－4　付加価値額・同内訳の（構成）推移表（非製造業）

（単位十億円）

	83	84	85	86	87	88	89	90	91	92
人件費	63,855	65,132	69,858	75,048	77,645	84,338	93,390	96,352	104,710	115,410
租税公課	3,843	3,919	4,349	4,844	5,193	6,061	6,776	7,089	8,157	8,468
支払利息・割引料	13,508	13,397	14,315	15,561	15,294	16,719	17,751	19,314	26,126	28,386
動・不動産賃借料	6,789	7,094	7,698	8,125	8,926	10,726	12,746	13,112	14,172	15,700
営業純益	366	332	731	822	1,981	4,328	7,689	7,268	4,057	2,888
付加価値額計	88,361	89,873	96,951	104,400	109,038	122,171	138,351	143,135	157,223	170,854

（注）出典は，次による。純付加価値・同内訳は，財務省。

93	94	95	96	97	98	99	00	01	02	03	04	05	06
192.9	171.1	154.0	138.9	128.1	120.3	110.5	101.7	94.1	86.3	79.4	73.5	69.4	67.5
244.1	202.1	172.2	144.7	128.0	118.4	106.4	96.1	88.2	80.7	74.9	70.6	68.3	67.7
100.0	100.0	100.0	100.0	100.0	100.0	100.0	100.0	100.0	100.0	100.0	100.0	100.0	100.0
199.9	201.5	204.4	209.2	202.1	206.0	206.8	202.4	208.8	198.1	199.8	199.0	214.4	
220.0	199.2	194.9	202.6	188.8	184.8	174.8	178.1	202.6	187.1	197.1	211.7	235.0	
176.7	178.1	180.2	182.8	187.6	191.7	189.4	186.7	188.2	186.2	183.2	183.1	185.8	
163.1	157.0	153.4	147.9	143.7	140.3	134.3	127.5	120.5	111.6	102.1	93.2	86.3	82.1
204.5	189.6	181.6	170.3	162.3	156.3	145.7	135.2	125.1	113.6	102.7	93.2	86.8	83.8
155.6	150.8	156.4	157.3	155.2	159.4	149.3	150.9	156.7	139.4	138.4	138.9	144.2	
137.7	114.5	129.1	141.1	150.0	147.1	119.6	125.6	155.0	112.5	123.9	142.7	167.1	
174.3	166.1	163.4	159.2	156.6	154.4	148.6	142.5	136.5	129.4	121.9	114.9	109.7	106.7
196.0	181.7	176.6	168.5	163.8	160.2	151.0	142.1	134.2	125.5	117.3	110.6	106.5	105.2
100.0	100.0	100.0	100.0	100.0	100.0	100.0	100.0	100.0	100.0	100.0	100.0	100.0	100.0
141.2	142.5	143.4	143.7	145.6	148.1	147.8	144.2	140.9	138.5	134.9	131.3	132.6	
182.2	181.2	185.2	188.5	183.3	187.4	183.8	181.9	188.0	174.6	175.3	175.0	186.4	
187.0	165.2	168.5	177.9	173.2	169.6	152.6	157.0	183.5	157.2	167.7	184.0	207.7	
179.1	185.0	188.8	190.2	184.9	191.1	191.3	190.0	190.5	181.4	178.6	173.4	180.1	
209.2	206.4	216.4	217.0	212.9	222.9	229.2	181.6	171.5	155.9	160.5	153.8	174.9	
165.4	140.0	131.5	110.3	91.0	80.6	86.2	68.4	64.2	55.2	51.7	48.3	45.6	
261.7	277.8	281.1	288.3	282.1	283.3	304.2	277.1	285.3	274.4	287.2	297.7	312.7	
137.5	55.7	115.5	276.3	344.5	363.9	161.2	336.0	546.3	405.8	478.8	601.0	769.0	

93	94	95	96	97	98	99	0	01	02	03	04	05	06
122,137	127,813	131,046	133,199	130,182	133,619	135,873	134,021	134,691	129,263	128,365	124,690	132,790	
9,025	9,040	9,291	9,772	9,348	10,178	10,725	8,057	7,987	7,095	7,465	7,425	8,134	
26,645	22,501	21,257	17,992	15,226	13,359	14,884	11,280	10,651	8,964	8,332	7,612	7,706	
17,812	18,818	19,206	20,030	19,291	19,616	20,507	19,150	20,206	19,386	20,871	21,957	23,417	
1,010	−151	−188	3,846	4,493	5,212	732	6,368	11,005	10,313	11,514	14,167	17,428	
176,630	178,021	180,612	184,838	178,839	181,983	182,722	178,876	184,539	175,021	176,547	175,852	189,474	

表Ⅸ－5　付加価値額・同内訳の（構成）推移表（製造業）

（単位十億円）

	83	84	85	86	87	88	89	90	91	92
人件費	42,462	44,328	47,004	50,992	51,649	52,471	56,019	59,366	61,524	66,937
租税公課	2,413	2,613	2,518	3,089	3,086	3,359	3,758	4,080	3,995	4,567
支払利息・割引料	7,611	7,655	7,284	7,396	6,802	5,961	5,902	6,740	8,476	9,539
動・不動産賃借料	2,218	2,482	2,681	3,202	3,324	3,666	3,917	4,411	4,749	5,496
営業純益	4,047	4,438	6,883	5,725	3,737	7,539	11,562	12,610	11,004	8,196
付加価値額計	58,751	61,515	66,370	70,404	68,598	72,996	81,157	87,207	89,748	94,734

（注）出典は，次による。純付加価値・同内訳は，財務省。

表Ⅸ－6　名目 GDP，資金調達額・同内訳推移表

	83	84	85	86	87	88	89	90	91	92
名目 GDP（暦年）　a	271,888	282,803	300,941	323,541	338,674	352,530	379,250	408,535	440,125	468,234
国内銀行貸出残高（銀行・信託）　b	187,153	206,483	231,467	259,922	323,773	362,709	398,275	441,916	476,090	498,020
国内銀行貸出増加額（銀行・信託）　c	17,308	19,330	24,984	28,455	63,851	38,936	35,566	43,641	34,174	21,930
上場会社株式調達額　d	1,349	802	1,043	859	873	3,013	4,782	8,849	3,792	808
資金調達合計　（c＋d：cd 共右目盛）	18,657	20,132	26,027	29,314	64,724	41,949	40,348	52,490	37,966	22,738

（注）出典は，次による。国内銀行貸出残高は，日本銀行。上場会社株式調達額は，東京証券取引所。

表Ⅸ－7　名目 GDP 国内銀行貸出残高比率，総資本付加価値率・同内訳等推移表

（単位％）

	83	84	85	86	87	88	89	90	91	92
国内銀行貸出残高／名目 GDP（左目盛）	68.83	73.01	76.91	80.34	95.60	102.89	105.02	108.17	108.17	106.36
総資本付加価値率	25.86	25.37	25.20	24.85	23.76	22.90	22.91	21.70	21.62	22.02
総資本人件費率	18.69	18.34	18.03	17.91	17.29	16.06	15.59	14.67	14.56	15.12
総資本分配前利益率	7.17	7.03	7.17	6.93	6.47	6.85	7.32	7.03	7.07	6.90
総資本税引後利益率	1.22	1.18	1.34	1.22	1.13	1.41	1.71	1.69	1.54	1.17
調達資金上場株式割合（左目盛）	7.2	4.0	4.0	2.9	1.3	7.2	11.9	16.9	10.0	3.6

（注）出典は，次による。総資本，純付加価値・同内訳は，財務省。

表Ⅸ－8　株価関連経済諸指標と経営諸比率の趨勢表

（単位％）

	83	84	85	86	87	88	89	90	91	92
東証株価指数平均	100.00	118.08	148.73	181.97	241.53	358.08	389.26	468.61	397.23	336.17
純付加価値（全産業）	100.00	102.91	111.02	118.82	120.75	132.67	149.21	156.58	167.88	180.53
人・税控除後純付加価値（全産業）	100.00	102.48	114.63	118.22	115.99	141.69	172.46	183.72	198.57	203.26
営業純益（全産業）	100.00	108.07	172.56	148.38	129.57	268.91	436.23	450.44	341.29	251.17
ドル（対円年平均）相場（暦年）	100.00	95.29	95.33	95.50	67.41	57.98	51.43	55.41	58.12	54.00
純付加価値（全産業－三菱）	100.00	104.93	112.38	118.39	115.25	114.62	128.15	138.62	151.09	156.53
人・税控除後純付加価値（全産業－三菱）	100.00	103.97	114.22	117.46	107.89	108.82	126.63	139.52	155.62	151.52
税引後当期純利益（全産業－三菱）	100.00	104.66	122.74	133.32	118.72	131.82	172.17	195.28	204.79	189.21
ドル（対円年平均）相場（暦年）	100.00	95.29	95.33	95.50	67.41	57.98	51.43	55.41	58.12	54.00

（注）出典は，次による。東証株価指数平均は，東京証券取引所。純付加価値・同内訳は，財務省と三菱総研。

93	94	95	96	97	98	99	0	01	02	03	04	05	06
68,228	68,827	69,701	69,052	66,399	69,502	67,483	67,941	67,846	63,598	61,554	59,613	58,727	
4,065	3,873	4,245	3,804	3,974	3,768	3,612	3,303	2,741	2,656	2,576	2,194	2,807	
8,291	7,072	6,519	5,297	3,982	3,656	3,326	3,162	2,906	2,689	2,580	2,584	1,932	
5,759	6,204	6,114	5,937	6,117	5,904	6,891	5,806	5,494	5,333	4,996	4,861	4,750	
5,059	2,608	5,287	8,347	10,710	10,848	6,380	8,459	13,104	7,596	9,616	12,357	16,510	
91,403	88,584	91,865	92,435	91,182	93,678	87,691	88,671	92,091	81,871	81,322	81,609	84,726	

93	94	95	96	97	98	99	00	01	02	03	04	05	06
480,492	484,234	490,005	496,941	510,001	521,170	514,882	507,496	511,760	506,165	498,208	497,798	505,186	
508,883	513,385	510,738	514,647	513,756	515,447	507,282	484,402	475,265	454,020	432,326	409,875	398,524	398,921
10,863	4,502	−2,647	3,909	−891	1,691	−8,165	−22,880	−9,137	−21,245	−21,694	−22,452	−11,350	396
420	823	936	638	2,074	1,162	1,540	10,091	1,798	2,067	1,999	3,385	2,898	3,094
11,283	5,325	−1,711	4,547	1,183	2,853	−6,625	−12,789	−7,339	−19,178	−19,695	−19,067	−8,452	3,490

93	94	95	96	97	98	99	00	01	02	03	04	05	06
105.91	106.02	104.23	103.56	100.74	98.90	98.52	95.45	92.87	89.70	86.78	82.34	78.89	
21.55	20.94	20.95	20.62	20.62	20.97	20.60	20.82	21.12	20.67	20.67	20.88	20.92	
15.31	15.44	15.44	15.04	15.03	15.46	15.49	15.72	15.47	15.51	15.51	15.38	14.98	
6.25	5.50	5.52	5.58	5.59	5.52	5.11	5.10	5.66	5.15	5.15	5.50	5.94	
0.63	0.29	0.35	0.57	0.68	0.63	−0.04	0.17	0.61	−0.04	0.50	1.07	1.37	
3.7	15.5		14.0	175.3	40.7								88.6

93	94	95	96	97	98	99	00	01	02	03	04	05	06
247.97	278.16	291.88	251.50	292.98	254.86	214.88	253.27	281.83	217.97	178.65	167.59	204.29	231.65
182.20	181.23	185.22	188.48	183.34	187.38	183.81	181.87	188.04	174.62	175.29	175.01	186.39	
186.97	165.18	168.49	177.91	173.19	169.65	152.64	157.00	183.46	157.15	167.66	183.96	207.71	
137.55	55.65	115.54	276.27	344.48	363.92	161.18	335.98	546.32	405.82	478.82	601.04	769.04	
50.80	44.56	40.99	37.70	43.65	48.51	52.56	45.71	43.24	48.78	50.27	46.51	43.39	
146.80	137.71	140.74	144.04	146.22	140.86	125.46	119.53	117.87	95.90	119.70	118.58	125.09	
125.53	106.21	109.33	114.61	116.81	103.73	75.16	57.53	77.58	27.94	85.74	92.47	114.13	
123.82	85.22	97.65	133.72	146.32	120.76	32.37	12.72	95.90	−53.49	118.27	156.28	208.19	
50.80	44.56	40.99	37.70	43.65	48.51	52.56	45.71	43.24	48.78	50.27	46.51	43.39	

表Ⅸ－9　株価関連経済諸指標と経営諸比率の変動表

（単位％・倍・回）

	83	84	85	86	87	88	89	90	91	92
東証株価指数平均	－0.73	18.08	25.96	22.35	32.73	48.26	8.71	20.38	－15.23	－15.37
純付加価値（全産業－三菱）	1.73	4.93	7.10	5.34	－2.65	－0.54	11.80	8.17	9.00	3.60
人・税控除後純付加価値（全産業－三菱）	－1.19	3.97	9.86	2.84	－8.15	0.86	16.37	10.17	11.54	－2.64
税引後当期純利益（全産業－三菱：右目盛）	8.74	4.66	17.28	8.62	－10.95	11.04	30.61	13.42	4.87	－7.61
ドル（対円年平均）相場（暦年）	12.67	－4.71	0.04	0.19	－29.41	－13.99	－11.29	7.74	4.89	－7.10
PER（倍）	25.8	34.7	37.9	35.2	47.3	58.3	58.4	70.6	39.8	37.8
PBR（倍：右目盛）	2	2.5	2.8	2.9	3.4	3.7	4.2	5.4	2.9	2.5
ROE（％：右目盛）	7.59	7.19	7.39	8.14	7.20	6.40	7.11	7.64	7.22	6.59
使用総資本営業純益率（全産業：右目盛）	0.78	0.80	1.17	0.93	0.76	1.39	2.01	1.87	1.32	0.92
売上高営業純益率（全産業：右目盛）	0.49	0.52	0.77	0.62	0.54	1.06	1.51	1.52	1.05	0.75
使用総資本回転率（全産業：右目盛・回）	1.59	1.54	1.53	1.51	1.41	1.31	1.33	1.23	1.25	1.22
使用総資本税引後利益率（全産業－三菱：右目盛）	1.62	1.62	1.80	1.89	1.65	1.71	2.03	2.02	1.96	1.71
売上高税引後利益率（全産業－三菱：右目盛）	1.16	1.18	1.28	1.33	1.31	1.41	1.66	1.62	1.63	1.47
使用総資本回転率（全産業－三菱：右目盛・回）	1.39	1.37	1.40	1.43	1.26	1.21	1.22	1.24	1.20	1.16
使用総資本固定資産比率（全産業－三菱）	44.98	45.28	45.14	47.11	48.78	48.11	47.28	46.12	47.36	49.46
固定資産純付加価値率（全産業－三菱）	40.99	40.79	41.50	40.57	37.42	35.17	36.31	35.29	34.79	32.47
純付加価値税引利益率（全産業－三菱）	8.79	8.77	9.61	9.90	9.06	10.11	11.82	12.39	11.92	10.63
売上高税引後利益率（全産業－三菱：右目盛）	1.16	1.18	1.28	1.33	1.31	1.41	1.66	1.62	1.63	1.47
固定資産回転率（全産業－三菱：右目盛）	3.10	3.02	3.10	3.03	2.59	2.52	2.58	2.69	2.54	2.34
使用総資本純付加価値率（全産業－三菱：右目盛）	18.44	18.47	18.73	19.11	18.25	16.92	17.17	16.28	16.48	16.06
売上高純付加価値率（全産業－三菱：右目盛）	13.24	13.49	13.37	13.40	14.46	13.94	14.08	13.10	13.69	13.85
自己資本比率（全産業－三菱：右目盛）	19.73	20.44	21.08	23.71	25.16	26.18	27.37	27.92	27.76	28.30
自己資本純付加価値率（全産業－三菱：右目盛）	93.43	90.36	88.89	80.61	72.55	64.61	62.71	58.28	59.36	56.73
自己資本税引後利益率（全産業－三菱：右目盛）	8.22	7.93	8.54	7.98	6.57	6.53	7.41	7.22	7.08	6.03
固定比率（全産業－三菱）	227.91	221.51	214.21	198.69	193.88	183.72	172.72	165.15	170.62	174.74
固定資産土地比率（全産業－三菱：右目盛）	8.24	8.46	8.38	8.72	9.06	9.33	9.55	9.62	9.59	10.15
土地純付加価値率（全産業－三菱）	497.74	482.41	495.13	465.22	413.25	376.83	380.16	366.83	362.88	319.87
純付加価値税引利益率（全産業－三菱：右目盛）	8.79	8.77	9.61	9.90	9.06	10.11	11.82	12.39	11.92	10.63
自己資本回転率（全産業－三菱：右目盛・回）	7.06	6.70	6.65	6.01	5.02	4.63	4.45	4.45	4.33	4.09
自己資本負債比率（全産業－三菱）	4.06	3.89	3.74	3.22	2.97	2.82	2.65	2.58	2.60	2.53
負債使用総資本比率（全産業－三菱・回）	1.25	1.26	1.27	1.31	1.34	1.35	1.38	1.39	1.39	1.40

（注）出典は，次による。PER•PBR•ROE は，東京証券取引所。経営諸比率は，財務省と三菱総研数値により算出したもの。

93	94	95	96	97	98	99	00	01	02	03	04	05	06
-26.24	12.18	4.93	-13.83	16.49	-13.01	-15.69	17.87	11.28	-22.66	-18.04	-6.19	21.90	13.394
-6.21	-6.19	2.20	2.35	1.51	-3.67	-10.93	-4.73	-1.39	-18.64	24.82	-0.94	5.50	
-17.15	-15.39	2.94	4.83	1.91	-11.19	-27.55	-23.45	34.85	-63.99	206.90	7.86	23.42	
-34.56	-31.18	14.59	36.93	9.42	-17.47	-73.19	-60.71	653.87	-155.77	-321.13	32.13	33.22	
-5.92	-12.29	-8.00	-8.03	15.79	11.13	8.35	-13.04	-5.41	12.80	3.07	-7.49	-6.69	
36.7	64.9	79.5	86.5	79.3	37.6	103.1		170.8	240.9		614.1	39	45.8
1.8	1.9	2	1.9	1.8	1.2	1.2	1.6	1.2	1	0.9	1.2	1.3	1.9
4.83	2.91	2.53	2.23	2.22	3.19	1.15	-0.85	0.73	0.43	-2.23	0.20	3.37	4.15
0.49	0.19	0.39	0.91	1.16	1.22	0.54	1.15	1.84	1.44	1.71	2.16	2.64	
0.41	0.17	0.35	0.82	1.05	1.09	0.51	1.07	1.68	1.34	1.59	1.99	2.39	
1.18	1.13	1.11	1.10	1.11	1.12	1.05	1.08	1.10	1.08	1.07	1.08	1.10	
1.11	0.78	0.89	1.20	1.30	1.07	0.29	0.12	0.84	-0.48	1.05	1.42	1.86	
1.00	0.73	0.84	1.15	1.27	1.05	0.31	0.13	0.96	-0.57	1.29	1.79	2.26	
1.11	1.06	1.05	1.04	1.03	1.02	0.93	0.89	0.87	0.84	0.82	0.79	0.82	
51.46	53.46	54.33	54.56	55.44	56.45	58.48	59.89	63.15	65.17	67.01	67.46	66.86	
29.10	26.68	26.77	26.83	26.69	25.10	21.87	20.54	18.63	15.09	18.10	18.11	19.04	
7.42	5.44	6.10	8.16	8.80	7.54	2.27	0.94	7.16	-4.90	8.69	11.59	14.64	
1.00	0.73	0.84	1.15	1.27	1.05	0.31	0.13	0.96	-0.57	1.29	1.79	2.26	
2.15	1.99	1.94	1.90	1.85	1.80	1.59	1.48	1.38	1.29	1.22	1.17	1.23	
14.98	14.26	14.54	14.64	14.80	14.17	12.79	12.30	11.77	9.83	12.13	12.22	12.73	
13.51	13.42	13.81	14.09	14.43	13.95	13.73	13.85	13.48	11.68	14.85	15.43	15.46	
28.70	29.50	29.97	30.23	31.07	31.40	31.81	33.07	34.26	34.03	33.67	35.50	36.86	
52.19	48.36	48.53	48.42	47.62	45.13	40.21	37.20	34.34	28.89	36.02	34.41	34.54	
3.87	2.63	2.96	3.95	4.19	3.40	0.91	0.35	2.46	-1.42	3.13	3.99	5.06	
179.32	181.25	181.30	180.49	178.44	179.81	183.85	181.08	184.31	191.49	199.02	190.01	181.38	
10.46	10.76	10.99	11.19	11.27	11.42	11.67	12.31	12.02	13.35	15.34	15.13	14.66	
278.32	247.99	243.54	239.75	236.75	219.75	187.43	166.92	154.94	113.05	118.03	119.68	129.92	
7.42	5.44	6.10	8.16	8.80	7.54	2.27	0.94	7.16	-4.90	8.69	11.59	14.64	
3.86	3.60	3.51	3.44	3.30	3.23	2.93	2.69	2.55	2.47	2.43	2.23	2.23	
2.48	2.39	2.34	2.31	2.22	2.18	2.14	2.02	1.92	1.94	1.97	1.81	1.71	
1.40	1.42	1.43	1.43	1.45	1.46	1.47	1.50	1.52	1.52	1.51	1.55	1.59	

（注１）Ⅷ（注１）の建部論文参照。

（注２）財務省の「法人企業統計年報」によっているので，借入金には個人の住宅ローンの数値（国内銀行貸出金約400兆円のうち約120兆円）が入っていないという限界はあるが，一応その傾向を表しているものということができる。

（注３）東洋経済新報社編『地域経済総覧2006』掲載の「総務省統計局・自治税務局資産評価室資料」参照。

（注４）NIEs（Newly Industrializing Economies）は，新興工業経済群のことで，韓国，香港，台湾，シンガポール，ブラジル，メキシコ等からなる。

（注５）1987年の四全総（第四次全国総合開発計画）が，むつ小川原開発計画・苫小牧東部開発計画等及び府県や市町の開発計画を推進・誘導して，自然環境の破壊と財政負担の下に，殆どが売却不能の膨大な工場用地を生み出したことを猛反省しなければならない。

（注６）最初に土地「輸入」という言葉を使ったのは田中直毅氏であるが，それは，図Ⅸ－４のようなグラフを提示したものではない。

（注７）中国については，「中国発世界永久デフレの衝撃」及び「中国という磁力」（『日経ビジネス』2002.3.4号及び2003.1.20号）参照。

（注８）建部好治論文「経済学として捉えた土地価格の本質と実証―不動産鑑定評価基準の背後にあるもの―」住宅新報社『不動産鑑定』2004.12号・2005.1号参照。

（注９）二極化を実証するためには，少なくとも（注２）の「法人企業統計年報」を大・中・小の規模別に集計・公表する必要があるのではないか？

（注10）2005年末のREIT32銘柄の運用資産残高は，３兆４千億円（１年間で６割増），機関投資家から大口の資金を集める私募ファンドのそれは，４兆４千億円（１年間で倍増），全国銀行の不動産業向け融資残高は，50兆３千億円（１年間で３％増）になる（「新局面の」土地市場『日本経済新聞』2006.3.26～28号参照）。

（図注）１．地価指数は３／末分又は１／１分であるから，他の指数は，ズレの少ない前年度分又は前年分を入れてある。たとえば1955年度又は1955年分は1954年度中のもの又は1954年中のものをいう（以下同様）。

２．図Ⅸ－１は，表Ⅸ－１より，図Ⅸ－２・３・４は，表Ⅸ－２より，図Ⅸ－５・６・７・８は，表Ⅸ－３より，図Ⅸ－９は，表Ⅸ－４より，図Ⅸ－10は，表Ⅸ－５より，図Ⅸ－11は，表Ⅸ－６より，図Ⅸ－12は，表Ⅸ－７より，図Ⅸ－13－１・２は，表Ⅸ－８より，図Ⅸ－13－３，図Ⅸ－14，図Ⅸ－15－１・２，図Ⅸ－16，図Ⅸ－17及び図Ⅸ－18－１・２・３は，表Ⅸ－９より，それぞれ作成した。

３．比率分析の分母の数値は，本来期首と期末の平均をとるべきであるが，毎期の企業数が必ずしも同一ではないので，当該分析では便宜的に企業数の等しい期末の数値によっている。

X．おわりに

【科学技術進歩の光と陰】

産業革命以降の約200年間における科学技術の驚異的な進歩は，主として先進諸国の人々の生活を飛躍的に向上させてきたという光の部分だけではなく，次のように科学技術の悪用又は過信による陰の部分をも増大させ，特に深刻な自然環境問題を引き起こすに至っている。

① 戦争と演習による破壊と兵器生産による汚染・汚濁。

② 原子力発電の廃棄物による汚染。

③ Ｉの（注６）で述べた諸問題等。

そして，それらを推進してきた主体は，いうまでもなく主として各企業資本と各政策主体とであるから，①各企業資本は，Ⅱで述べた「民主主義」を超えた持続的共生のための**「生態系主主義（エコクラシィ）」**の理念を踏まえて意識を改革した新CEOと新CFOが，それに基づく経営理念により指揮を執らなければならないし，②各政策主体は，①に期待することだけでは陰の部分を削減できない虞が強いから，当該陰の部分に対しては，ペナルティ付きの法規制をすることが必要な段階を迎えているのである。

したがって，一方では，各企業資本の活動を単純に市場任せにする（市場原理主義にゆだねる）のではなく，このような法規制の下で，市場を機能させること，他方では，法規制をする官僚機構がはびこらないよう民間による常時監視システムを構築することが必要である。

【「新しい企業経営と財務の理論」の展開】

各企業資本にとって自然環境問題を削減し，修復することは，今や焦眉の急を要するものとなっている。そして企業資本の活動の中心に企業財務が位置するから，この著書では，次のような「新しい企業経営と財務の理論」を展開した。

第1に，持続的共生のための「生態系主主義」の理念の下に，LCA（製品「一生」の評価），CSR（企業の社会的責任），LOHAS（健康と持続可能な生き方），及びCR（企業の評判）の観点に立ち，自然環境問題をも踏まえて，大・中・小の各企業の経営者は，目的意識の追加・変革をすることにより，利益だけを追求するのではなく，これらの観点や問題をも頭に置いて，企業経営をしなければならないことを強調した。

なるほど，科学技術の進展の下で，一方では国内的にも国際的にも企業間の競争は激化してきているが，他方では内外共に各企業の科学技術の利用の仕方やパフォーマンスに対する消費者の目が厳しさを増し，温暖化現象等がハリケーンや颱風の破壊力を増してきている。

それ故，各企業は，今や，競争と協調の時代を迎えていることを自覚しなければならない。すなわち，「企業の社会的責任」を軽視すれば，消費者の不買運動を招来してその企業が赤字に追い込まれるほか，更に自然環境の破壊等を続けるならば，ついには企業全体どころか，人間の存続も危うくなる時代を迎えていることを忘れてはならないのである。

第2に，企業資本をただそれだけの経営技術論として捉えるのではなく，経済学としてのマクロの総資本等との関連において，ミクロの個別資本と捉えて説明を行った。

それ故，これらを理解することにより，経営学と経済学との関係をも知ることができる筈である。

第3に，資本の循環の第2段階，すなわち投資・仕入過程において，資本と労働用役についてだけではなく，そのすべての過程において必要とされる土地につき，地価の本質とその支払財源としての付加価値にも敷衍して説明をした。

ちなみに，今回の膨大なバブルとその崩壊による多くの企業の経営危機，特に金融システムの危機は，このような地価の本質とその支払財源としての付加価値についての知識が欠落していたことによるものである。

それ故，これらの知識を身につけるならば，各企業は，今後二度とこのような危機を迎えなくてもすむ筈である。そうなれば今回のような金融システムの危機をも避けることが可能になるということができる。

第4に，資本の循環の第1段階，すなわち資本の調達過程において，基本的な役割を担う株式と銀行借入等についても，信用制度の立体的な構造の下における位置づけをしたうえ，前者については，会社法と経済理論に根ざした本質的な説明を，後者については，経済理論に基づいた本質的な説明をそれぞれ行った。

ちなみに，今回の膨大なバブルとその崩壊による多くの企業の経営危機，特に金融システムの危機は，土地について述べたように，株価・金融等の本質とその支払財源としての付加価値についての知識がなかったからである。

それ故，土地のところで述べたように，これらの知識を身につけるならば，各企業は，今後二度とこのような危機を招く虞がなくなり，金融システムの危機をも避けることが可能になるといえる。

第5に，産業資本と広義のサービス資本（商業資本・貸付資本及び狭義のサービス資本）が，自然（土地・水等）とインフラとを利用して新しい付加価値を創造しているから，企業経営と財務は，先ず，そのような付加価値の創造を支援するものでなければならない（総資本は，無駄なゼロサムゲームのための役立ちを使命とするものではないということである）。

しかしながら，その付加価値創造過程で自然資源を消耗し，廃棄物を生み出すから，新 CEO の新しい経営理念の下に，新 CFO は，企業財務をそのような負の側面を削減し修復する方向に向かうように努めなければならない時代を迎えているのである。

建部（たてべ）　好治（こうじ）

1953年３月　大阪市立大学経済学部卒業。
同 年４月　第一信託銀行㈱入行，その後，中央信託銀行㈱へ転出，同行大阪支店不動産部長を経て，
現　　在　㈱建部会計・不動産事務所代表取締役（公認会計士・税理士・不動産鑑定士）
大阪市立大学大学院非常勤講師，宝塚造形芸術大学大学院非常勤講師（経済学博士）
所属学会　日本土地環境学会，資産評価政策学会，日本不動産学会，証券経済学会，日本環境共生学会，日本土地法学会，都市住宅学会
著　　書　『不動産評価の基礎理論と具体例』清文社（'03年），『上場・非上場株式評価の基礎理論と具体例』清文社（'00年），『土地価格形成論』清文社（'97年―博士号授与著書），『マンションのかしこい買い方・売り方・貸借のしかた』日本実業出版社（'84年）『土地価格形成の理論』東洋経済新報社（'77年），『住まいの税金相談』住宅新報社（'75年），（以上，単著）
『借地権割合と底地割合』判例タイムズ社（'06年），『不動産鑑定訴訟法〔１〕』青林書院（'02年），『金融グロバリズム』東大出版会（'01年），『震災関係訴訟法』青林書院（'98年），『継続賃料』住宅新報社（'83年），「地価と都市計画」学芸出版社（'83年），『不動産金融・水資源と法』有斐閣（'78年），（以上，共著）他多数。

新しい（あたら）企業経営（きぎょうけいえい）と財務（ざいむ）

平成18年10月15日　発行　　　定価はカバーに表示してあります

著　者　建部（たてべ）　好治（こうじ）Ⓒ
発行者　小泉　定裕
発行所　株式会社　清　文　社

〒530-0041　大阪市北区天神橋２丁目北２-６（大和南森町ビル）
電話06(6135)4050　Fax 06(6135)4059
〒101-0048　東京都千代田区神田司町2-8-4（吹田屋ビル）
電話03(5289)9931　Fax 03(5289)9917

清文社ホームページ　http://www.skattsei.co.jp/

印刷・製本　亜細亜印刷㈱
ISBN　4-433-35296-9